JOSEF RICK

Bewertung und Abgeltungskonditionen bei der Veräußerung mittelständischer Unternehmen

Forschungsergebnisse aus dem
Revisionswesen und der betriebswirtschaftlichen Steuerlehre

Herausgegeben von Prof. Dr. Erich Loitlsberger und Prof. Dr. Dieter Rückle

Band 4

Bewertung und Abgeltungs-konditionen bei der Veräußerung mittelständischer Unternehmen

Von

Dr. Josef Rick

DUNCKER & HUMBLOT / BERLIN

CIP-Kurztitelaufnahme der Deutschen Bibliothek

Rick, Josef:
Bewertung und Abgeltungskonditionen bei der Veräußerung mittelständischer Unternehmen / von Josef Rick. — Berlin: Duncker und Humblot, 1985.
(Forschungsergebnisse aus dem Revisionswesen und der betriebswirtschaftlichen Steuerlehre; Bd. 4)
ISBN 3-428-05785-6

NE: GT

D 6

Satz: Klaus-Dieter Voigt, Berlin 61
Druck: Berliner Buchdruckerei Union, Berlin 61
Printed in Germany

ISBN 3-428-05785-6

Vorwort

Gutachterliche Ermittlungen von Unternehmenswerten und Beratung anläßlich der Vertragsgestaltung bei Unternehmensakquisitionen bilden ein wichtiges Arbeitsgebiet des Wirtschaftsprüfers und des Steuerberaters. In diesem Sinne kann die vorliegende Arbeit den „Forschungsergebnissen aus dem Revisionswesen und der betriebswirtschaftlichen Steuerlehre" zugerechnet werden, zumal in ihr auch Fragen der praktischen Umsetzung theoretischer Einsichten ausführlich behandelt werden.

Moderne Unternehmensbewertung ist an gedanklichen Strukturen der Entscheidungs- und Investitionstheorie orientiert. Individuelle Zielerreichungen der Vertragspartner im Zeitablauf werden zu subjektbezogenen „Werten" verdichtet; dabei bildet das Risiko der zukünftigen Unternehmensentwicklung eine besondere Schwierigkeit. Nimmt man noch mehrere Arten von Zielen und Handlungsbeschränkungen hinzu, so entsteht ein recht komplexes Problem.

Seine Beschreibung und adäquate Lösungsvorschläge geraten in ein Spannungsfeld mit dem Interesse der (Beratungs-)Praxis an vereinfachenden und leicht operationalisierbaren Verfahren. Die Forderung nach Vereinfachung ist legitim, doch darf sie nicht um den Preis von Problemverfälschungen, insbesondere von Verschleierung der Risiken, erfüllt werden. Manche Vorschläge aus dem Berufsstand der Wirtschaftsprüfer und aus der Literatur müssen sich den Vorwurf gefallen lassen, um vermeintlicher Vereinfachungen willen Probleme zugedeckt und falsch gelöst zu haben[1]. Mit der vorliegenden Arbeit sollen in Kenntnis dieser Gefahr zunächst theoretische Probleme offengelegt und analysiert werden; auf dieser Grundlage werden einerseits vereinfachende Bewertungsverfahren beurteilt, andererseits Vorschläge für die Gestaltung von Abgeltungsvereinbarungen unter Offenlegung der Vergröberungen gegenüber dem komplexen Modell diskutiert.

Für die Veräußerung mittelständischer Unternehmungen liegt — abgesehen vom Fall der freien Berufe — wenig Literatur vor. Auch die vorliegende Arbeit ist nicht ausschließlich auf mittelständische Unter-

---

[1] Vgl. *A. Moxter:* Wirtschaftsprüfer und Unternehmensbewertung, in: Management und Kontrolle, Festgabe für E. Loitlsberger, hrsg. v. G. Seicht, Berlin 1981, S. 409 - 429.

nehmungen ausgerichtet, doch steht durch Problemauswahl und -sicht der Typus der mittelständischen gewerblichen Unternehmung im Vordergrund. Insbesondere werden das Gewicht nichtmonetärer Ziele (etwa Sozialbindung), spezifische Handlungsbeschränkungen (wie Beschränkung auf bestimmte Branchen) und die existentielle Bedeutung des Risikos hervorgehoben.

Zentrales Anliegen ist die Analyse des Risikos bei der Unternehmensveräußerung. Die Einflußfaktoren für Art und Höhe des Risikos, das mit dem Zukunftserfolgswert einer Unternehmung verbunden ist, werden zunächst für ein in gleicher Hand fortgeführtes Unternehmen ermittelt. Zu diesem „ursprünglichen" kommt durch die Unternehmensveräußerung ein weiteres Risiko hinzu, das Leistungen des neuen Managements und Reaktionen der Umwelt auf die Unternehmensveräußerung zugerechnet werden kann.

Jede Bestimmung eines Zukunftserfolgswertes benutzt offene oder versteckte Annahmen über das Risiko und seine Aufteilung auf Verkäufer und Käufer der Unternehmung. Die klassischen und die wichtigsten neueren Verfahren der Unternehmensbewertung werden im Hinblick auf ihre (großteils implizite) Risikoerfassung untersucht. Die mit den bisherigen Verfahren ermittelten Grenzpreise für Unternehmungen kommen so zustande, daß das Risiko entweder gar nicht offengelegt und abgegolten wird oder aber generell der Grenzpreis zur Abgeltung der Risikoübernahme durch den Käufer reduziert wird.

Eine grundlegend andere Entgeltgestaltung kann dadurch erfolgen, daß der Kaufpreis nicht als fester Betrag, sondern (mindestens teilweise) als Reihe bedingter Zahlungen bestimmt wird: über einen gewissen Zeitraum werden Abgeltungszahlungen in Abhängigkeit von vertraglich festgelegten Indikatoren der Unternehmensentwicklung vereinbart. Die Risiken des Abweichens künftiger Erfolge von prognostizierten Werten verlieren damit teilweise ihre Entscheidungsrelevanz. Wird der Kaufpreis in Raten entrichtet und an die tatsächliche Entwicklung des Unternehmens geknüpft, verliert das Mißtrauen des Käufers in die Prognosen des Verkäufers an Bedeutung und die Diskrepanz zwischen den Preisvorstellungen beider Seiten wird reduziert.

Allerdings kann bei bedingten Abgeltungen ein Moral-Hazard-Effekt auftreten: Der Käufer kann seine Geschäftspolitik darauf einrichten, daß der Verkäufer an den Erfolgen der Unternehmung partizipiert. Ausgewählte Indikatoren der Unternehmensentwicklung (Handelsbilanzgewinn, unkorrigierter und korrigierter Steuerbilanzgewinn, Cash Flow und Umsatz) werden darauf geprüft, in welchem Maße sie allgemeinen Anforderungen wie Nachprüfbarkeit und Manipulationssicherheit genügen; der Moral-Hazard-Effekt wird besonders beachtet. Gerade die Untersuchung der Abgeltungsindikatoren dürfte für die Praxis der Unternehmensakquisition theoretisch fundierte und gut handhabbare Anregungen vermitteln.

Insgesamt, meine ich, hat der Verfasser zwischen der Scylla praxisferner Kompliziertheit und der Charybdis problemverfälschender Vereinfachung den richtigen Mittelweg gewählt. Ich wünsche der Arbeit daher entsprechende Beachtung.

Münster, im Dezember 1984

Dieter Rückle

Für die intensive Betreuung dieser Arbeit, insbesondere zahlreiche konstruktive Anregungen und fruchtbare Kritik bin ich meinem verehrten Doktorvater, Herrn Prof. Dr. Dieter Rückle, zu besonderem Dank verpflichtet. Herrn Prof. Dr. Dr. h. c. Helmut Koch danke ich für die Übernahme des Zweitreferats. Meinen Kollegen am Lehrstuhl für Finanzierung an der Universität zu Münster bin ich für ihre ständige Diskussionsbereitschaft und wichtige Hinweise dankbar.

Josef Rick

Inhaltsverzeichnis

1. Kapitel

Einleitung

2. Kapitel

Analyse der Entscheidungssituation potentieller Käufer und Verkäufer einer Unternehmung

3. Kapitel

Analyse des Risikos eines zu bewertenden Unternehmens

Abbildungsverzeichnis

Tabellenverzeichnis

Abkürzungsverzeichnis

a. A.	anderer Ansicht
Abb.	Abbildung
Abs.	Absatz
AfA	Absetzung für Abnutzung
AG	Die Aktiengesellschaft
AktG	Aktiengesetz
Anm.	Anmerkung
Aufl.	Auflage
BAG	Bundesarbeitsgericht
BB	Betriebs-Berater
Bd.	Band
BFH	Bundesfinanzhof
BFuP	Betriebswirtschaftliche Forschung und Praxis
BGH	Bundesgerichtshof
BStBl	Bundessteuerblatt
bzgl.	bezüglich
bzw.	beziehungsweise
c. p.	ceteris paribus
DB	Der Betrieb
DBW	Die Betriebswirtschaft
Diss.	Dissertation
DStR	Deutsches Steuerrecht
ed.	edition
EinzelhG	Gesetz über die Berufsausübung im Einzelhandel
EStG	Einkommensteuergesetz
EStR	Einkommensteuer-Richtlinien
f.	folgende
FAZ	Frankfurter Allgemeine Zeitung
ff.	fortfolgende
Fn.	Fußnote
FR	Finanzrundschau
Frhr.	Freiherr
GaststättenG	Gaststättengesetz
GewO	Gewerbeordnung
GewStDV	Gewerbesteuer-Durchführungsverordnung
ggf.	gegebenenfalls
gl. A.	gleicher Ansicht
GmbHG	Gesetz betreffend die Gesellschaften mit beschränkter Haftung
GoB	Grundsätze ordnungsmäßiger Buchführung
GuV	Gewinn- und Verlustrechnung
GWB	Gesetz gegen Wettbewerbsbeschränkungen
HBR	Harvard Business Review
HdO	Handwörterbuch der Organisation
HdWW	Handwörterbuch der Wirtschaftswissenschaften
HGB	Handelsgesetzbuch
HR	Handelsrecht
Hrsg.	Herausgeber
HWB	Handwörterbuch der Betriebswirtschaftslehre
HWF	Handwörterbuch der Finanzwirtschaft

HWO	Gesetz zur Ordnung des Handwerks (Handwerksordnung)
HWR	Handwörterbuch des Rechnungswesens
HWS	Handwörterbuch der Sozialwissenschaften
i. a.	im allgemeinen
i. d. R.	in der Regel
IdW	Institut der Wirtschaftsprüfer in Deutschland e. V.
i. e.	im einzelnen
insbes.	insbesondere
JfB	Journal für Betriebswirtschaft
JFQA	Journal of Financial and Quantitative Analysis
JoF	Journal of Finance
JuS	Juristische Schulung
JZ	Juristen-Zeitung
KGaA	Kommanditgesellschaft auf Aktien
KStG	Körperschaftsteuergesetz
KWG	Kreditwesengesetz
LG	Landgericht
Lfg.	Lieferung
NJW	Neue Juristische Wochenschrift
OLG	Oberlandesgericht
ÖBW	Der Österreichische Betriebswirt
PublG	Gesetz über die Rechnungslegung von bestimmten Unternehmen und Konzernen (Publizitätsgesetz)
RegEHGB	Entwurf eines Gesetzes zur Durchführung der Vierten Richtlinie des Rates der Europäischen Gemeinschaften zur Koordinierung des Gesellschaftsrechts (Bilanzrichtlinie-Gesetz) betreffs Änderungen des Handelsgesetzbuches
RStBl	Reichssteuerblatt
s.	siehe
StbJb	Steuerberater-Jahrbuch
StR	Steuerrecht
StuW	Steuer und Wirtschaft
Tz.	Textziffer
u.	und
u. a.	und andere
u. ä.	und ähnliche(s)
U. d.	Urteil des
UEC	Union Européenne des Experts Comptables, Economiques et Financiers
u. U.	unter Umständen
UWG	Gesetz gegen unlauteren Wettbewerb
Vol.	Volume
VStR	Vermögensteuer-Richtlinien
WISU	Wirtschaftsstudium
WPg	Die Wirtschaftsprüfung
ZfB	Zeitschrift für Betriebswirtschaft
ZfbF	Zeitschrift für betriebswirtschaftliche Forschung
ZfhF	Zeitschrift für handelswissenschaftliche Forschung
ZfN	Zeitschrift für Nationalökonomie
ZGR	Zeitschrift für Unternehmens- und Gesellschaftsrecht
Ziff.	Ziffer
ZPO	Zivilprozeßordnung

Symbolverzeichnis

A	Anschaffungsauszahlung für die Beschaffung bzw. Erstellung der betriebsnotwendigen Vermögenswerte
a_t	kumulierte Auszahlungen in Periode t
B	eingesetztes Kapital
B_F	Nettobarwert der Finanzanlage
B_N	Nettobarwert eines nachgebauten Unternehmens
B_U	Nettobarwert eines erworbenen Unternehmens
b	Zinszuschlagsfaktor
C_0	Kapitalwert im Zeitpunkt $t = 0$
c	Konsumpräferenz
D_j	Wert des Unternehmens, wenn Datenkonstellation j eintritt
$E\,(UW)$	Erwartungswert des Unternehmenswertes
EW	Ertragswert
e_t	kumulierte Einzahlungen in Periode t
FK	Fremdkapital
f_t	laufende Kosten der Unternehmenspreisermittlung in Periode t bei Kauf gegen bedingte Abgeltungen
G	Gewinn
g_t	Gewinn in Periode t
H_0	zur Disposition stehendes Kapital zu Beginn der Periode
H_l	derjenige Kapitalbetrag, der zum Ende der Periode nutzenindifferent geschätzt wird im Vergleich zum Betrag H_0 zu Begnin der Periode
$h\,(D_j)$	relative Häufigkeiten
I	investierter Anlagebetrag zu Beginn des Planungszeitraumes
i	Kalkulationszins; Rechenzins
i_H	Habenzins
i_S	Sollzins
i_T	Transformationszins
i_V	Normalverzinsung
K	Gesamtkosten
K_A	Kosten der Unternehmenspreisermittlung bei Kauf gegen bedingte Abgeltungen
K_{AE}	einmalige Kosten der Unternehmenspreisermittlung bei Kauf gegen bedingte Abgeltungen
K_B	Kosten der Unternehmenspreisermittlung bei Barverkauf
K_F	Fixkosten
k	variable Kosten
l_t	Einlage in Periode t
m_t	Entnahme in Periode t
n	Anzahl der Perioden des Planungszeitraumes
P	Barkaufpreis des Unternehmens
p	Absatzpreis je Produkteinheit
PAF_B	Preis-Absatz-Funktion gemäß dem Bruttoumsatz

PAF_N	Preis-Absatz-Funktion gemäß dem Nettoumsatz
q_t	Gewinnannuität bei Verwendung der Mittelwertmethode
r	Anzahl der Perioden der Übergewinndauer
SW	Substanzwert
σ	Standardabweichung
T	Tilgungsbetrag
t	Periodenindex
U	Umsatz
U_B	Bruttoumsatz
U_N	Nettoumsatz
UW	Unternehmenswert
UW_B	Unternehmenswert gemäß Übergewinnabgeltung
UW_M	Unternehmenswert gemäß der Mittelwertmethode
UW_R	Unternehmenswert bei Risikoabschlag von den Gewinnreihen
UW_V	Unternehmenswert gemäß Übergewinnverrentung
UW_Z	Unternehmenswert bei Risikozuschlag zum Rechenzins
$ü_t$	Übergewinn der Periode t
v	Varianz
w	Abgeltungsquote des Umsatzes, die dem Verkäufer zusteht
x	Absatzmenge
y	Risikoabschlagsquote
Z	Ziel
z_t	Zinszahlung in Periode t

Erstes Kapitel

Einleitung

A. Problemstellung

Das Problem der Bewertung von Unternehmen entsteht allein bei Veräußerung jedes Jahr in einer Vielzahl von Einzelfällen. Dabei ist es erforderlich, differenzierte Verfahren zur Ermittlung von Unternehmenswerten zu entwickeln. Denn einerseits handelt es sich bei den Unternehmen als Gegenstand der Bewertung um recht vielschichtige Gebilde. Und andererseits läßt sich der Unternehmenswert im allgemeinen nicht wie der Wert einer Handelsware von einem Marktpreis ableiten, der durch das Aufeinandertreffen einer großen Zahl von Anbietern und Nachfragern zustande kommt[1].

Im Mittelpunkt dieser Arbeit soll die Bewertung mittelständischer Unternehmen stehen. Gerade für die mit diesem Bereich befaßten Entscheidungsträger dürften neben der Höhe des Unternehmenswertes, der sich als monetäres Äquavalent des Unternehmens zum Gegenwartszeitpunkt ergibt, insbesondere auch die konkreten Ausgestaltungen einer möglichen Abgeltung von Bedeutung sein. Denn dem Unternehmensinhaber, der beispielsweise mangels geeigneter Nachfolger seine Unternehmung veräußern möchte[2], stehen zwei unterschiedliche Gruppen von Kaufinteressenten gegenüber. Zum einen treten liquide und expandierende Großunternehmen, die häufig zum bisherigen Kunden- oder Lieferantenkreis der zu veräußernden Unternehmung gehören, als Käufer mittelständischer Unternehmen auf. Zum anderen sind branchenerfahrene und engagierte, jedoch weniger zahlungskräftige Arbeitnehmer, die den Schritt in die berufliche Selbständigkeit wagen wollen, zum Käuferpotential zu zählen.

Es ist zu überprüfen, auf welche Art Kaufinteressenten, die zunächst nur latente Nachfrage nach Unternehmen darstellen, der Unternehmenserwerb ermöglicht werden kann. Dies liegt auch durchaus im

[1] Vgl. zur Charakterisierung des Marktes für Unternehmen auch *A. Moxter:* Grundsätze, S. 989 f.

[2] Vgl. hierzu die Untersuchung der *Handwerkskammer Düsseldorf:* Betriebsnachfolge.

Interesse des Verkäufers. Denn auf diese Weise wird der Kreis der möglichen Unternehmenskäufer erweitert, und infolgedessen dürfte für den Verkäufer ein tendenziell besserer Veräußerungspreis erzielbar sein. Neben diesen monetären Zielen sind im Zielsystem eines Entscheidungsträgers auch nichtmonetäre Ziele, deren Bedeutung im weiteren näher analysiert werden muß, zu beachten. So kann es aus Verkäufersicht auch unter nichtmonetären Gesichtspunkten von Vorteil sein, an einen Arbeitnehmer zu verkaufen, der die berufliche Selbständigkeit anstrebt. Denn auf diese Art kann eine möglicherweise unerwünschte Integration in ein Großunternehmen vermieden werden.

Im allgemeinen wird der Wert eines Unternehmens dadurch ermittelt, daß man das monetäre Wertäquivalent zum Gegenwartszeitpunkt unter mehr oder minder umfangreicher Einbeziehung der geschätzten künftigen Unternehmensentwicklung und des übrigen Entscheidungsfeldes des Entscheidungsträgers bildet. Dabei sind Prognosen der möglichen Zukunftsentwicklungen unumgänglich. Diese Prognosen sind in dem Sinne risikobehaftet, daß die später eintreffenden Ereignisse von den erwarteten differieren können. Im Ergebnis wirken sich diese möglichen Abweichungen für den jeweiligen Entscheidungsträger entweder positiv oder negativ auf seine individuelle Zielerreichung aus. Dieses Risiko trägt bei der beschriebenen Art der Unternehmensbewertung zum Großteil der Unternehmenskäufer allein. Wird beispielsweise ein Unternehmen gegen Zahlung eines Barpreises veräußert, der auf einer bestimmten Zukunftsschätzung basiert, so führt eine Abweichung der tatsächlichen Entwicklung von der vorhergesagten in aller Regel zu einer Verschlechterung oder einer Verbesserung der Zielerreichung. Hiervon ist bei einer Abgeltung gegen einen fixen Barkaufpreis allein der Käufer betroffen.

Es mag durchaus einzelne risikofreudige Unternehmenskäufer geben, die an solchen Risiken besondere Reize entdecken. Im allgemeinen ist jedoch davon auszugehen, daß es dem Käufer schon aufgrund seines gegenüber dem Verkäufer schlechteren Informationsstandes entgegenkäme, vereinbarte man eine ausgewogenere Aufteilung des Risikos der künftigen Unternehmensentwicklung zwischen Käufer und Verkäufer. Insoweit scheint es sinnvoll zu sein zu überprüfen, inwieweit alternative Risikoaufteilungen zwischen den Vertragsparteien durch neue Abgeltungsverfahren berücksichtigt werden können, die für beide Seiten Vorteile bieten. Daneben sind die mit den alternativen Abgeltungsverfahren möglicherweise verbundenen Finanzierungserleichterungen für die Käuferseite ebenfalls zu beachten.

In der folgenden Arbeit soll versucht werden, ein Verfahren zur Abgeltung von Unternehmeh dem traditionellen Unternehmenswert als Barkaufpreis gegenüberzustellen. Dies soll dem Zweck dienen, den Kontraktpartnern zur alternativen Aufteilung des Risikos größere Gestaltungsräume in den Vertragsvereinbarungen zu erschließen und auf diese Weise das Veräußerungsobjekt „Unternehmung" marktfähiger zu machen. Ein besonderes Anliegen ist es dabei, das der Unternehmensbewertung grundsätzlich innewohnende Problem des Zukunftsrisikos bei der Preisbestimmung explizit zu beachten und in die Rechnung einfließen zu lassen. Es soll also der untaugliche Versuch vermieden werden, das Risiko durch bestimmte rechnerische Verfahren vermeintlich zu reduzieren. Vielmehr ist das bestehende Risiko so genau wie möglich zu ermitteln, um durch geeignete Aufteilung des Risikos Vorteile für die Vertragsparteien zu entwickeln.

Ausgangspunkt der Betrachtung sind die jeweiligen Entscheidungsträger; die vorliegende Arbeit verfolgt also das Ziel, subjektabhängige Entscheidungswerte zu bestimmen. Dem Problem, sogenannte Einigungswerte bei zwangsweisen oder quasi zwangsweisen Veräußerungen zu bestimmen, soll hier nicht weiter nachgegangen werden[3]. Der Gegenstand der Arbeit erstreckt sich auf die Untersuchung kleiner und mittlerer Unternehmungen; dabei werden Anteilsbewertungen und Beteiligungsentscheidungen[4] zugunsten der Bewertung ganzer Unternehmen vernachlässigt.

B. Hauptlinien der Literatur

Das Problem der Unternehmensbewertung gehört zu den Bereichen der Betriebswirtschaftslehre, die mittlerweile über Jahrzehnte wissenschaftlich erörtert werden[5]. Nicht zuletzt aufgrund der hohen Komplexität des Untersuchungsgegenstandes sind im Zeitablauf verschiedenartige Entwicklungslinien der Unternehmensbewertungstheorie zu erkennen.

Zum Zwecke einer ersten Systematisierung dieses Gebietes sind die unterschiedlichen Bewertungsanlässe und damit Bewertungszwecke abzuhandeln[6].

Anhand des recht breiten Spektrums möglicher Anlässe der Unternehmensbewertung ergeben sich unterschiedliche Bewertungsfunktionen.

---

[3] Vgl. zu diesem Problem näher *M. J. Matschke:* Der Arbitriumwert.

[4] Vgl. zu diesen Problemfeldern insbes. *K. Barth:* Bewertung; *H. Schierenbeck:* Beteiligungsentscheidungen.

[5] Vgl. die frühen Abhandlungen von *E. Schmalenbach:* Die Werte.

[6] Vgl. *H.-J. Klemm:* Bewertungsanlässe.

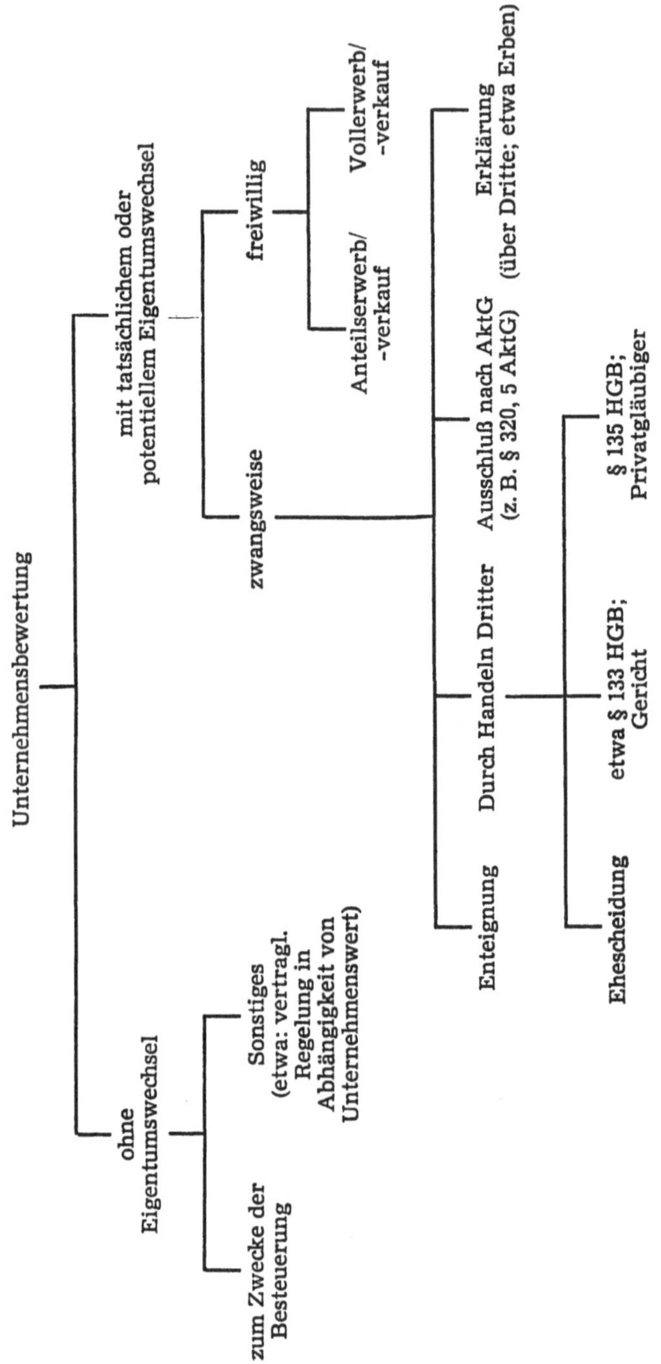

Abb. 1. Anlässe der Unternehmensbewertung

Zu den wichtigen Bewertungsfunktionen gehört die Entscheidungsfunktion bzw. Beratungsfunktion[7]. Diese Funktion erfordert einen Kalkül, der die Grenze der Vorteilhaftigkeit eines Kaufs respektive Verkaufs einer Unternehmung für den betreffenden Entscheidungsträger festlegt. Hauptsächlich liegt die Entscheidungsfunktion bei freiwilligen Erwerbs- bzw. Veräußerungsvorgängen vor.

Die Argumentationsfunktion hat zum Ziel, im Rahmen von Preisverhandlungen zwischen potentiellen Käufern und Verkäufern die jeweilige Seite parteiisch zu unterstützen, um für den jeweils Beratenen ein möglichst günstiges Verhandlungsergebnis zu erzielen[8]. Die tatsächlichen internen Kalküle, so vor allem die Entscheidungswerte, der entsprechenden Parteien werden natürlich nicht dem Verhandlungspartner offengelegt. Daneben findet die Argumentationsfunktion bei Rechtfertigungen gegenüber Vorgesetzten und Kontrollinstanzen Anwendung. Von Bedeutung ist die Argumentationsfunktion nicht nur in den genannten Situationen bei freiwilligen Erwerbsvorgängen, sondern auch bei zwangsweisen. Man denke etwa an das Ziel der Betroffenen, einen Einfluß auf die Entscheidungsinstanz bei der Entschädigungsermittlung auszuüben.

Bei der Vermittlungsfunktion der Unternehmensbewertung wird von einem sachverständigen Dritten versucht, einen die Interessenlage und das Entscheidungsfeld beider Parteien berücksichtigenden „fairen" Einigungspreis zu bestimmen[9]. Man spricht in diesem Zusammenhang auch von Arbitriumwert, um die Überparteilichkeit des Gutachters kenntlich zu machen. Diese Bewertungsfunktion wird hauptsächlich bei zwangsweisen Eigentumsübertragungen, aber auch bei freiwilligen Transaktionen angewandt; letzteres setzt voraus, daß die Beteiligten gewillt sind, den Schiedswert hernach auch zu akzeptieren.

Anders als bei den vorgenannten Funktionen stehen bei der Steuerbemessungsfunktion nicht die Kalküle der potentiellen Vertragsparteien oder Streitparteien, sondern die Anforderungen der Besteuerung im Vordergrund[10]. Es geht deshalb weniger darum, einen sehr detaillierten, spezifischen Unternehmenswert zu bestimmen, als dem notwendigen Objektivierungserfordernis nach einem für alle Steuerpflichtigen mög-

---

[7] Vgl. *M. J. Matschke:* Entscheidungswert; *G. Sieben:* Die Beratungsfunktion; *derselbe:* Entscheidungswert; *H. Klocke:* Beurteilung, S. 108 f.

[8] Vgl. *M. J. Matschke:* Argumentationsfunktion; *M. J. Matschke, H. Mucheyer:* Die Nutzung.

[9] Vgl. *M. J. Matschke:* Der Arbitriumwert; *W. König:* Die Vermittlungsfunktion; *G. Sieben, B. Zapf* (Hrsg.): Unternehmensbewertung, S. 1 ff.

[10] Vgl. hierzu näher *M. Sielaff:* Die Steuerbemessungsfunktion, insbes. S. 106 f.; *W. Goetzke:* Funktionsspezifische Unternehmensbewertung, S. 177; *A. Moxter:* Wirtschaftsprüfer, S. 417; *M. Troll:* Ermittlung, S. 11 ff.

lichst gleichmäßig wirkenden Unternehmensbewertungsverfahren Rechnung zu tragen. Diese Funktion ist vor allem bei der Substanzbewertung von hoher Bedeutung.

Im Rahmen der älteren — sogenannten objektiven — Auffassung der Unternehmensbewertung unterscheidet man nicht zwischen verschiedenen Funktionen; stattdessen erhebt man die Ermittlung des objektiven Wertes einer Unternehmung zum Ziel des Vorgehens[11]. Dementsprechend werden nicht entscheidungsorientierte, kritische Preise im Sinne von Grenzpreisen berechnet, sondern es wird versucht, den der Unternehmung innewohnenden Wert an sich zu bestimmen[12]. Dabei abstrahiert man von in der Person oder in sonstigen individuellen Einflußgrößen der Vertragsparteien begründeten Wirkungen. Unter diesen Prämissen, daß das individuelle Entscheidungsfeld des potentiellen Käufers und Verkäufers unberücksichtigt bleibt und allein Merkmalsausprägungen des Unternehmens und allgemeine Annahmen über Kapitalmarktdaten den Wert bestimmen, gibt es für ein Unternehmen auch nur einen bestimmten Unternehmenswert, sofern man sich auf ein bestimmtes Bewertungsverfahren einigt.

Die Wertermittlung erfolgt also rein objektabhängig. Subjektive Bewertungselemente werden nur in typisierender Weise berücksichtigt, so daß individuelle, subjektbezogene Ziele und Handlungsmöglichkeiten nicht zum Tragen kommen.

Mag diese Vorgehensweise für bestimmte Unternehmensbewertungsfunktionen, wie etwa die der Steuerbemessungsfunktion, noch sinnvoll sein, so ist sie für den Bereich der Bildung von Entscheidungswerten abzulehnen. Es ist nicht vertretbar, zur Bildung von individuellen Entscheidungswerten typisierende Entscheidungsdeterminanten zu verwenden und auf die individuellen Gegebenheiten der Entscheidungsträger keine Rücksicht zu nehmen.

Auch der seit neuestem vor allem in der Finanzierungs- bzw. Kapitalmarkttheorie beobachtbaren Renaissance objektiver Elemente der Unternehmensbewertung kann nicht unkritisch gefolgt werden[13]. Denn die

---

[11] Vgl. *K. Mellerowicz:* Der Wert, S. 120; *B. Hartmann:* Die Ermittlung, S. 9. Bartke deutet die Wichtigkeit der Funktionendifferenzierung bei der Unternehmensbewertung jedoch bereits an, allerdings bei recht weitgehendem Anwendungsbereich der objektiven Unternehmensbewertung. Vgl. *G. Bartke:* Erkenntnisobjekt, S. 266 ff.

[12] Vgl. *J. Viel, O. Bredt, M. Renard:* Die Bewertung, S. 21 f., mit Bezug auf *F. Lackmann:* Theorien, S. 11.

[13] Vgl. etwa *H. Göppl:* Unternehmungsbewertung, S. 239 ff., speziell S. 243, der mit Rückgriff auf die Capital-Asset-Pricing-Theorie vorschlägt, den Wert des jeweiligen Unternehmensrisikos von einem gedachten Markt für Kapitalanlagen abzuleiten.

Vorstellung, daß es keine Arbitragen auf Märkten für Kapitalanlagen, zu denen auch Unternehmungen zu zählen sind, geben kann, ist an die Bedingungen vollkommener Märkte geknüpft. Diese Voraussetzungen sind aber in der Realität nicht annähernd gegeben. Man denke etwa an die mangelnde Markttransparenz und die inhomogenen Erwartungen der Entscheidungsträger.

Der neuere, subjektive Ansatz zur Bewertung betont hingegen die Bedeutung der Objekt-Subjekt-Beziehung[14]. Es wird hierbei herausgestellt, daß zum Zwecke der Ermittlung eines Entscheidungswertes zum einen die Merkmalsausprägungen des zur Disposition stehenden Unternehmens und zum anderen die individuelle Situation des Entscheidungsträgers wertbestimmend sind. Von daher ergeben sich natürlich auch bei Verwendung des identischen Bewertungsverfahrens unterschiedliche individuelle, subjektabhängige Unternehmenswerte. Dabei werden mit Hilfe des Vorteilhaftigkeitskalküls entscheidungsorientiert die kritischen Werte ermittelt.

Dies bedeutet, daß die Unternehmensbewertung als ein spezielles investitionstheoretisches Problem angesehen wird[15]; die Unternehmung stellt aus Käufersicht eine mögliche Verwendungsalternative dar, die mit anderen Handlungsalternativen des Entscheidungsträgers um die knappen Ressourcen konkurriert.

Dem Zwecke der Entscheidungsfindung wird nach überwiegender Meinung der neueren Literatur nur die subjektive Unternehmensbewertung gerecht[16]. Diejenigen Vertreter der Literatur, die die objektive Unternehmensbewertungstheorie auf die Ermittlung von Entscheidungswerten angewandt wissen wollen, befinden sich ganz eindeutig in der Minderzahl[17].

Der Ansicht Coenenbergs, daß die Diskussion um eine objektive bzw. subjektive Unternehmenswertungstheorie durch die in neuerer Zeit stark forcierte funktionale Betrachtungsweise geklärt und abgeschlossen sei, kann allerdings nicht gefolgt werden[18]. Denn auch in jüngster Ver-

---

[14] Vgl. dazu die konzeptionellen Ausführungen bei *W.-R. Bretzke:* Wertbegriff, S. 497 ff., speziell S. 498.

[15] Vgl. *W. Ballwieser:* Komplexitätsreduktion, S. 1 ff.

[16] Vgl. *W.-R. Bretzke:* Das Prognoseproblem; *B. Kromschröder:* Unternehmungsbewertung; *G. Sieben, Th. Schildbach:* Zum Stand der Entwicklung; *D. Börner:* Unternehmensbewertung; *H. Münstermann:* Der Zukunftsentnahmewert; *G. Sieben, B. Zapf* (Hrsg.): Unternehmensbewertung; *A. G. Coenenberg:* Unternehmensbewertung aus der Sicht der Hochschule; *W. Ballwieser:* Komplexitätsreduktion; *A. Moxter:* Unternehmensbewertung 1983.

[17] Vgl. *O. H. Jacobs:* Probleme; *UEC:* Vorgehensweise, S. 681; *K. Zehner:* Unternehmensbewertung.

[18] Vgl. *A. G. Coenenberg:* Unternehmensbewertung aus der Sicht der Wirtschaft, S. 222 f.

gangenheit wird von einigen Autoren die Ermittlung eines objektiven Unternehmenswertes selbst für solche Bewertungsfälle für zweckmäßig erachtet, die nicht durch den Zwang zur Typisierung gekennzeichnet sind, wie er etwa bei steuerlichen Anlässen oder Abfindungen einer großen Anzahl von Aktionären gegeben sein kann[19].

C. Gang der Untersuchung

Da wertmäßige Beurteilungen subjektabhängig sind, wird zunächst im ersten Kapitel das Entscheidungsfeld der potentiellen Käufer und Verkäufer eingehend analysiert. Im nächsten Abschnitt werden die unterschiedlichen Zielsetzungen, die für die Wertermittlung einer Unternehmung bedeutsam sind, herausgearbeitet.

Das dritte Kapitel behandelt das der Unternehmensbewertung immanente Risikoproblem. Das Risiko einer Unternehmensbewertung läßt sich dabei in zwei Komponenten aufteilen. So wird zunächst das Risiko eines bestehenden und in gleicher Hand fortgeführten Unternehmens ganz allgemein untersucht, und davon getrennt werden anschließend die speziellen Risikowirkungen, die sich aus der Veräußerung eines Unternehmens ergeben, abgehandelt.

Schließlich wird im vierten Kapitel untersucht, ob und ggf. in welcher Form die zuvor dargestellten Risikowirkungen bei unterschiedlichen Methoden der Unternehmensbewertung berücksichtigt werden. Nach der Darstellung und Beurteilung verschiedener Einzelmaßnahmen, die zur Berücksichtigung der bestehenden Risiken bei der Unternehmensbewertung dienen sollen, werden verschiedene ältere und moderne Methoden analysiert.

Anschließend wird ein eigener Vorschlag unterbreitet. Dieser zielt darauf ab, durch die Verwendung bedingter Kaufpreisabgeltungen das Risiko zwischen den Vertragsparteien adäquater aufzuteilen als dies bei der Verwendung der herkömmlichen Barkaufpreise möglich ist.

---

[19] Auch bei der Erstellung eines Schiedsgutachtens sollte der Gutachter von den individuellen Entscheidungssituationen der Betroffenen ausgehen und erst zur Ableitung des Kompromißvorschlags Typisierungen benutzen. Der grundsätzliche Verzicht auf die Heranziehung individueller Wertbestimmungskomponenten, wie sie Zessin für die Ableitung von Schiedsgutachten vertritt, muß als zumindest überzogen weite Anwendung der objektiven Unternehmensbewertung angesehen werden. Vgl. *A. Zessin:* Unternehmungsbewertung, S. 8 f.

Zweites Kapitel

Analyse der Entscheidungssituation potentieller Käufer und Verkäufer einer Unternehmung

A. Monetäre Ziele, insbesondere Einkommen

Im folgenden soll zunächst versucht werden, mögliche relevante Zielarten der betroffenen potentiellen Vertragsparteien, nämlich der potentiellen Käufer und Verkäufer, zu ermitteln und in ihrer Vielschichtigkeit darzustellen, um anschließend die Beziehungen zwischen den Einzelzielen zu analysieren und die jeweiligen Zielstrukturen abzuleiten. In einem ersten Teilabschnitt werden dabei die Zielarten in Form monetärer Ziele und nichtmonetärer Ziele diskutiert. Daran schließt sich die Abhandlung möglicher Zielbeziehungen an, um so schließlich zu den Zielstrukturen der Transaktionspartner zu gelangen.

I. Zielarten

1. Monetäre Ziele

a) Zielinhalte

Wenn man ganz allgemein aus ökonomischer Sicht die Handlungsmotive bzw. Oberziele des Individualverhaltens der Entscheidungsträger in einer Marktwirtschaft empirisch untersucht, so ergibt sich, daß monetären Größen eine besondere Bedeutung beizumessen ist. So kommt u. a. Hauschildt in einer Analyse der Ergebnisse von mehr als 30 empirischen Untersuchungen zu dem Schluß, daß all diese Arbeiten eine hohe Dringlichkeit monetärer Zielinhalte belegen[1].

In der älteren Literatur ging man von dem gewinnorientiert handelnden „homo oeconomicus" aus[2], weil man diese Vorstellung z. T. für ein mehr oder minder geeignetes Abbild der Realität hielt oder weil man zwar ein differenziertes Zielbündel des Entscheidungsträgers vermutete, jedoch auf Basis dieser pauschalen und vereinfachten An-

---

[1] Vgl. *J. Hauschild:* Zielsysteme, Sp. 2423; zu den Quellen der empirischen Arbeiten vgl. *J. Hauschildt, W. Hamel:* Empirische Forschung, S. 238 f.

[2] Die gleiche Beurteilung bei *E. Heinen:* Grundlagen, S. 59. Für die Verwendung rein monetärer Zielgrößen sei genannt *W. Rieger:* Privatwirtschaftslehre, S. 203.

nahme noch verwendbare Schlußfolgerungen ziehen zu können glaubte[3]. In der neueren Literatur wird allgemein wohl zumindest eine relative Dominanz der monetären Zielinhalte im individuellen Zielsystem als realistisch angesehen[4].

An dieser Stelle ist zunächst zu klären, wie der Begriff „monetäre Inhalte" speziell aus der Sicht potentieller Unternehmenskäufer und -verkäufer inhaltlich zu verstehen ist. Ähnlich dem allgemeinen ökonomischen Individualverhalten nehmen auch in der speziellen Entscheidungssituation des Kaufs bzw. Verkaufs einer Unternehmung monetäre Zielinhalte einen hohen Rang ein[5]. So ist es für einen typischen Käufer einer Unternehmung sicherlich für die Beurteilung des Kaufobjektes von Interesse, welchen Gewinn oder welche laufenden Entnahmen ein bestimmtes Unternehmen in Zukunft erwarten läßt, mit welchen Marktanteilen es am Markt plaziert bleibt, inwieweit noch Rationalisierungserfordernisse bestehen oder wie beschäftigungsreagibel die Kostenstruktur ist. Auf der Verkäuferseite kommt dem Gewinnstreben in der Form der Erzielung eines möglichst hohen Unternehmensverkaufspreises in den Fällen eine hohe Bedeutung zu, in denen ein sofort zu entrichtender Festpreis vereinbart wird.

b) Das Problem des Zeitbezugs

Versucht man unterschiedliche Kapitalanlagen anhand eines der vorgenannten monetären Ziele — vorzugsweise anhand des Gewinnstrebens — zu beurteilen, so gelingt dies selbst dann noch nicht, wenn zuvor über die genaue Festlegung des Begriffsinhaltes Einigung erzielt wurde[6]. Die Zielformulierung bedarf zusätzlich der zeitlichen Festlegung[7].

Der Periodengewinn sei an dieser Stelle als Einnahmenüberschuß definiert, der auf dem Hintergrund der notwendigen betrieblichen Investitionen und Finanzierungsmöglichkeiten dem Unternehmen ohne erkennbare Gefährdung seiner Existenz entzogen werden kann[8]. Weiterhin sei davon ausgegangen, daß die Zinsen für Fremdfinanzierungen des Unternehmens über denen der möglichen Kapitalanlagen liegen und beide sich von der internen Verzinsung des eingesetzten Kapitals im Unternehmen unterscheiden. Unter diesen wohl recht realistischen

---

[3] Vgl. diese Begründung ausführlicher bei *H. Hax:* Bewertungsprobleme, S. 761 f.

[4] Vgl. *J. Hauschildt:* Zielsysteme, Sp. 2423; *H. Koch:* Wirtschaftlichkeitsrechnung, S. 14.

[5] Vgl. *G. Sieben, B. Zapf* (Hrsg.): Unternehmensbewertung, S. 32 ff.

[6] Dieses Problem tritt analog auf bei anderen monetären Zielinhalten.

[7] Vgl. *E. Heinen:* Einführung, S. 100.

[8] Zur Zweckmäßigkeit dieser Gewinndefinition vgl. *D. Schneider:* Investition, S. 206 ff.

Prämissen sind die jeweilige Höhe und der jeweilige Zeitpunkt der tatsächlich durchgeführten Entnahmen nicht ohne Einfluß auf die Höhe des Totalgewinns der Unternehmung[9]. Die jeweilige Entnahmestruktur ist also für den Unternehmenserfolg nicht vorteilhaftigkeitsneutral.

Ohne Vorgabe der gewünschten zeitlichen Entnahmestruktur des Kapitalanlegers läßt sich eine vergleichende Beurteilung alternativer Kapitalverwendungen somit nicht durchführen. Vielmehr ist eine Transformation des entnahmefähigen Gewinnstroms in den tatsächlich gewünschten Entnahmestrom des Entscheidungsträgers über den gesamten Planungszeitraum vonnöten[10]. Diese Übertragung ist ihrerseits i. a. nicht gewinneutral. Bei zeitweise höheren kumulierten Entnahmewünschen als Entnahmemöglichkeiten kann das finanzielle Gleichgewicht im begrenzten Rahmen durch die Aufnahme von Fremdmitteln aufrecht erhalten werden, im umgekehrten Falle sind in Höhe der jeweiligen Überschüsse verzinsliche Anlagen (sei es in derselben Kapitalverwendung oder alternativ sonstigen Kapitalanlagen) möglich. Diese Zinswirkungen beeinflussen den Totalgewinn über die Planungsperiode. Für das vorliegende Problem, die Situation der an einer Unternehmensveräußerung beteiligten Transaktionspartner zu analysieren, haben diese Zusammenhänge folgende Bedeutung: Untersucht der potentielle Käufer (Verkäufer) die Vorteilhaftigkeit des Erwerbs (der Veräußerung) einer bestimmten Unternehmung im Vergleich zu anderen ihm offenstehenden Kapitalanlagen, so erfordert dies neben der Fixierung der gewünschten Entnahmestruktur des Entscheidungsträgers[11] die Verwendung eines geeigneten Transformators zu dem Zweck, die relevanten Kapitalverwendungen vergleichen zu können.

c) Lösungsvorschläge zum Mehrperiodigkeitsproblem

Im folgenden soll versucht werden, Zahlungsströme unterschiedlicher zeitlicher Struktur mit Hilfe der in der klassischen Investitionsrechnung

[9] Zur Notwendigkeit, zwischen kurzfristigen und langfristigen Gewinnen zu unterscheiden, vgl. *L. Perridon, M. Steiner:* Finanzwirtschaft, S. 13, und insbes. *W.-R. Bretzke:* Prognoseproblem, S. 44 ff.; *D. Schneider:* Ziele, Sp. 1918.

[10] Vgl. hierzu auch die Klarstellung hinsichtlich der Bedeutung des geplanten Konsum- und des davon abhängigen Entnahmestroms des Entscheidungsträgers, vorgetragen von *H. Koch:* Optimalitätskriterium, insbes. S. 892 f.

[11] Um die zeitliche Operationalisierung des Strebens nach Gewinn zu konkretisieren, unterteilt man häufig in Einkommensmaximierung, verstanden als Streben nach möglichst hohen laufenden Entnahmen unter Sicherung eines Mindestvermögens, Vermögensmaximierung, verstanden als Streben nach möglichst hohem Endvermögen bei einer laufenden Mindestentnahme, und Wohlstandsstreben, verstanden als eine nach einer subjektiven Austauschregel bestimmte Kombination der beiden ersten Ausprägungen. Vgl. hierzu *D. Schneider:* Investition, S. 169 ff.

verwandten Verfahren vergleichbar zu machen. Dabei wird zunächst der Unternehmenserwerb/-verkauf als investitionstheoretisches Problem angesehen[12].

Zu den statischen Investitionsrechnungsverfahren zählt man die Kostenvergleichsrechnung, Gewinnvergleichsrechnung, Rentabilitätsrechnung und Amortisationsrechnung[13]. Gemeinsam ist diesen Verfahren, daß für die künftigen Perioden jeweils pauschaliert durchschnittliche Zahlen Verwendung finden, ohne die zeitliche Struktur der Zahlungsströme zu beachten[14]. Vielmehr wird stattdessen eine quasi einperiodische Vergleichsrechnung angestellt.

Diese allenfalls für Grobrechnungen brauchbaren statischen Verfahren sind im allgemeinen für Kalküle zum Zwecke der Unternehmensbewertung ungeeignet. Denn die Vernachlässigung der Zeitkomponente bewirkt eine zu große Verzerrung, und die Verwendung durchschnittlicher Zahlenwerte kann in den Fällen nicht befriedigen, in denen genauere und differenziertere Zukunftsschätzungen vorliegen oder leicht beschaffbar sind[15].

Die Verwendung dynamischer Investitionsrechnungsverfahren impliziert zumindest konzeptionell die Überwindung der vorgenannten Schwächen statischer Verfahren: Es können periodenbezogen differenzierte Zahlungen benutzt werden, und die Zeitpunktabhängigkeit von Zahlungswerten findet durch Anwendung der Zinseszinsrechnung Berücksichtigung.

Von den klassischen Verfahren Kapitalwertmethode, Annuitätenmethode und Methode des internen Zinsfußes soll hier stellvertretend die Kapitalwertmethode diskutiert werden[16].

Der Kapitalwert einer Investition ergibt sich allgemein wie folgt:

$$C_0 = \sum_{t=0}^{n} (e_t - a_t) \frac{1}{(1+i)^t}$$

C_0 = Kapitalwert im Zeitpunkt $t = 0$

e_t = Einzahlungen in Periode t

a_t = Auszahlungen in Periode t

i = Kalkulationszinsfuß

---

[12] Vgl. hierzu auch *R. Buchner:* Finanzanalyse, S. 306 f.

[13] Vgl. *H. Schierenbeck:* Grundzüge, S. 282 ff.; *L. Perridon, M. Steiner:* Finanzwirtschaft, S. 28 ff.

[14] Vgl. zum Umwertungsproblem besonders überzeugend *W.-R. Bretzke:* Prognoseproblem, S. 44 ff.

[15] Vgl. *O. Hahn:* Finanzwirtschaft, S. 91 ff.

[16] Vgl. etwa *H. Schierenbeck:* Grundzüge, S. 295 ff.; *L. Perridon, M. Steiner:* Finanzwirtschaft, S. 47 ff.

Neben der Beschaffung der einzelnen Variablen Einzahlungen je Periode und Auszahlungen je Periode stellt sich insbesondere das Problem, den geeigneten Kalkulationszins zu bestimmen[17].

Das Ergebnis einer solchen Vorteilhaftigkeitsanalyse impliziert eine Transformation der Zahlungen zwischen den Perioden zum Kalkulationszinssatz, d. h. es wird unterstellt, daß sich die finanzielle Anpassung der Entnahmemöglichkeiten an die gewünschten Periodenentnahmen zum Kalkulationszins durchführen läßt.

Es ist zwar schon ein Fortschritt, wenn die Zeitdimension in den Investitionskalkül Eingang findet, der bei diesem Verfahren nur normierten Berücksichtigung muß sich der kritische Benutzer jedoch bewußt bleiben. Diese Ungenauigkeit ist nur durch die Einbeziehung der tatsächlichen Soll- und Habenzinsen i. w. S., also der tatsächlichen zeitlichen Transformationskosten und -erträge, überwindbar.

2. *Nichtmonetäre Ziele*

Neben den monetären Zielen beeinflussen weitere wichtige Ziele das tatsächliche Verhalten der Entscheidungsträger[18]. Die Entscheidungssituation potentieller Unternehmenskäufer und -verkäufer ist nur unter Einbeziehung auch nichtmonetärer Ziele erklärbar. Eine Auswahl der wichtigsten dieser Ziele sei im folgenden erörtert.

a) Machtstreben

Als eines der bedeutenden nichtmonetären Handlungsmotive der am Wirtschaftsprozeß beteiligten Individuen gilt das Streben nach Macht[19]. Unter Macht sei hier die Möglichkeit zur Beeinflussung des Verhaltens anderer Personen bzw. die Verwendungs- und Verfügungsmöglichkeiten über Vermögensgegenstände verstanden[20].

---

[17] Vgl. zu diesem Problem *J. Steiner:* Gewinnsteuern, S. 17 f.; *H. Koch:* Grundlagen, S. 45 - 50.

[18] Vgl. *J. Bidlingmaier:* Zielkonflikte, S. 24 ff. sowie ausführlich *U. Schmidt-Sudhoff:* Unternehmerziele, S. 43 - 64, beide mit weiteren Verweisen. Vgl. auch die empirischen Ergebnisse z. B. von *E. Heinen:* Grundlagen, S. 35; *derselbe:* Zielprogramm, S. 15 ff.; *W. Kunt:* Zielsysteme, Sp. 2424; *G. Czeranowsky, H. Stutz:* Ergebnisse, S. 121 - 124, aber auch speziell in bezug auf das Unternehmenserwerbs- bzw. -veräußerungsproblem *W. Dörner:* Überlegungen, S. 203; *G. Sieben, B. Zapf (Hrsg.):* Unternehmensbewertung, S. 31 ff.

[19] Vgl. *J. Bidlingmaier:* Unternehmerziele, S. 104; *E. Heinen:* Grundlagen. S. 79 f. und insbes. *W. H. Staehle:* Management, S. 239, der Machtstreben als menschliches Grundmotiv ansieht.

[20] Ähnlich auch *E. Heinen*, Grundlagen, S. 80. Die Beschränkung der Definition auf die Macht gegenüber Personen (so z. B. *D. Pohmer, M. Schweitzer:* Macht, S. 233), wie sie ebenfalls in der Literatur geläufig ist, muß hier als zu eng angesehen werden.

Speziell für Entscheidungen der Verkäufer bzw. Käufer mittelständischer Unternehmungen ist es bedeutsam, wie stark das Machtstreben bei dem jeweiligen Entscheidungsträger ausgeprägt ist. Zur weiteren Analyse sei diesbezüglich folgende typische Situation untersucht: Die grundsätzlichen Alternativen bestehen einerseits im Unternehmenskauf bzw. Weiterführung, andererseits in der Tätigkeit als abhängig Beschäftigter und Wiederanlage bzw. Anlage des Vermögens in Wertpapieren. Hier ergeben sich im allgemeinen erhebliche Unterschiede hinsichtlich des Ausmaßes der Macht, die ihm jeweils zur Verfügung steht.

Tabelle 1

Typisierende Auswirkungen des Kaufs/Nicht-Kaufs einer Unternehmung auf die Gestaltungsvariablen Einsatz der Arbeitskraft und Verwendung des Vemögens

Alternative	Einsatz der Arbeitskraft	Verwendung des Vermögens
Kauf	selbständige Tätigkeit	Investition in Produktivvermögen
Nicht-Kauf	abhängige Beschäftigung	Anlage in Wertpapieren

Zum einen besitzt ein Unternehmer —insbesondere in Kleinbetrieben, die i. a. ohne institutionalisierte Arbeitnehmervertreter bzw. Gewerkschaftskontrollen geführt werden können[21] — gegenüber seinen Mitarbeitern zumindest formelle Macht in Form von Weisungsmöglichkeiten. Weiterhin kann davon ausgegangen werden, daß der Inhaber eines Unternehmens, und sei es auch nur eines kleinen, in Abhängigkeit von der Marktform (respektive Wettbewerbsintensität) und der Marktart (Käufermarkt oder Verkäufermarkt) entweder gegenüber Lieferanten und/oder gegenüber Kunden nicht zu unterschätzende Einflußmöglichkeiten besitzt. Insofern kann auch dieser Kreis von Interaktionspersonen zum Machtbereich eines Unternehmers gezählt werden.

[21] So sind etwa Betriebsräte, die ja in gewissem Rahmen durch Mitsprache- und Informationsrechte die Entscheidungsmacht des Unternehmers einschränken können, nur in Unternehmen mit einer Dauerbelegschaft von mindestens 5 Arbeitnehmern vorgesehen. Vgl. § 1 BetrVG. Dabei ist noch zu beachten, daß ab 5 Arbeitnehmern zwar auf Ersuchen der Mitarbeiter ein Betriebsrat einzurichten und zu wählen ist, dies jedoch umgekehrt bei mangelndem Engagement der Betroffenen auch unterbleiben kann. Letzteres scheint bei kleineren Betrieben über 4 Arbeitnehmern wohl die übliche Praxis zu sein. Vgl. *U. Zachert:* Betriebliche Mitbestimmung, S. 30 und *E. Barthel, J. Dickan:* Mitbestimmung, S. 106.

Zum anderen ist der Status eines Unternehmers hinsichtlich der Verfügungsmacht und Entscheidungsmacht über Vermögensgegenstände relativ groß[22]. So besitzt er weitgehende Dispositionsfreiheit nicht nur über Betriebsmittel, die durch Investitionen seines eigenen Kapitals beschafft wurden, sondern auch über solche, die erst durch Finanzierung mit Fremdkapital ermöglicht werden konnten[23].

Im Vergleich zum Unternehmer hat der (noch) abhängig Beschäftigte aufgrund seiner beruflichen Tätigkeit im allgemeinen keine Weisungsmacht über eine größere Anzahl von Mitarbeitern oder Verfügungsmacht über größere Sachwerte. Natürlich ist hier auch der Ausnahmefall zu berücksichtigen, in dem es sich bei dem betrachteten Entscheidungsträger um einen im dispositiven Bereich tätigen Angestellten handelt, der eine Quasi-Unternehmerfunktion in einem Arbeitsverhältnis ausführt. Selbst in diesem Spezialfall ist der Machtbereich des angestellten Managers nicht von gleicher Art wie der eines selbständigen Unternehmers, da die grundsätzliche Entscheidungsmacht praktisch jedes Managers durch die Vorgaben und Kontrollen der nächst höheren Entscheidungsinstanz determiniert wird.

Durch Ankauf von Wertpapieren erwächst dem Entscheidungsträger kein zusätzlicher Machtgewinn, wenn man von dem für diese Betrachtungen kaum relevanten Fall eines Großanlegers absieht. Denn durch den Erwerb von Prozentbruchteilen an Aktienkapital ergeben sich praktisch ebenso keine Einflußmöglichkeiten auf die Geschäftsführung und damit auf die Machtausübung in Kapitalgesellschaften wie auf dem Wege der Kapitalanlage über Kapitalsammelstellen (Lebensversicherungen, Investmentfonds) oder des Anleihenerwerbs, der auch formal den Einfluß des Geldgebers weitgehend ausschließt[24].

Insgesamt betrachtet weisen also die zwei typisierten Handlungsalternativen ein erhebliches Machtgefälle zugunsten des Unternehmenskaufs bzw. der Unternehmensweiterführung auf. Hierüber gibt die folgende Tabelle einen zusammenfassenden Überblick.

---

[22] Die durch geschriebene und ungeschriebene Gesetze bestehenden Nutzungs- und Verwendungsbeschränkungen des Eigentümers einer Sache gelten für jedermann und können deshalb hier unbeachtet bleiben.

[23] Es ist sicherlich zu konzedieren, daß in Extremfällen — etwa bei sehr hoher Verschuldung — die Verfügungs- und Entscheidungsmacht über bestimmte Sachwerte durch Auflagen der Gläubiger eingeengt sein können. Man denke etwa an Sicherungsübereignungen u. ä.

[24] Die Verwendung der Gelder obliegt den Entscheidungen des Managements der Kapitalsammelstellen unter Beachtung der gesetzlichen Vorgaben. Vgl. hierzu im einzelnen in bezug auf Lebensversicherungsgesellschaften die Darstellung bei *G. Matthes:* Vermögensanlagen, insbes. S. 1506 ff. Bzgl. der Investmentfonds vgl. *Ch. Sommer:* Kapitalanlagen, S. 244 ff.

Tabelle 2

Machtumfang in Abhängigkeit von der jeweiligen Funktion des Entscheidungsträgers

Funktion		Machtumfang
Kapitalanleger (Wertpapiere)	Kleinanleger	geringer Einfluß auf die Unternehmung
	Großanleger	informelle globale Einflußmöglichkeit auf das Unternehmen; ggf. auch informelle Weisungs- und Verfügungsmacht
Abhängig Beschäftigter	im ausführenden Bereich	geringe Macht im Unternehmen
	im dispositiven Bereich	mehr oder minder partielle Verfügungsmacht; ggf. weitreichendere informelle Macht
Unternehmer		umfassende Verfügungs- und Weisungsmacht im Unternehmen

b) Unabhängigkeitsstreben

Als nächstes soll die Zielsetzung „Streben nach Unabhängigkeit" in ihrer Wirkung auf die anstehende Entscheidung potentieller Käufer/Verkäufer untersucht werden. Unter Unabhängigkeit sei hier die Möglichkeit eines Individuums verstanden, Entscheidungen über das eigene Verhalten im Erwerbsleben ohne Einflußnahme Dritter treffen zu können. Diese Art der Unabhängigkeit kann natürlich in einer derart interdependenten Gesellschaft wie der unsrigen weder im sozialen noch im ökonomischen Bereich voll verwirklicht werden; vielmehr ist diese Zielsetzung überhaupt nur relativ erreichbar.

Schon in den allgemeinen Verhaltens- und Zielanalysen des wirtschaftlich Tätigen wird dem Unabhängigkeitsstreben Relevanz zugewiesen[25]. Entsprechend wichtig ist diese Zielsetzung hinsichtlich der Entscheidung, ob ein abhängig Beschäftigter durch Unternehmenserwerb in den Kreis der Unternehmer wechseln oder ein bisheriger Unternehmenseigner seine Erwerbsquelle veräußern soll.

---

[25] Vgl. stellvertretend etwa *E. Heinen:* Zielfunktionen, S. 26 f.; *derselbe:* Einführung, S. 115; *derselbe:* Grundlagen, S. 77 f.; *J. Bidlingmaier:* Unternehmerziele, unter der Bezeichnung „Selbständigkeit", S. 103; *U. Schmidt-Sudhoff:* Unternehmerziele, S. 96; *B. O. Andrä:* Zielhierarchie, S. 292 f., aber auch schon *A. Moxter:* Präferenzstruktur, S. 22.

Die Bedeutung der Statuszugehörigkeit für diese Zielsetzung läßt sich rein semantisch aus der als Synonym für Unternehmer gebräuchlichen Bezeichnung „Selbständiger" ablesen, durch die dem Unternehmertum ein besonders hohes Maß an Unabhängigkeit unterstellt wird[26].

Im Vergleich zu der Dispositionsfreiheit eines Unternehmers muß die eines unselbständig Beschäftigten im allgemeinen geringer eingeschätzt werden. So ist jeder Arbeitnehmer schon per Arbeitsvertrag verpflichtet, den Weisungen des Arbeitgebers im Rahmen sonstiger Vereinbarungen (Tarifverträge u. ä.) Folge zu leisten[27]. Inwieweit diese formelle Bindung die Unabhängigkeit des Arbeitnehmers im Einzelfall beschränkt, ist von dem jeweiligen Tätigkeitsfeld abhängig. Jedoch verfügen wohl nur Inhaber der oberen Führungspositionen über ein im Vergleich zu einem Selbständigen gleich hohes oder höheres Maß an Unabhängigkeit.

Demgegenüber ist die unternehmerische Tätigkeit in unserer Wirtschaftsordnung frei von direkter Abhängigkeit. Jedoch ergeben sich im allgemeinen durchaus gravierende faktische Bindungen. Man denke daran, daß sich zwar jeder Unternehmer aufgrund der allgemeinen Vertragsfreiheit im Rahmen gewisser Ausnahmen[28] frei entscheiden kann, ob er bereit ist, mit einem bestimmten Kunden, Lieferanten oder Kreditgeber Geschäftsbeziehungen zu unterhalten, er jedoch im Interesse der Unternehmensfortführung ggf. auf jeden weiteren Kunden oder Lieferanten angewiesen sein kann.

Die Stärke dieser faktischen Abhängigkeit in den Geschäftsbeziehungen hat direkte Folgewirkungen auf die Begrenzung des Entscheidungsfeldes für den Unternehmer. In extremen Fällen hat er nur noch die Wahl, Wünschen der Kunden zu entsprechen oder aus dem Markt auszuscheiden.

Zusammenfassend kann festgestellt werden, daß der selbständige Unternehmer gegenüber einem unselbständig Beschäftigten tendenziell größere Unabhängigkeit besitzt. Im Einzelfall kann aber eine Analyse des betreffenden Unternehmens insbesondere anhand seiner Marktstärke[29] das Gegenteil ergeben.

---

[26] Vgl. *G. Sieben, B. Zapf* (Hrsg.): Unternehmensbewertung, S. 34.

[27] Beachte hinsichtlich der Weisungsgebundenheit des Arbeitnehmers gegenüber dem Arbeitgeber das sog. Direktionsrecht, das dem Arbeitgeber aufgrund eines Arbeitsvertrags zusteht. Vgl. *C. Creifelds:* Direktionsrecht, S. 288; *D. Reuter:* Arbeitsvertrag, S. 321.

[28] Als Beschränkung dieser Vertragsfreiheit ist ein möglicher wettbewerbsrechtlicher Kontrahierungszwang zu beachten.

[29] Vgl. *H. Meffert:* Marketing, S. 250 und die dort angegebene Literatur.

c) Sicherungsstreben

Schließlich ist das Ziel Sicherungsstreben abzuhandeln[30]. Gemeint ist hiermit das Bestreben eines Individuums, seine bisher erreichte ökonomische Existenz auch in Zukunft sichergestellt zu sehen.

Diese Zielsetzung läßt sich einerseits aus den Motivtheorien ableiten[31], andererseits findet sie im Rahmen des unternehmensbezogenen Zielkranzes in der Literatur etwa unter der Bezeichnung „Streben nach Sicherung des Unternehmenspotentials bzw. Unternehmenserhaltung" Beachtung[32].

Unter dem speziellen Gesichtspunkt, diesbezügliche Zielwirkungen einer Unternehmenskauf- bzw. -verkaufsentscheidung zu erfassen, ist zu fragen, inwieweit das vorhandene Vermögen bzw. sonstige existenzsichernde Einkunftsquellen durch die zu treffende Entscheidung eventuell gefährdet werden.

Aus der Sicht des Käufers stellt sich die Situation wie folgt: Erwirbt ein ehemals abhängig Beschäftigter ein Unternehmen, so ist damit i. a. notwendigerweise die Aufgabe seines jetzigen Arbeitsplatzes verbunden[33]. Gleichzeitig muß ein mehr oder weniger großer Anteil des Vermögens in die Unternehmung investiert werden. Fließen dem Entscheidungsträger keine weiteren nennenswerten Mittel aus anderen Einkunftsquellen zu (etwa Einkommen des Ehegatten, Erträge aus restlichem Privatvermögen o. ä.) und besteht keine große Aussicht — der Fall dürfte realistisch sein —, die getroffene Entscheidung hernach im Mißerfolgsfalle ohne bedeutende finanzielle Nachteile revidieren zu können, so macht der Unternehmenskäufer seine wirtschaftliche Existenz von dem Erfolg des Unternehmenskaufs abhängig. Andererseits läßt sich gerade in der jüngsten Zeit der wirtschaftlichen Krise beobachten, daß Arbeitnehmer gerade zur Sicherung ihrer Existenz in die Selbständigkeit wechseln. Denn für Arbeitnehmer, die arbeitslos geworden sind oder deren Arbeitsplatz gefährdet erscheint, bietet die Selbständigkeit in Abhängigkeit von den Einzelbedingungen der jeweiligen Branche eine durchaus realistische Beschäftigungsalternative. Allerdings ist die Existenzgefährdung für Arbeitnehmer durch die soziale Sicherung (man denke etwa an die Arbeitslosenversicherung oder an die ggf. bestehende Verpflichtung des Arbeitgebers zu finanziellen Ent-

---

[30] In Anlehnung an *J. Hauschildt:* Entscheidungsziele, S. 9.

[31] Vgl. *W. H. Staehle:* Management, S. 238.

[32] Vgl. etwa *E. Heinen:* Grundlagen, S. 70 ff.; *J. Bidlingmaier:* Unternehmerziele, S. 108 f.; *B. O, Andrä:* Zielhierarchie, S. 298 f. Vgl. stellvertretend für die große Anzahl von Autoren, die sich speziell mit dem auch hier relevanten Problem der Kapitalerhaltung beschäftigen *Th. Schildbach:* Geldentwertung, und *F. W. Wagner:* Kapitalerhaltung.

[33] Von nebenberuflich selbständig Erwerbstätigen wird hier abstrahiert.

schädigungen)[34] gegenüber der eines gescheiterten Unternehmers geringer.

Bei der grundsätzlich relativ hohen Erfolgsungewißheit eines Unternehmens[35] etwa verglichen mit den Einkunftsquellen Verzinsung von Wertpapieren oder Arbeitnehmerentgelt muß im jeweiligen Einzelfall geprüft werden, ob der potentielle Käufer diese größere Existenzgefährdung überhaupt zu tragen bereit ist[36]. Verfügt der Aktor sicherheitshalber über ausreichende ergänzende Einkünfte, so reduziert sich das Existenzsicherungsproblem, das sich aus einem möglichen Unternehmenskauf ergibt.

Aus der Sicht des Verkäufers bedeutet der Verkauf der Unternehmung unter dieser Zielsetzung den Verlust der einzigen oder doch wenigstens einer bedeutenden Einkunftsquelle und damit seiner bisherigen wirtschaftlichen Existenz. Erhält er demgegenüber einen so hohen Barkaufpreis, daß dessen sichere Verzinsung zum gewünschten Lebensunterhalt ausreicht, oder sind für die Zukunft andere existenzsichernde Einkünfte (etwa Zahlungen aus öffentlichen oder privaten Altersversorgungsanstalten) zu erwarten, so kann die Zielsetzung der Existenzsicherung als erfüllt angesehen werden.

Probleme ergeben sich insbesondere in den Fällen, in denen zum einen alternative Einkunftsquellen (etwa Arbeitnehmertätigkeit oder anderweitige selbständige Tätigkeit) nach dem Verkauf erschlossen werden müssen, wenn diese als weniger sicher einzustufen sind. Darüber hinaus ist die künftige Existenz des Verkäufers in den Fällen nicht gesichert, in denen anstatt eines Barkaufpreises das gesamte oder teilweise Entgelt für das veräußerte Unternehmen in Form laufender Zahlungen vereinbart wird[37] und der Unternehmenserwerber diese für den Veräußerer existentiellen Raten wegen Zahlungsunfähigkeit nicht leistet.

Insgesamt betrachtet zeigt sich, daß sowohl aus Sicht des Käufers als auch aus Sicht des Verkäufers mit einer Unternehmenstransaktion einerseits eine zusätzliche Absicherung, aber auch eine Gefährdung der wirtschaftlichen Existenz verbunden sein kann. Wichtige Einflußdeterminanten für die Einzelfallbeurteilung sind die ansonsten bestehenden individuellen wirtschaftlichen Absicherungen (insbesondere weitere Einkunftsquellen).

---

[34] Vgl. zu den Anspruchsmöglichkeiten der Arbeitnehmer im Falle des Arbeitsplatzverlustes *V. Beuthien:* Sozialplan, insbes. S. 62 ff. u. 80 ff.

[35] Vgl. zur Erfolgsvorhersage von Unternehmen auch Kapitel 3.

[36] Vgl. hierzu auch die Annahmen, die der Theorie des Gewinnvorbehaltes zugrundeliegen, bei *H. Koch:* Theorie des Gewinn-Vorbehaltes, S. 28 ff.

[37] Vgl. speziell zu diesen Abgeltungsarten *R. Nonnenmacher:* Anteilsbewertung.

II. Zielbeziehungen

Im letzten Abschnitt wurde versucht, relevante Zielsetzungen herauszuarbeiten. Es ist nun zu überprüfen, welche Beziehungen zwischen diesen Zielen einerseits im Entscheidungsfeld des Käufers für die Entscheidung über Kauf oder Nichtkauf einer Unternehmung und andererseits im Entscheidungsfeld des Verkäufers bei seiner Entscheidung über den Verkauf oder die Weiterführung des Unternehmens vorliegen[38]. Dabei sind die fünf Zielbeziehungen Zielidentität, Zielkomplementarität, Zielneutralität, Zielkonkurrenz und Zielantinomie zu unterscheiden[39].

Da die vorgenannten Einzelziele nicht zueinander in hierarchischer Ordnung stehen, erübrigt sich an dieser Stelle die Untersuchung möglicher vertikaler Zielbeziehungen[40]; vielmehr ist zu überprüfen, ob jeweils eine der fünf obengenannten horizontalen Zielbeziehungen vorliegt.

Identität zwischen zwei Zielen dürfte eher ein Indiz semantischer Überlagerung bei der Zielformulierung sein. Die Verwendung von zwei verschiedenen Termini für den identischen Inhalt ist als unzweckmäßig abzulehnen[41]. Zielneutralität kann hier insofern übergangen werden, als sie den Zustand einer Nichtbeziehung zwischen zwei Zielen beschreibt; d. h. hinsichtlich der Zielerreichung zweier zueinander neutraler Ziele kann der Entscheidungsträger auf eine simultane Entscheidungsanalyse verzichten, da die Verwirklichung bestimmter Handlungsalternativen zur Erreichung eines Zieles die Erfüllung des jeweils anderen Zieles nicht beeinflußt[42].

Und schließlich kann auf die Analyse der Zielantinomie, der Unvereinbarkeit bzw. des Ausschlusses der Erreichung zweier Ziele bei gleichzeitiger Unteilbarkeit derselben[43], verzichtet werden, da antinomische Ziele zur Inkonsistenz des Zielbündels führen[44].

---

[38] Diese Zielbeziehungen werden in der Literatur auch teilweise mit „horizontale Zielbeziehung" bzw. „Interdependenzrelation" umschrieben. Vgl. etwa *J. Bidlingmaier:* Unternehmerziele, S. 22 ff.; *W. Kirsch:* Entscheidungsprozesse, S. 147 ff.

[39] Vgl. zu den unterschiedlichen Zielbeziehungen im einzelnen *E. Heinen:* Einführung, S. 101 ff.; *B. O. Andrä:* Zielhierarchie, S. 129 ff.

[40] Zur Bildung von Zielhierarchien als einer systematischen Ordnung der Einzelziele nach Mittel-Zweck-Gesichtspunkten vgl. etwa *J. Bidlingmaier:* Unternehmerziele, S. 76 f.

[41] Gleicher Ansicht auch *J. Bidlingmaier:* Zielkonflikte, S. 44.

[42] Vgl. etwa *P. Kupsch:* Unternehmungsziele, S. 28; *E. Heinen:* Einführung, S. 102.

[43] Vgl. *N. Szyperski, U. Winand:* Entscheidungstheorie, S. 47 u. *J. Bidlingmaier:* Zielkonflikte, S. 47 ff., der deutlich auf die Notwendigkeit der Unteilbarkeit als Voraussetzung für das Vorliegen antinomistischer Ziele verweist.

Somit bleiben der näheren Erörterung die Zielbeziehungen Zielkomplementarität und Zielkonkurrenz.

1. Zielkomplementarität

Es ist grundsätzlich vorauszuschicken, daß Aussagen über Beziehungen zwischen jeweils zwei Zielen auf bestimmte Bereiche der Zielerfüllung beschränkt sein müssen. Eine tendenziell gleichgerichtete Zielverknüpfung zwischen zwei Zielen über den gesamten Untersuchungsbereich ist eher die Ausnahme. Vielmehr wechselt die Richtung der Zielbeziehung häufig bei unterschiedlichen Zielerreichungsniveaus. Als Beispiel diene ein Fall aus der Preistheorie: Für einen monopolistischen Anbieter ergibt sich für die Beziehungen zwischen den Zielen Umsatz und Gewinn folgende Situation:

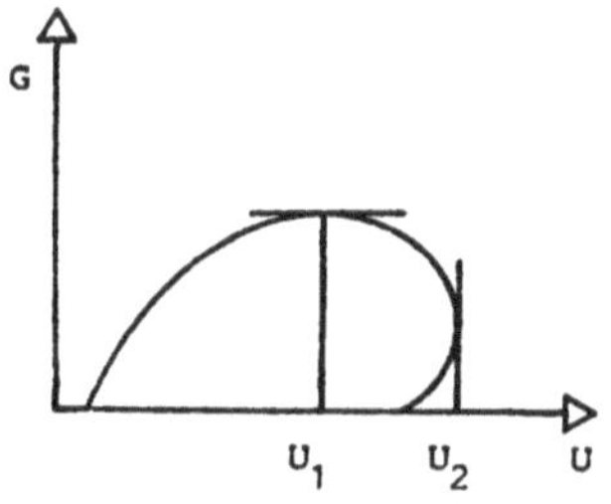

Abb. 2. Umsatz-Gewinn-Relationen im Angebotsmonopol

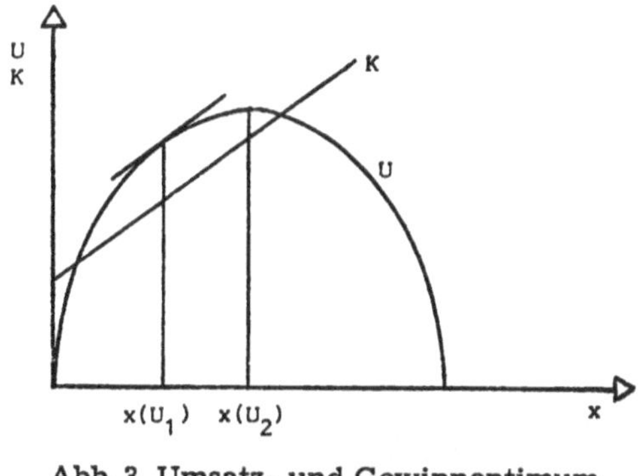

Abb. 3. Umsatz- und Gewinnoptimum im Angebotsmonopol

Bei möglichen Teilerreichungsgraden auch von sich diametral gegenüberstehenden Zielsetzungen handelt es sich nämlich tatsächlich nicht um antinomistische, sondern um konkurrierende Ziele. A. A. *B. O. Andrä:* Zielhierarchie, S. 131 ff.

[44] Vgl. die Argumentation hinsichtlich der Bedeutung der Zielantinomie bei *B. O. Andrä:* Zielhierarchie, S. 131 f.

Im ersten Intervall steigt mit zunehmendem Umsatz gleichzeitig der Gewinn, während zwischen U_1 *und* U_2 steigender Umsatz mit sinkendem Gewinn einhergeht[45]; der erste Bereich steht für eine komplementäre Zielbeziehung.

Komplementäre Zielbeziehungen sind dadurch gekennzeichnet, daß durch die Entscheidung für eine bestimmte Handlungsalternative die Erreichung der betrachteten Ziele entweder gleichzeitig gefördert oder gleichzeitig reduziert, respektive behindert wird[46]. Liegt Komplementarität zwischen zwei oder mehreren Zielen vor, so genügt es, im Entscheidungskalkül nur noch eines der komplementären Ziele zu berücksichtigen, da die Erreichung der übrigen Ziele implizit gewährleistet wird[47].

Für das vorliegende Problem ist also herauszuarbeiten, inwieweit zwischen den relevanten Zielen bezogen auf die zwei typischen alternativen Handlungsmöglichkeiten Kauf/Nicht-Kauf bzw. Verkauf/Weiterführung des Unternehmens Komplementarität besteht.

Bei der Analyse der typischen Einzelziele war unter der Einschränkung von Abweichungen im Einzelfall konstatiert worden, daß die Ziele Macht und Unabhängigkeit tendenziell bei der Alternative „Unternehmertätigkeit" in höherem Maße verwirklicht werden als bei Nicht-Kauf bzw. Verkauf der Unternehmung[48]. Wegen dieser Gleichgerichtetheit bezüglich der hier relevanten Alternativen muß nur eines dieser Ziele explizit im Entscheidungskalkül berücksichtigt werden.

Eine Vorteilhaftigkeitsbeurteilung der beiden Handlungsalternativen unter dem Gesichtspunkt des Gewinnstrebens als eines wichtigen monetären Zieles läßt sich nur in Abhängigkeit von jeweiligen Unternehmenskaufpreisen durchführen[49]. Daher kann zwischen dem Ziel „Gewinnstreben" und anderen Zielen keine generelle Komplementarität bestehen.

---

[45] Vgl. hierzu etwa *H. Meffert:* Marketing, S. 256; *P. Kupsch:* Unternehmungsziele, S. 29. Heinen differenziert entsprechend in totale und partielle Komplementarität, vgl. *E. Heinen:* Grundlagen, S. 100 f.

[46] Vgl. etwa *N. Szyperski, U. Winand:* Entscheidungstheorie, S. 46; *E. Heinen:* Grundlagen, S. 94.

[47] Heinen spricht bei diesem Reduktionsverfahren treffend von „Suboptimierung". Vgl. auch die einzelnen Prämissen dieses Verfahrens bei *E. Heinen:* Grundlagen, S. 134 ff.

[48] Vgl. 2. Kapitel, A. I. 2.

[49] Vgl. 2. Kapitel, A. I. 1.

2. *Zielkonkurrenz*

a) Darstellung und Problem

Zwei oder mehrere Ziele konkurrieren dann miteinander, wenn die Verbesserung der Erreichung eines Zieles nur durch eine Verschlechterung des Erreichungsgrades eines oder mehrerer anderer Ziele erkauft werden kann[50]. (Vgl. als Beispiel den Bereich zwischen U_1 und U_2 der Abbildung 2 und 3.) Zu beachten ist, daß echte Zielkonkurrenz nicht schon dann vorliegt, wenn hinsichtlich der Verwirklichung einer beliebigen Handlungsalternative die vorher beschriebenen Wirkungen auf die Zielerreichungen zu erwarten sind, sondern nur dann, wenn keine weitere Alternative des Entscheidungsfeldes einer Zielverbesserung unter Sicherung der (des) alternativen Zielerreichungsniveaus zuläßt[51]. Ansonsten könnte sich „Zielkonkurrenz" allein schon aus ungeschickter und unzweckmäßiger Auswahl der Handlungsalternativen ergeben.

Wie in jeder allgemeinen Entscheidungssituation so ist auch im Falle eines möglichen Unternehmenskaufs/-verkaufs zu überprüfen, inwiefern bei den gegebenen Handlungsalternativen Konkurrenzbeziehungen zwischen Zielen des gesamten Zielbündels unumgänglich sind. Speziell für die vorliegende Analyse sind neben dem Gewinnstreben die nichtmonetären Ziele Streben nach Macht, Unabhängigkeit und Sicherheit näher zu betrachten.

Das Ziel Gewinnstreben soll wegen der Abhängigkeit von der Höhe des Kaufpreises an dieser Stelle noch ausgeklammert bleiben.

Aufgrund der Einzelanalysen ließ sich eine Konkurrenz zwischen den Zielen Streben nach Macht und Unabhängigkeit auf der einen Seite und dem Streben nach Sicherheit auf der anderen Seite in typisierter Form herausarbeiten. Denn während die ersteren Ziele tendenziell in höherem Maße bei der Alternative Betreiben eines Unternehmens erfüllt werden, läßt sich letzteres wohl besser bei der Alternative Nicht-Kauf bzw. Verkauf des Unternehmens verwirklichen.

Im Gegensatz zur Zielkomplementarität, die durch die Reduktion der explizit im Entscheidungskalkul zu berücksichtigenden Anzahl von Zielen zu einer Vereinfachung führt, blockieren konkurrierende Zielrelationen zunächst die Vorteilhaftigkeitsberechnungen. Ohne Wert-

---

[50] Vgl. *P. Kupsch:* Unternehmungsziele, S. 26 ff.; *D. J. G. Schneider:* Unternehmungsziele, S. 132; *E. Heinen:* Grundlagen, S. 95 ff. mit einigen verdeutlichenden Beispielen. Weiterhin *J. Bidlingmaier:* Zielkonflikte, S. 47 ff. mit detaillierten Differenzierungen. Teilweise wird in der Literatur inhaltsgleich von Konfliktrelationen gesprochen. Vgl. etwa die Definition bei *B. O. Andrä:* Zielhierarchie, S. 130.

[51] Zur Bedeutung der Alternativen für die Zielrelationen vgl. *P. Kupsch:* Unternehmungsziele, S. 30, aber auch *E. Heinen:* Einführung, S. 102.

urteile lassen sich keine Aussagen machen, inwieweit es vorteilhaft ist, die Erreichung eines bestimmten Zieles der eines anderen zu opfern. Insofern soll im folgenden das Augenmerk auf Verfahren zur Überwindung eines Entscheidungsdilemmas und zur Berücksichtigung auch konkurrierender Ziele bei Entscheidungen gerichtet werden.

b) Entscheidungsverfahren bei konkurrierenden Zielen

In diesem Abschnitt sollen wichtige Lösungsverfahren zur kombinierten Berücksichtigung konkurrierender Ziele behandelt werden[52].

Bei der weiteren Untersuchung sei davon ausgegangen, daß sich zwei Ziele (Z_1; Z_2) mindestens in wichtigen Bereichen oder sogar vollständig konkurrierend gegenüberstehen. Weiterhin sei jeweils eine zumindest stufenweise, wenn nicht gar stetige Zielerreichung als möglich unterstellt[53].

aa) Austauschrelationen

Ein erster Lösungsvorschlag besteht in der Verwendung von Austauschrelationen. Dabei ist möglichst vor der Verwendung des Zielsystems bzw. vor der Entscheidung das jeweilige Mehr an Zielerfüllung vom Entscheidungsträger in gleichnamigen Maßeinheiten zu bewerten. Als Maßeinheit kann eine beliebig festgelegte Nutzeneinheit oder auch eine Einheit an Zielerreichung eines der zu analysierenden Ziele verwendet werden[54]. Wählt man beispielsweise letztere Methode, so erhält man mit der Bewertung z. B. die Information, wieviel Zielerreichungseinheiten des Ziels Z_2 einer Einheit Zielerreichung des Ziels Z_1 entsprechen[55]. Zur Optimierung des Problems bilde man die Addition (oder den Saldo) der Zielerreichungsgrade, ausgedrückt in Zielerreichungseinheiten z. B. des Ziels Z_1, bei jeder in Frage kommenden Handlungsalternative und wähle diejenige mit den maximalen Zielerreichungseinheiten[56].

Dieses Verfahren ist jedoch nicht ohne Probleme. Zum einen verlangt es die Quantifizierbarkeit sämtlicher Ziele — die hier untersuchten

[52] Vgl. *P. Kupsch:* Unternehmungsziele, insbes. S. 121 - 136 und die dort angeführten Quellen.

[53] Von dem extremen Spezialfall der Zielantinomie sei hier abstrahiert.

[54] Zur Verwendung von Nutzeneinheiten bzw. -funktionen siehe stellvertretend *U. Schmidt-Sudhoff:* Unternehmerziele, S. 75 ff.

[55] Die Austauschrelation der Ziele kann für den gesamten Wertebereich konstant oder aber variabel sein. Vgl. *E. Heinen:* Grundlagen, S. 144.

[56] Vgl. zu diesem Verfahren etwa die detaillierten Vorschläge auch hinsichtlich der Einbeziehung von mehr als zwei konkurrierenden Zielen bei *E. Heinen:* Grundlagen, S. 142 ff. u. *derselbe:* Einführung, S. 39 ff., aber auch die inhaltlich analogen Verfahren der Nutzwertanalyse bei *Ch. Zangemeister:* Nutzwertanalyse, respektive des Scoring-Modells bei *H. Meffert:* Marketing, S. 356 ff. sowie *N. Szyperski, U. Winand:* Entscheidungstheorie, S. 47.

nichtmonetären Ziele lassen sich jedoch praktisch kaum quantifizieren[57] —, zum zweiten ist die Bestimmung und Verwendung von Nutzeneinheiten bzw. deren Surrogat als Hilfsgröße problematisch[58].

Insbesondere wegen der hohen Ansprüche an die Quantifizierbarkeit der Ziele kann dieses Verfahren für die etwaigen Zielkonkurrenzen im vorliegenden Fall kaum sinnvoll angewandt werden.

bb) Hierarchische Ordnung der Ziele

Von der Methodik her etwas einfacher ist das Verfahren der hierarchischen Ordnung konkurrierender Ziele[59]. Der Entscheidungsträger hat dabei eine eindeutige Prioritätenfolge der Einzelziele vorzugeben. Die bestehenden Handlungsalternativen werden hinsichtlich der Erfüllung des dringlichsten Ziels geordnet. Erfüllen zwei oder mehrere Handlungsalternativen das ranghöchste Ziel in optimaler Weise, so ist unter diesen eine Entscheidung gemäß der Erfüllung des nächst höchsten Ziels durchzuführen. Bei Entscheidungsindifferenz zwischen den für die jeweils relevante Zielsetzung optimalen Handlungsalternativen ist sukzessive das jeweils rangniedrigere Ziel als Entscheidungsmaßstab in diesem Sinne zu verwenden bis zur Herausfilterung der insgesamt optimalen Handlungsalternative[60].

Der große Nachteil dieser Methode liegt in der mangelhaften Fähigkeit, konkurrierende Ziele in ausgewogener Form zusammenzustellen und zu verbinden. Das führt dazu, daß relativ niedrig eingestufte Ziele häufig überhaupt keine Wirkung auf die Alternativenauswahl mehr besitzen, da höher geschätzte Ziele die Entscheidung praktisch bereits determinieren.

cc) Extremwertstreben unter Nebenbedingungen

Weiterhin besteht die Möglichkeit, mit Hilfe von Modellen des Extremwertstrebens unter Nebenbedingungen zu Entscheidungen bei konkurrierenden Zielen zu gelangen[61]. Dabei wird hinsichtlich einer der Zielfunktionen eine Maximierung oder Minimierung des Zielwertes angestrebt. Bezüglich der übrigen Ziele sind befriedigende Zielerreichungsniveaus vom Entscheidungsträger als sogenannte Nebenbedingungen vorzugeben. Lassen sich die Nebenbedingungen in Ungleichun-

[57] Vgl. 2. Kapitel, A. I. 2.

[58] Vgl. stellvertretend *U. Schmidt-Sudhoff:* Unternehmerziele, S. 76 ff. und die dort verwandte Literatur.

[59] Vgl. hierzu *W. H. Staehle:* Management, S. 108 mit weiteren Verweisen; *P. Kupsch:* Unternehmungsziele, S. 63 ff.

[60] Vgl. *N. Szyperski, U. Winand:* Entscheidungstheorie, S. 47. Diese Methode entspricht dem in der Entscheidungstheorie diskutierten „lexikographischen Verfahren". Vgl. etwa näher *H. Laux:* Entscheidungstheorie, S. 89 ff.

[61] Vgl. *H.-Ch. Pfohl, G. E. Braun:* Entscheidungstheorie, S. 218 ff.

gen transformieren und hat die Optimierungsfunktion eine lineare Form, so läßt sich i. a. eine Lösung mit Hilfe der linearen Programmierung errechnen[62]. Hinzuweisen ist darauf, daß der Wert einer Lösung natürlich auch von der Höhe der Mindesterreichungsniveaus in den Nebenbedingungen abhängt[63].

Bei diesem Verfahren stellt sich die Frage, nach welchen Kriterien das Optimierungsziel aus dem Zielbündel auszuwählen ist. Obwohl der Ausdruck „Nebenbedingung" eine Zweitrangigkeit suggeriert, werden in dieser Form berücksichtigte Mindestniveaus bei der Lösungssuche vorrangig gegenüber einer möglichen Verbesserung des Optimierungsziels sichergestellt[64]. Die für relativ dringlicher gehaltenen Ziele sollten deshalb als Restriktionen bzw. Nebenbedingungen Eingang in das Modell finden.

Die mangelnde Quantifizierbarkeit der nichtmonetären Ziele erschwert die Anwendung dieser Entscheidungsregel, macht sie jedoch nicht unmöglich. Vorteilhaft ist, daß sich neben einer Anzahl von Zielen zusätzlich auch tatsächliche Handlungsbeschränkungen des Entscheidungsträgers in das Modell einbeziehen lassen.

III. Zielstrukturen der Transaktionspartner

Bisher wurden ökonomisch wichtige Einzelziele erörtert und deren Beziehungen untereinander untersucht. Dies geschah vor dem Hintergrund der Entscheidungssituation potentieller Käufer und Verkäufer einer Unternehmung. Abschließend ist nunmehr zusammenfassend zu klären, welche Zielstrukturen sich aus den oben dargestellten Zielen und Zielbeziehungen für einen möglichen Erwerber und einen möglichen Veräußerer einer Unternehmung ableiten lassen.

1. Zielstrukturen des Käufers

Für den typischen Unternehmenskäufer ergeben sich folgende Zielstrukturen: Die Bereitschaft, ein Unternehmen zu betreiben, kann nicht nur mit erwerbswirtschaftlichen Motiven begründet werden, die relativ große Bedeutung derselben ist jedoch unbestritten. Die Messung der monetären Ziele erfolgt anhand der Höhe und der zeitlichen Struktur der Entnahmemöglichkeiten[65] aus der Unternehmung unter Berücksich-

---

62 Vgl. *U. Schmidt-Sudhoff:* Unternehmerziele, S. 89 ff.; *F. Eggesiecker:* Zielstreben, S. 70 ff.; *E. Heinen:* Einführung, S. 215 ff.

63 Aus diesem Grunde schlägt Eggesiecker u. a. als vorgeschaltete Testläufe die Verwendung von Modellen ohne Zielfunktion vor, um das grundsätzliche Vorhandensein von Lösungen innerhalb der gewählten Restriktionen zu erkunden. Vgl. *F. Eggesiecker:* Zielstreben, S. 75.

64 Vgl. *E. Heinen:* Grundlagen, S. 111.

tigung des Kapitaldienstes für gegebenenfalls aufzunehmendes Fremdkapital. Entsprechend führen c. p. höhere Entnahmemöglichkeiten bzw. ein geringerer Kaufpreis zu einer diesbezüglich verbesserten Zielerreichung.

Die angeführten nichtmonetären Ziele, die zueinander in komplementärer Beziehung stehen, nämlich das Streben nach Macht und Unabhängigkeit, werden tendenziell bei der Unternehmenserwerbsalternative besser erreicht. Zwischen ihnen und dem erwerbswirtschaftlichen Ziel besteht dann komplementäre Beziehung, wenn das rein monetäre Kalkül zugunsten des Erwerbs spricht. In diesem Falle besteht lediglich zwischen diesen erstgenannten Zielen und dem Sicherungsstreben eine Konkurrenzrelation. Der potentielle Käufer kann die Wahl der Kaufalternative dann etwa von der Erreichung eines Mindestsicherheitsniveaus abhängig machen.

Wenn unter rein monetären Gesichtspunkten ein Erwerb für den Käufer unvorteilhaft ist, so ist abzuwägen, ob die Vorteile der höheren Erfüllung der nichtmonetären Ziele Macht und Unabhängigkeit im Falle des Unternehmenskaufs die monetären Nachteile und die geringere Sicherheit der wirtschaftlichen Existenz kompensieren können.

Tabelle 3

Übersicht der typisierten Vor -und Nachteile eines Unternehmenserwerbs aus Käufersicht

Vorteile	Nachteile
— größere Macht — größere Unabhängigkeit	— geringere Absicherung der ökonomischen Existenz

je nach Ergebnis des Investitionskalküls:
Verbesserung/Verschlechterung der monetären Zielerreichung

Zur Ermittlung der optimalen Handlungsweise bietet es sich an, die Grundstruktur der linearen Programmierung zu verwenden[66]. Der eine

[65] Die Relevanz des Ansatzes von Zahlungs- statt Ertragsgrößen scheint nunmehr allgemein anerkannt zu sein. Vgl. *R. Buchner:* Finanzanalyse, S. 313 f., aber auch die früheren Arbeiten, die diesen Gedanken entwickelten. So etwa *A. Anders:* Gewinnsteuern; *W. Busse v. Colbe:* Zukunftserfolg, S. 39 ff., insbes. S. 77 ff. Ferner nachdrücklich *F. W. Wagner, H. Dirrigl:* Der Einfluß, S. 131 sowie *H. Jacobs:* Die Bedeutung, S. 175 - 189.

[66] Diese an sich recht einfach zu handhabende Rechenmethode scheint nicht unumstritten. Insbesondere kritisch *H. Jacobs:* Die Bedeutung, S. 130 ff., insbes. Fn. 289. Vgl. zur Berechnung des Zahlenbeispiels *G. Jaensch:* Einfaches Modell, S. 667.

Teil des Zielbündels (z. B. das Sicherungsstreben und Erwerbsstreben) wird durch jeweilige Mindesterreichungsniveaus als Nebenbedingung angebracht. Der andere Teil des Zielbündels (in diesem Fall Macht- und Unabhängigkeitsstreben) findet Berücksichtigung in der Zielfunktion, die in genormten (Nutzen-)Einheiten auszudrücken ist.

Im Rahmen des Entscheidungsprozesses werden zunächst in einer Vorauswahl diejenigen Alternativen ausgesondert, die die Erfüllung der Nebenbedingungen nicht gewährleisten können. Unter den verbleibenden Alternativen ist diejenige mit der maximalen Erfüllung der Zielfunktion zu wählen. Erfüllt keine Alternative die Mindestniveaus bei der Vorauswahl, dann müssen die Zielvorgaben neu überdacht werden.

2. *Zielstrukturen des Verkäufers*

Zur Ableitung möglicher Zielstrukturen auf der Verkäuferseite können zunächst zwei Kategorien von Entscheidungssituationen gebildet werden. Die erste ist gekennzeichnet durch außergewöhnliche und individuelle Umstände. Zu diesen gehören z. B. räumliche oder arbeitszeitliche Veränderungen des Inhabers, die aus privaten Gründen (etwa Heirat, Auswanderung) erfolgen oder aber der Tod des Unternehmers, ohne daß sich ein geeigneter oder gewillter Nachfolger zur Übernahme der notwendigen Unternehmerfunktionen unter den Erben befindet. Zu den unabdingbaren Unternehmerfunktionen zählt an erster Stelle die Übernahme der Haftung gemäß der jeweils vorliegenden oder zu wählenden Rechtsform. Darüber hinaus kann im allgemeinen auch die Funktion der Geschäftsführung in Klein- oder Mittelbetrieben als quasi notwendig angesehen werden, da durch die enge Verbindung des Unternehmenserfolges mit dem Einsatz und den Fähigkeiten der Geschäftsleitung die Bestellung eines angestellten Geschäftsführers zu erheblichen Verschlechterungen der Unternehmenssituation führt; weiterhin dürfte sich das Problem stellen, hinreichend qualifizierte und branchenkundige Führungskräfte zur Leitung von Klein- und Mittelbetrieben zu erhalten.

Vor einem solchen oder ähnlichen Hintergrund erfolgt der Verkauf einer Unternehmung häufig quasi zwangsweise in dem Sinne, daß eine echte Entscheidungsmöglichkeit zwischen Kauf und Weiterführung der Unternehmung unter der Leitung der Unternehmerfamilie praktisch nicht gegeben ist. Insofern kommt es gerade in solchen Situationen aus Verkäufersicht darauf an, etwa durch Zahlungsvarianten des Kaufpreises einen möglichst großen Kreis an Kaufinteressenten zu erschließen.

Auf der anderen Seite sind die Verkaufsfälle zu betrachten, bei denen von Verkäuferseite bzgl. der Verkaufsentscheidung ein Kalkül unter expliziter Einbeziehung der Alternative „unveränderte Weiterführung" aufzustellen ist. Die Alternative Weiterführung der Unternehmung muß also zumindest mittelfristig möglich sein.

Diese Situation der Verkäufer ist dadurch charakterisiert, daß ein Unternehmer bereit oder willens ist, innerhalb eines meist längeren Zeitraumes seine Unternehmung zu veräußern, wenn die Erfüllung seiner individuellen Ziele hierdurch erreicht oder garantiert wird. Man denke konkret daran, daß sich der Unternehmensinhaber spätestens nach dem Ablauf eines bestimmten Zeitraumes aus dem Erwerbsleben zurückziehen und zur Ruhe setzen möchte[67].

Betrachtet man auf diesem Hintergrund das Zielbündel des potentiellen Verkäufers, so ist dem monetären Ziele auch in diesem Falle eine besondere Bedeutung beizumessen. Die monetäre Zielsetzung ist hierbei im konkreten als Sicherung eines bestimmten Mindestverkaufspreises zu verstehen. Diese Ableitung gilt sicherlich nicht nur bei abstrakter Anwendung der Rationalverhaltensprämisse, sondern läßt sich wohl auch mit der praktischen Situation der Verkäufer zumindest plausibel erklären. Denn viele Unternehmer — insbesondere wenn es sich um Inhaber kleiner oder mittlerer Betriebe handelt — bedürfen der finanziellen Mittel aus dem Unternehmensverkauf, um den Lebensunterhalt im Alter zu bestreiten. Denn dieser Personenkreis hat i. d. R. teils aus Tradition, teils mangels ausreichender flüssiger Mittel während der Erwerbszeit kaum nennenswerte Versorgungsansprüche gegenüber öffentlichen Sozialversicherungsträgern erworben[68]. Die ggf. bestehenden Ansprüche gegenüber privaten Versorgern (etwa Lebensversicherungsgesellschaften) reichen meist allein nicht aus[69].

Gleichgerichtet und damit zielkompatibel diesem so formulierten monetären Ziel ist das Streben nach Sicherung der wirtschaftlichen Existenz zu sehen, das eng mit den laufenden Versorgungsbezügen bzw. mit dem zur Altersversorgung zur Verfügung stehenden Kapitalbetrag und damit ebenfalls mit der Höhe des Kaufpreises korreliert.

Die übrigen nichtmonetären Ziele (Machtstreben, Unabhängigkeitsstreben) besitzen in oben beschriebener typischer Verkaufssituation weniger Bedeutung, so daß die möglicherweise mit einer Veräußerung verbundenen Zielerreichungseinbußen, wie etwa Verlust an direkter

---

[67] Vgl. zur Relevanz dieses Arguments in der Praxis die Ergebnisse einer Befragung in *Handwerkskammer Düsseldorf:* Betriebsnachfolge, S. 20 ff.

[68] Vgl. *Handwerkskammer Düsseldorf:* Betriebsnachfolge.

[69] Dies ist nicht zuletzt eine Folge der steuerlichen Ungleichbehandlung der Altersvorsorgeleistungen bei Arbeitnehmern und Selbständigen. Vgl. dazu die besondere Abzugsfähigkeit der Rentenversicherungsbeiträge von Arbeitnehmern gemäß § 10 EStG.

wirtschaftlicher Macht, nur unwesentlich Einfluß auf die Entscheidung haben dürften. Macht und Unabhängigkeit können in verschiedenen Situationen durchaus relevanten Einfluß haben. Dann wird man sich bemühen, diese Zielwirkungen in monetäre Zielwirkungen umzurechnen. Damit ist jedenfalls gerechtfertigt, im folgenden von Macht und Unabhängigkeit nicht mehr ausdrücklich zu sprechen.

Das Zielbündel des Verkäufers reduziert sich für die hier besonders interessierende Situation der Veräußerung einer mittelständischen Unternehmung auf das Streben nach einer möglichst hohen und sicheren Versorgung für die Zeit nach dem Verkauf.

B. Handlungsalternativen der Entscheidungsträger

I. Beschränkungen des Handlungsraumes

Entscheidungen werden nicht allein durch die Zielstrukturen der Entscheidungsträger bestimmt. Vielmehr wird der Entscheidungsraum nicht nur durch Zielüberlagerungen, sondern auch durch externe Restriktionen beschränkt. Diese Art der Entscheidungseinschränkungen sollen bezogen auf die Handlungsalternative Unternehmensübertragung nach der Strenge der Restriktionen diskutiert werden. Die Beschränkungen hinsichtlich der Bestimmung und Auswahl verschiedener typischer Handlungsmöglichkeiten seien hier nicht eigens ausgeführt.

1. Formelle Beschränkungen

In einem freiheitlichen Rechtsstaat können zweiseitig willentlich erklärte Vereinbarungen unabhängiger Vertragsparteien nicht willkürlich oder ohne wichtige Beeinträchtigung der schutzbedürftigen Interessen Dritter[70] verboten oder aufgehoben werden. Insofern ergeben sich formelle Beschränkungen nur in geringer Zahl. Unter dieser strengsten Form der Beschränkungen sollen an dieser Stelle nicht nur auf Dauer bestehende und nicht umgehbare Hemmnisse verstanden werden, sondern auch solche, die zwar langfristig — etwa im Zeitraum ab fünf Jahren — überwunden werden können, kurz- oder mittelfristig aber voll wirksam sind.

Aus der Käufersicht stellen die berufsqualifikatorischen Anforderungen an den Unternehmensinhaber eine erste wichtige Gruppe zu beachtender Bedingungen eines Unternehmenskaufs dar. Es soll dabei zunächst davon ausgegangen werden, daß das Tätigkeitsfeld bzw. die Branche der zur Disposition stehenden Unternehmung nicht verändert

---

[70] Vgl. *W. Hadding:* Vertragsfreiheit, S. 340 ff., insbes. S. 343 f.

werden kann. Zum einen kann dies dadurch bedingt sein, daß der Verkäufer nur unter der Maßgabe der Weiterführung in der bestehenden Branche zum Unternehmensverkauf bereit ist oder aber daß eine Umstrukturierung in eine andere Branche unwirtschaftlich erscheint. Letzteres wäre anhand eines Grobkalküls zu klären etwa in der Form, daß überprüft wird, inwieweit aufgrund des bestehenden Maschinenparks, des vorhandenen Personals, der bestehenden Kunden- und Lieferantenbeziehungen, des gegebenen Betriebsstandortes, des technischen Know-hows u. ä. eine Umwidmung des Unternehmens finanzielle Vorteile erbringen oder zusätzliche Kosten verursachen könnte. Ausgehend von der Prämisse der Branchenkonstanz ergibt sich für den Käufer die Situation, die branchenspezifischen Bedingungen zu erfüllen. Für den hier relevanten Bereich der Klein- und Mittelbetriebe sind die einschlägigen Bestimmungen des öffentlichen Rechts (vgl. etwa §§ 6 ff. HWO oder §§ 3, 4 EinzelhG) zu nennen. Hat ein Interessent für einen Zimmereibetrieb beispielsweise keinen Meisterbrief als Zimmermann erworben, so wird der Käufer durch die Regelung des § 7 WHO in seinem Aktionsraum beschränkt. Analoges gilt z. B. auch in sehr strenger Form für den Bereich der Apotheken[71].

Diese Art der Einschränkungen ist zwar grundsätzlich umgehbar, jedoch setzt dieses Maßnahmen zur Fortbildung voraus, die sich i. d. R. über mehrere Jahre erstrecken. Faktisch wirken diese formellen Beschränkungen somit sehr direkt.

Analog diesen berufsqualifikatorischen Auflagen zum Tätigwerden in bestimmten Unternehmensbranchen sind die auf die Persönlichkeit bzw. die Charaktereigenschaften eines möglichen Unternehmenseigners bezogenen Voraussetzungen zum Betreiben bestimmter Arten von Gewerbebetrieben (etwa Gaststätten, Maklerbüros u. ä.)[72] von Bedeutung.

Vollständigkeitshalber müssen auch formelle Beschränkungen aufgrund des Wettbewerbsrechts beachtet werden. Einschränkend ist jedoch darauf hinzuweisen, daß wettbewerbsrechtliche Eingriffe in die Vertragsgestaltung der Vertragspartner im Bereich der hier zu untersuchenden Klein- und Mittelbetriebe nur in Ausnahmefällen von Bedeutung sein dürften[73]. Direkte formelle Beschränkungen für die Hand-

---

[71] Siehe Gesetz über das Apothekenwesen, insbes. den § 2.

[72] Als Beispiel für Zulassungsvoraussetzungen, die von Persönlichkeitsmerkmalen abhängen, vgl. etwa §§ 34 c u. 35 GewO sowie § 4 GaststättenG.

[73] So bestehen die wettbewerbsrechtlichen Aufgreifkriterien häufig aus absoluten Kennzahlen wie Umsatz, Beschäftigtenzahl u. ä., die jedoch von den hier betrachteten mittelständischen Unternehmungen kaum überschritten werden dürften. Als Beispiele siehe etwa die Kriterien der Ausnahmeregelungen des § 5 b bzw. die Regelungen des § 22 Abs. 3 Ziff. 1 u. 2 sowie des § 23 Abs. 1 Ziff. 2 GWB. Zur Vertiefung vgl. *R. Pöllath:* Zusammenschlußkontrolle, und die dort angegebene Literatur.

lungen des Verkäufers existieren nicht; jedoch ist zu beachten, daß die oben genannten formellen Beschränkungen für den Käufer insofern auf den Verkäufer einwirken, als sich hierdurch der Kreis seiner potentiellen Abnehmer und damit sein Entscheidungsfeld verkleinert.

2. *Materielle Beschränkungen*

Als zweites können Unternehmensübertragungen auch an materiellen Beschränkungen scheitern. Solche ergeben sich zunächst einmal aufgrund wirtschaftlicher Umstände. Kann der Käufer einen ansonsten für beide Vertragspartner akzeptablen Preis für die zu erwerbende Unternehmung nicht finanzieren, so muß die Transaktion scheitern. Dieser Bereich scheint einer der kritischsten bei Verhandlungen über Unternehmensveräußerungen zu sein[74]. Gerade die Lage eines jungen engagierten potentiellen Käufers ist i. a. durch relative Kapitalknappheit gekennzeichnet. Streben beide Vertragspartner eine Barpreisregelung an, so muß sich der Käufer entsprechend seinen — häufig recht geringen — Eigenmitteln um größere Fremdmittel bemühen. Unterstellt man die Bereitschaft des Betroffenen, sich in dem geforderten Umfang zu verschulden, so bleiben neben den Mitteln aus staatlichen Förderprogrammen[75], die i. a. nur quotial zu vorgegebenen Eigenkapitalanteilen gewährt werden und nicht immer ohne zeitliche Verzögerung und Überwindung bürokratischer Hemmnisse zu erhalten sind[76], nur ordentliche Bankkredite. Doch gerade die in Bankkreisen häufig geforderten Sicherheiten kann ein noch junger Neuunternehmer selten bieten[77]. Sicherheiten in Form abtretbarer oder beleihbarer Vermögenswerte liegen meistens nicht vor, und die Gewährung von finanziellen Mitteln im ursprünglichen Sinne des Wortes „Kredit", also abgesichert allein durch den Glauben an bzw. das Vertrauen auf die Leistungsbereitschaft und -fähigkeit bzw. Arbeitskraft und das unternehmerische Geschick des Schuldners, bleibt wohl eher die Ausnahme.

Es soll u. a. Aufgabe der weiteren Arbeit sein, zu untersuchen, wie weit ein Abgehen vom Barkaufpreis diese finanziellen Restriktionen im Vorfeld einer Unternehmensveräußerung überwinden helfen kann.

---

[74] Auf die Bedeutung der Finanzierung des Kaufpreises für das Zustandekommen der Unternehmensveräußerung wurde von mehreren Unternehmensberatern der Handwerkskammer Münster in persönlichen Gesprächen hingewiesen.

[75] Vgl. als Übersicht über die Förderprogramme *W. Häussler:* Finanzierungshilfen.

[76] Zu den Auflagen, die bei der Bewilligung von öffentlichen Finanzierungshilfen zu erfüllen sind, vgl. *W. Häussler:* Finanzierungshilfen, insbes. S. 13 ff.

[77] Vgl. *B. Rudolph:* Kreditvergabeentscheidung, insbes. S. 96 ff.

3. *Präferenzen des Käufers bezüglich bestimmter Branchen und/ oder Standorte einer zu erwerbenden Unternehmung*

Schließlich ist eine dritte Kategorie an Beschränkungen zu beachten. Streng genommen handelt es sich bei den Präferenzen des Käufers hinsichtlich eines bestimmten Standorts bzw. Bereiches für einen Standort und eine bestimmte Branche nicht um Beschränkungen im Sinne von extern determinierten unüberwindlichen Handlungsbarrieren. Vielmehr lassen sich diese Restriktionen wie folgt interpretieren: Zum einen handelt es sich hierbei um Auswirkungen, die sich aufgrund bestimmter Merkmale der Entscheidungssubjekte ergeben und die die finanzielle Vorteilhaftigkeit einer gegebenen Unternehmung für individuelle Entscheidungssubjekte beeinflussen. So sind mögliche Käufer nicht zuletzt aufgrund ihrer beruflichen Vorbildung und Erfahrung nicht an Unternehmen aller Branchen gleich interessiert. Vielmehr können die Bedingungen der Übernahme und Fortführung einer gegebenen Unternehmung für bestimmte potentielle Käufer so restriktiv wirken — man denke etwa an den Fall, daß zur Erfüllung der öffentlich-rechtlichen Auflagen ein entsprechend vorgebildeter Betriebsleiter eingestellt werden muß —, daß ein Kauf allein unter monetären Gesichtspunkten für diesen betreffenden Entscheidungsträger praktisch ausscheidet.

Neben den schon angesprochenen formellen Zulassungsbeschränkungen[78] legt der berufliche Hintergrund die Branche der zu erwerbenden Unternehmung weitgehend fest. Dies ist jedoch nicht so zu verstehen, daß am Ende eines Sondierungsprozesses Unternehmen einer oder mehrerer Branchen in gleicher Weise für den Käufer in Frage kommen und Unternehmen aller anderen Branchen ausgeschlossen bleiben. Stattdessen muß man wohl von fließenden Grenzen hinsichtlich der in Frage kommenden Branchen beim potentiellen Käufer ausgehen. Hat z. B. ein Großhandelskaufmann seine bisherigen beruflichen Erfahrungen ausschließlich in der Tabakwarenbranche gesammelt, so wird er bei einer Entscheidung zwischen dem Kauf einer Tabakgroßhandlung und einer pharmazeutischen Großhandlung letztere zwar nicht völlig außerhalb des Kalküls lassen, jedoch dürfte er für die Unternehmung der ihm weniger bekannten Branche c. p. einen geringeren Kaufpreis zu zahlen bereit sein, da dieser Entscheidungsträger aller Voraussicht nach den pharmazeutischen Handelsbetrieb c. p. weniger erfolgreich führen würde als ein Unternehmen der ihm bekannten Branche.

Weitere Beschränkungen resultieren aus subjektiven Einschätzungen bestimmter Tätigkeiten, Arbeitsbedingungen oder Gegenstände der

---

[78] Vgl. 2. Kapitel, B. I. 1.

Arbeit[79]. Diese unterschiedlichen Einschätzungen können auf dem Hintergrund der nichtmonetären Ziele dazu führen, daß für bestimmte Entscheidungsträger einige Arten von Unternehmungen per se für einen Kauf nicht in Frage kommen, da sie die subjektiv festgelegten Mindestvoraussetzungen nicht erfüllen können. Insofern handelt es sich bei dieser Art der Beschränkungen um die Einbeziehung von als besonders dringlich erachteten Zielen zum Zwecke einer Art Grobauswahl. Es soll an dieser Stelle nicht untersucht werden, welche Ursachen für diese unterschiedlichen Einschätzungen verantwortlich sind, vielmehr ist festzuhalten, daß sie als solche bestehen und nicht übergangen werden dürfen.

Neben den branchenspezifischen sind an dieser Stelle auch die standortspezifischen Beschränkungen für den Kreis der zur Disposition stehenden Unternehmen anzuführen. Diese Restriktionen greifen selbstverständlich nur bei Unternehmen, deren Standort nicht oder nicht ohne weiteres veränderbar ist[80]. Auch hierbei ist eine strikte räumliche Trennung in einen Bereich, der als Unternehmensstandort vom Käufer als akzeptabel angesehen wird und einen solchen, der nicht als Standort gewünscht wird, nicht möglich[81]. Vielmehr dürften ein oder mehrere Standorte als optimal eingeschätzt werden — das jeweilige nähere Gebiet um einen solchen optimalen Standort dürfte auch noch akzeptabel sein, jedoch bei steigender Distanz nur mit abnehmender Wertschätzung.

Für ein Unternehmen, das in diesen Umfeldbereichen angesiedelt ist, wird von potentiellen Käufern zum Ausgleich für den als relativ schlechter eingeschätzten Standort nur ein geringerer Kaufpreis geboten.

Schließlich verbleiben die Unternehmungen, die in den darüber hinausgehenden örtlichen Bereichen angesiedelt sind. Sie kommen für den potentiellen Käufer überhaupt nicht in Frage, selbst bei sonstiger weitgehender Zielerfüllung.

Die Beschränkungen hinsichtlich des Handlungsraumes sind im Entscheidungskalkül auf dem Wege einer Grobauswahl oder aber durch die Einbeziehung als Restriktionen zu berücksichtigen. Bezüglich der

---

[79] Hier spielt das gesellschaftliche Ansehen einer Branche oder eines Berufsstandes genauso eine Rolle wie die Normen und Werte hinsichtlich bestimmter Produkte oder Dienstleistungen.

[80] Man denke hierbei als Gegenbeispiel an Versandgeschäfte. In diesem Geschäftszweig kommt dem Standort eine völlig untergeordnete Bedeutung zu.

[81] Es ist zu beachten: Die Beurteilung der Standorte in dieser Analyse entspricht nicht der gemäß logistischen Optimierungen. Vielmehr ist sie hier Ausdruck einer individuellen, subjektiven Wertschätzung. Hinsichtlich Modellen zur Standortoptimierung vgl. etwa *J. Bloech:* Standort, und die dort angegebene Literatur.

abgestuften Beschränkungen bietet sich ggf. die Möglichkeit an, für die als nachteilig empfundenen Merkmale einer bestimmten Unternehmung entsprechende Minderungen beim kritischen Kaufpreis anzusetzen.

II. Alternativen bezüglich des Einsatzes der Arbeitskraft

Eine fundierte Entscheidung setzt neben der Berücksichtigung relevanter Beschränkungen des Handlungsraumes die Einbeziehung der relevanten Handlungsalternativen voraus. Bei der hier zu behandelnden Entscheidung über den Kauf/Verkauf einer Unternehmung ergeben sich die Handlungsausprägungen auf zwei Ebenen: Neben der Verwendung des Kapitals steht der Einsatz der Arbeitskraft des Entscheidungsträgers zur Disposition.

Beim Nicht-Kauf der Unternehmung kann der Entscheidungsträger seine Arbeitskraft in Form von unselbständiger Tätigkeit verwenden. Das Entgelt aus dem Anstellungsverhältnis bildet die Basisalternative. Es sind jedoch einige Modifikationen im Vergleich zum anzusetzenden kalkulatorischen Unternehmerlohn zu beachten[82].

Häufig unterscheiden sich Quantität und Qualität der Arbeit im eigenen Unternehmen von denen in einer Fremdunternehmung. So müssen die Differenzen bei der Arbeitszeit berücksichtigt werden. Weiterhin ergeben sich speziell bei Unternehmertätigkeiten höhere Belastungsgrade der Arbeit, höhere Anforderungen an die Flexibilität der Arbeitszeit und die teilweise Integration des Privatlebens in den Beruf.

All die hier genannten und weiter möglichen Unterschiede beim Einsatz der Arbeitskraft als angestellt Beschäftigter im Vergleich zur Unternehmertätigkeit im eigenen Unternehmen sind von Fall zu Fall abzuschätzen. Der Entscheidungsträger muß sich hierbei insbesondere darüber im klaren sein, inwiefern er die oben genannten zusätzlichen Anforderungen eines Unternehmers auch tatsächlich als subjektive Belastung empfindet. Anschließend sind diese Belastungsunterschiede in Geldgrößen auszudrücken und mit dem Basisentgelt (Entgelt aus dem Angestelltenverhältnis) zu verrechnen.

Eine zweite Veränderungsrechnung schließt sich an. Das oben ermittelte korrigierte Basisentgelt stellt quasi den Bruttounternehmerlohn dar. Bezogen auf eine Zielsetzung „möglichst hohe Entnahmemöglichkeit"[83] haben bei allen Alternativen ausschließlich Nettogrößen Be-

[82] Zur Bedeutung des kalkulatorischen Unternehmerlohns im Rahmen der Unternehmensbewertung vgl. etwa *A. Moxter:* Unternehmensbewertung 1976, S. 177 u. *R. Buchner:* Finanzanalyse, S. 314; *H. Klocke:* Unternehmensbewertung, S. 126 f.

[83] Vgl. 2. Kapitel, A. I. 1.

deutung. Nur Nettozahlungen können zur Bestreitung von Konsumausgaben verwandt werden[84]. Bestünde eine einheitliche Belastungsquote des jeweiligen Bruttoentgeltes für den Einsatz der Arbeitskraft bei allen relevanten Alternativen, so könnten die Abgabenanteile im Vergleichskalkül vernachlässigt werden, da somit keine Verzerrungen der Nettoergebnisse zu erwarten wären[85].

Tatsächlich liegt jedoch keine gleichmäßige Belastungsquote vor. Bei Einkünften aus unselbständiger Tätigkeit unterliegt das Bruttoentgelt der Einkommensteuer, sowie bis zur Höhe der jeweiligen Beitragsbemessungsgrenze der Kranken-, Arbeitslosen- und Rentenversicherung[86]. Bei der Ermittlung der Einkommensteuer sind die besonderen Abzugsmöglichkeiten aufgrund des Arbeitsverhältnisses[87] und bei den Sozialabgaben die durch die Beiträge erworbenen Ansprüche wertmäßig einzubeziehen[88].

Alternativ stellt sich die Belastung des Unternehmerlohnes in einer Einzelunternehmung bzw. Personengesellschaft wie folgt dar. Neben der Einkommensteuer fällt als zusätzliche Steuerbelastung die anteilige Gewerbeertragsteuer auf den Unternehmerlohn an[89]. Zudem sind die Aufwendungen zur Sicherung des gleichen Sozialversicherungsniveaus, das dem Arbeitnehmer bei Pflichtbeiträgen garantiert wird, zu berücksichtigen, obwohl sie i. a. nicht in Abhängigkeit vom Unternehmerlohn oder gar Unternehmergewinn zu zahlen sind.

Nur wenn all diese Sondereinflüsse in die Alternativenvergleichsrechnung Eingang finden, kann anhand der Entgelte für die Hingabe der Arbeitskraft eine Wertung der Handlungsalternativen vorgenommen werden. Nur wenn ein so modifiziertes Arbeitsentgelt von den mutmaßlichen Periodenentnahmen einer Unternehmung abgezogen wird, läßt sich sinnvollerweise die Vorteilhaftigkeitsentscheidung anhand der Kapitalrentabilität ermitteln.

---

[84] Vgl. *R. Buchner:* Finanzanalyse, S. 315.

[85] Vgl. hinsichtlich der Abgabeart Steuern in Vergleichsrechnungen etwa *L. Perridon, M. Steiner:* Finanzwirtschaft, S. 73 f.

[86] Vgl. hierzu für den Bereich der Arbeiter die Regelungen der Reichsversicherungsordnung und für den Bereich der Angestellten die Regelungen des Allgemeinen Versicherungsgesetzes.

[87] Hierbei ist insbesondere an den Arbeitnehmerfreibetrag i. S. d. § 14 EStG und analoge Regelungen zu denken.

[88] Die Bewertung der Ansprüche aus den Sozialversicherungen ist sicherlich nicht einfach durchführbar, jedoch können die Kosten einer privaten Versicherung für adäquate Leistungen im Bereich der Alters- und Krankenversorgung ersatzweise zu Hilfe genommen werden.

[89] Börner spricht in diesem Zusammenhang sehr treffend von „Unternehmerlohnsteuer“. Vgl. *Th. Degener, D. Große-Hokamp:* Besteuerung, S. 1237.

III. Alternativen bezüglich der Kapitalallokation

1. Die Ermittlung der Alternativen

Nach der Untersuchung der unterschiedlichen Verwendungsmöglichkeiten der Arbeitskraft sind die Handlungsalternativen in bezug auf die Verwendung des zur Disposition stehenden Kapitals zu analysieren.

Aus der Sicht eines potentiellen Käufers ergeben sich neben der Standardversion des Kaufs einer Unternehmung gegen einen Barpreis[90] (Alternative I) noch die typischen Möglichkeiten, zum einen ein Unternehmen selbst aufzubauen[91] (Alternative II) bzw. das Dispositionskapital als Finanzinvestition (Alternative III) anzulegen.

Tabelle 4

Alternative Kapitalverwendungsmöglichkeiten

Alternative I	Kauf eines bestehenden Unternehmens
Alternative II	Aufbau eines Unternehmens
Alternative III	Finanzinvestition

Es wird bei allen Alternativen unterstellt, daß das vorhandene Eigenkapital mindestens voll in Anspruch genommen werden muß. Diese Kapitalbasis wird gegebenenfalls noch um das Fremdkapital erhöht. Unter den üblichen kapitalmarkttheoretischen Prämissen können Kapitalwerte ermittelt werden.

Der mit der Alternative I verbundene Zahlungsstrom setzt sich wie folgt zusammen: Aus der Sicht des Käufers beginnt die Investition mit der Auszahlung in Höhe des Unternehmensbarpreises abzüglich der aufgewendeten Fremdmittel.

Die Zahlungsströme der weiteren Perioden werden durch den Saldo aus Entnahmen und Einlagen bestimmt. In den Zahlungen der letzten Periode ist ein etwaiger Netto-Verkaufserlös respektive Netto-Liquidationserlös am Ende der Unternehmensdauer nach Abzug der bestehenden Schulden enthalten. Wird anstatt eines Barpreises die Zahlung des Kaufpreises in Raten vereinbart, so sinkt für den Käufer der Finanz-

[90] Zu den anderen Varianten der Kaufpreisabgeltung siehe 4. Kapitel, B.

[91] Vgl. zum „Nachbau"-Argument und dessen Grenzen i. e. *A. Moxter:* Unternehmensbewertung 1976, S. 55 ff., insbes. S. 56 f.

bedarf in der ersten Periode. Andererseits muß er dann aus seinen periodischen Entnahmen die jeweiligen Ratenleistungen abführen.

Die Höhe des Unternehmenspreises ist das Ergebnis von Verkaufsverhandlungen und somit nicht explizit vorgegeben. Vielmehr sollen kritische Preise in Abhängigkeit von der jeweiligen Entscheidungssituation des Entscheidungsträgers erst noch ermittelt werden[92].

$$B_U = -P + FK + \sum_{t=1}^{n} (m_t - l_t) \frac{1}{(1+i)^t} \tag{1}$$

B_U = Nettobarwert des erworbenen Unternehmens
P = Barkaufpreis des Unternehmens
FK = Fremdkapital
m_t = Entnahme in Periode t
l_t = Einlage in Periode t
i = Kalkulationszins

Die Alternative II ist durch folgende Zahlungsströme gekennzeichnet: Zu der Anschaffungsauszahlung sind alle Zahlungen für die Beschaffung der notwendigen Vermögensgegenstände, einschließlich der immateriellen Werte, ebenso zu zählen wie die für die Ingangsetzung des Betriebes[93]. Von dieser Bruttogröße sind ebenfalls die verwendeten Fremdmittel abzuziehen. Dem stehen die laufenden Entnahmen bzw. Einlagen über die folgenden Perioden sowie der Nettoerlös aus dem Verkauf bzw. der Liquidation des Unternehmens am Ende der Unternehmensdauer gegenüber. Im Vergleich zum Unternehmenskauf ist beim Aufbau einer eigenen Unternehmung zu beachten, daß sich aufgrund eines zusätzlichen Marktteilnehmers c. p. die Preisrelationen verschlechtern, d. h. daß die Absatzpreise c. p. aufgrund des Mehrangebotes tendenziell sinken, die Beschaffungspreise aufgrund der Mehrnachfrage jedoch steigen können[94]. Dieser Effekt muß bei der Bestimmung laufender Entnahmeströme ggf. berücksichtigt werden.

$$B_N = -A + FK + \sum_{t=1}^{n} (m_t - l_t) \frac{1}{(1+i)^t} \tag{2}$$

B_N = Nettobarwert eines nachgebauten Unternehmens
A = Anschaffungsauszahlung für die Beschaffung bzw. Erstellung der betriebsnotwendigen Vermögenswerte

Schließlich verbleibt dem Entscheidungsträger die Alternative III, in Finanzanlagen zu investieren. Dem Anlagebetrag als Anschaffungsaus-

---

[92] Vgl. *W.-R. Bretzke:* Prognoseproblem, S. 51.

[93] Zum Problem der Kostenermittlung der „Nachbau"-Alternative vgl. die Ausführungen bei *A. Moxter:* Unternehmensbewertung 1976, S. 56 ff.

[94] Vgl. *A. Moxter:* Unternehmensbewertung 1976, S. 57 ff.

zahlung stehen die laufenden Verzinsungen und die Rückzahlung am Ende des Anlagezeitraumes gegenüber.

$$B_F = -I + \sum_{t=1}^{n} z_t \cdot \frac{1}{(1+i)^t} + T \cdot \frac{1}{(1+i)^t} \tag{3}$$

B_F = Nettobarwert der Finanzanlage
I = investierter Anlagebetrag zum Beginn des Planungszeitraumes
z_t = Verzinsung (insbes. Zinsen, Dividenden) der Finanzanlage in Periode t
T = Tilgungsbetrag

2. *Die Bedeutung der Alternativen im Entscheidungskalkül*

Im folgenden wird der Einfluß der relevanten Alternativen zum Unternehmenskauf (aus der Sicht des Käufers) bzw. zum Weiterbetreiben eines Unternehmens (aus der Sicht des Verkäufers) auf den Unternehmenswert untersucht[95]. Dabei bleibt der Risikoaspekt zunächst ausgeklammert, um später gesondert abgehandelt zu werden.

a) Der Einfluß auf die Höhe des Zeittransformators

Wie bereits im 2. Kapitel A. I. 1. b) erläutert wurde, sind Zielaussagen ohne Zeitbezug wenig präzise. Erhebt man die Zahlungswirkungen der verschiedenen Kapitalverwendungen zeitlich differenziert, so weichen diese untereinander im allgemeinen hinsichtlich der zeitlichen Struktur und Höhe ab. Die Vergleichbarmachung dieser Zahlungen, die zu unterschiedlichen Zeitpunkten anfallen, hängt zum einen wesentlich von dem vom Entscheidungsträger als optimal empfundenen Zahlungsstrom ab[96]. Die Struktur des Zahlungsstroms ergibt sich dabei wie folgt.

Für jede Periode ist zunächst einmal eine Mindestentnahme vorgegeben, die unter keinen Umständen unterschritten werden darf, da sie z. B. zur Bestreitung des Lebensunterhaltes dienen soll. Darüber hinaus ergeben sich für jede Periode unterschiedliche zusätzliche Entnahmewünsche des Entscheidungsträgers. Da diese Zahlungen jedoch nicht unabdingbar sind, sind positive oder negative Abweichungen bei Gewährung der vorgenannten Mindestzahlungen zulässig. Allerdings werden die negativen Abweichungen vom Entscheidungsträger als uner-

[95] Vgl. auch *H. Jacobs:* Die Bedeutung, der sich mit dieser Fragestellung schwerpunktmäßig beschäftigt. Zur Bedeutung der Handlungsalternativen vgl. auch *B. Ribbert:* Entscheidungsorientierte Unternehmungsbewertung, S. 1281.

[96] Vgl. *R. Buchner:* Finanzanalyse, S. 329 ff. und *W.-R. Bretzke:* Prognoseproblem, S. 46 ff. jeweils unter Rückgriff auf das Fisher-Hirshleifer-Modell, sowie *D. Rückle:* Zielfunktion, S. 69 ff.; *M. J. Matschke:* Entscheidungswert, S. 88 ff.; *G. Sieben:* Bewertung, S. 73; *G. Sieben, B. Zapf* (Hrsg.): Unternehmensbewertung, S. 35.

wünscht empfunden und in einer Art Strafzins mit einem Bewertungsabschlag versehen. Positive Abweichungen hingegen werden wie der jeweilige optimale Zahlungsstrom bewertet, wobei jedoch ggf. durch die frühere bzw. höhere Zurverfügungstellung des Geldes ein Wertzuschlag erfolgt. Die jeweiligen Bewertungen von positiven und negativen Abweichungen vom optimalen Zahlungsstrom drücken die individuellen Präferenzen des Entscheidungsträgers für entgangene bzw. zusätzliche Zahlungsmittel zu bestimmten Zeitpunkten aus und hängen in ihrer Höhe sicherlich ganz wesentlich von dem Ausgangsniveau der jeweiligen Periode ab. Schließlich gibt es ab einer bestimmten Höhe der Zahlungen aus der Unternehmung ein Sättigungsniveau, bei dessen Überschreiten zusätzlichen Zahlungsmitteln kein zusätzlicher Nutzen mehr beigemessen wird. Zum Zwecke einer Vergleichsrechnung ist der Saldo aus Ein- und Auszahlungen einer jeden Handlungsalternative in den als optimal empfundenen Zahlungsstrom zu transformieren[97].

Jedoch ist mit dieser Zielvorgabe die Höhe des Zeittransformators[98], mit dem Zahlungen jeweils um eine Periode wertmäßig transferiert werden können, noch nicht festgelegt[99]. Vielmehr muß zudem beachtet werden, auf welchem Wege sich zeitliche Zahlungsdivergenzen in dem jeweiligen Entscheidungsfeld am wirtschaftlichsten überbrücken lassen.

Unter der Prämisse eines vollkommenen Kapitalmarktes[100] bietet sich der Kalkulationszins als Transformator an. Denn voraussetzungsgemäß lassen sich Zahlungsdivergenzen mit Kreditaufnahmen respektive Geldanlagen zum Kalkulationszinsfuß ausgleichen[101]. In der realitätsnäheren Situation eines unvollkommenen Kapitalmarktes[102] läßt sich ein Zeittransformator nur in Abhängigkeit der jeweiligen Situation bestimmen. So kommt es darauf an, ob die zur Disposition stehende Handlungs-

---

[97] Vgl. *A. Moxter:* Lineares Programmieren, S. 298 f. und insbes. *H. Jacobs:* Die Bedeutung, S. 52 ff., der deutlich auf die Transformation der Entnahmen verschiedener Investitionen in den vom Entscheidungsträger gewünschten Konsumstrom hinweist.

[98] Die Bezeichnung Zeittransformator ist bewußt im Gegensatz zum Zinsfuß oder gar Kalkulationszinsfuß gewählt worden, um deutlich zu machen, daß Zahlungstransformationen in der Realität nur auf dem Hintergrund der relevanten (Zwischen-)Anlagen- bzw. Entleihungsmöglichkeiten modellmäßig zu erfassen sind; vgl. hierzu *A. Moxter:* Lineares Programmieren, S. 298, der durch Betrachtung der expliziten Zahlungsströme eine Diskontierung für gänzlich überflüssig hält.

[99] Vgl. *W.-R. Bretzke:* Prognoseproblem, S. 66 f.

[100] Vgl. *D. Schneider:* Investition, S. 354.

[101] Vgl. *K.-W. Schulte:* Wirtschaftlichkeitsrechnung, S. 57 f.

[102] Unvollkommener Kapitalmarkt bedeutet, daß Soll- und Habenzinsen von unterschiedlicher Höhe sind und Kreditaufnahmen mengenmäßig beschränkt sind. Vgl. dazu näher *D. Schneider:* Investition, S. 354, der in diesem Zusammenhang vom unvollkommenen und beschränkten Kapitalmarkt spricht.

alternative mit Zahlungsreihen verbunden ist, die im Vergleich zu der vom Entscheidungsträger als optimal empfundenen Zahlungsreihe zeitweise oder dauernd Überschüsse zur Wiederanlage aufweist oder aber entsprechende Ausgleichsfinanzierungen zur Überbrückung von Finanzdefiziten vonnöten sind.

Im ersten Fall bildet im allgemeinen die Rendite der nächst günstigsten Alternativanlage im Rahmen der durch die Basisentscheidung verbleibenden Dispositionsmöglichkeiten den Zeittransformator. Der Begriff Alternativanlage ist im weitesten Sinne zu verstehen. So kann diese im Bereich klassischer Kapitalanlagen (etwa Erwerb von Wertpapieren) gesucht werden genauso wie andererseits unter vorzeitigen Kreditrückführungen, die sich entsprechend zum ersparten Kreditzins rentieren. Die Investition weiterer Mittel in die betrachtete Alternative ist selbstverständlich prinzipiell ebenfalls zu beachten.

An dieser Stelle ist zunächst auf ein besonderes Problem vorab einzugehen: Die Bestimmung der Reihenfolge verschiedener Investitionsalternativen gemäß ihrer Vorteilhaftigkeit und die Festlegung des relevanten Zinsfußes, der die Opportunitätskosten des Kapitals wiedergeben soll und mit dem Zahlungsdivergenzen zu überbrücken sind, bedingen einander[103]. Der Opportunitätszins einer bestimmten Kapitalanlage läßt sich also nur dann bestimmen, wenn das gesamte Investitionsprogramm entwickelt und festgelegt ist, da ja die nächst günstigste Alternativanlage bekannt sein muß. Somit ist die Aufgabe bereits gelöst, zu deren Bewältigung der Zinsfuß beitragen sollte.

Dieses Dilemma wird wie folgt zweckmäßigerweise umgangen: Zunächst ermittle man alle relevanten Kapitalanlage- und Kreditaufnahmemöglichkeiten und deren jeweilige Zahlungsströme. Unter Kapitalanlagemöglichkeiten seien dabei sowohl die klassischen Investitionsmöglichkeiten (etwa Wertpapierkauf) als auch Kreditrückführungsmöglichkeiten sowie über den optimalen Entnahmestrom hinausgehende Zahlungen an den Unternehmer verstanden, soweit diese nicht das Sättigungsniveau überschreiten. Zu den Kreditaufnahmemöglichkeiten gehören neben der üblichen Fremdmittelbeschaffung (Darlehen u. ä.) ebenfalls die vom Entscheidungsträger gegenüber dem als optimal empfundenen Entnahmestrom nicht entnommenen finanziellen Mittel. Als kalkulatorische Verzinsung der jeweiligen Minder- bzw. Mehrentnahme des Entscheidungsträgers sind die in Geldwerten ausgedrückten Nutzennach- bzw. -vorteile zu verwenden. Man bilde aus den expliziten Zahlungsströmen all dieser Kapitalanlage- und -beschaffungsmöglichkeiten über den gesamten Planungszeitraum einen entsprechenden LP-

[103] Vgl. A. *Moxter:* Lineares Programmieren, S. 298.

Ansatz[104]. Erhebt man die Maximierung des Vermögens am Planungshorizont zur Zielfunktion, so bietet die Lösung dieses Ansatzes die optimalen Investitions- und Kapitalaufnahmealternativen unter rein monetären Gesichtspunkten. Gleichzeitig wird dem Entscheidungsträger der jeweils gemäß der Nutzenvorstellung und dem Zeittransformator optimale Entnahmestrom gewährt.

Wie oben bereits angedeutet, ist bei dieser Berechnung die Vorgabe der individuellen zeitlichen Konsumpräferenz[105] vonnöten. Diese stellt einen Maßstab für die Höherschätzung der Möglichkeit dar, über einen bestimmten Geldbetrag bereits zu Beginn statt zum Ende einer bestimmten Periode verfügen zu können[106]. Ist die zeitliche Konsumpräferenz für den zur Disposition stehenden Betrag[107] zwar größer als Null, jedoch kleiner als die Rendite der günstigsten Anlage dieses Betrages, so bildet die günstigste Alternativrendite den Zeittransformator. Denn der Entscheidungsträger würde bei Rationalverhalten den zur Deckung von Zahlungsdefiziten nötigen Geldbetrag ansonsten in die günstigste Anlagealternative investieren und nicht konsumieren, da die Nutzenschmälerung des Konsumverzichts durch die Nutzenerhöhung der Anlageverzinsung überkompensiert wird[108].

---

[104] Vgl. 2. Kapitel, A. II. 2. b. cc. bzw. III.

[105] Zur Bedeutung der zeitlichen Konsumpräferenz bei Investitionsentscheidungen vgl. insbesondere das sog. Fisher-Hirshleifer-Modell und dessen Würdigung in der Literatur: *I. Fisher:* Zinstheorie, und *J. Hirshleifer:* On the theory, sowie *R. Buchner:* Finanzanalyse, S. 329 ff. und *W. Hoffmann:* Simultane Optimierung, insbes. S. 7 ff. und die dort jeweils angeführten Quellen.

[106] Prinzipiell kann zwar die zeitliche Konsumpräferenz sowohl positiv (d. h. Vermögen zu relativ späteren Zeitpunkten wird c. p. niedriger geschätzt) als auch negativ (d. h. Vermögen zu relativ späteren Zeitpunkten wird c. p. höher geschätzt) sein; jedoch käme eine mögliche negative zeitliche Konsumpräferenz — in Zeiten positiver Habenzinsen und Rationalverhalten unterstellt — nicht zum Tragen, da die Transformation in die präferierte zeitliche Struktur mit „Arbitragegewinnen" in Form der Zinsen verbunden ist. Im weiteren sei deshalb die Betrachtung auf positive zeitliche Konsumpräferenzen beschränkt.

[107] Diese Einschränkung ist notwendig, da wohl für unterschiedliche disponible Geldbeträge eines Entscheidungsträgers verschiedene zeitliche Konsumpräferenzen konstatierbar sein dürften. So dürfte einem Basisbudget aufgrund der hohen Dringlichkeit, die existenznotwendigen aktuellen Konsumbedürfnisse zu decken, eine praktisch unendlich hohe Konsumpräferenz zuzuordnen sein. Stehen dem Entscheidungsträger darüber hinaus weitere Mittel in einem bestimmten Zeitraum zur Verfügung, so dürfte die zugehörige zeitliche Konsumpräferenz schon wesentlich geringer ausfallen, da mit diesem Geld entbehrliche Konsumausgaben bestritten werden sollen. Bei weiter steigendem aktuellen Dispositionsbudget dürfte die zeitliche Konsumpräferenz mit zunehmender Beschleunigung weiter sinken, da das bereits zuvor erreichte höhere Konsumniveau immer weniger dringliche Bedürfnisse offenläßt. Vgl. in diesem Zusammenhang auch die Theorie des ständig abnehmenden Grenznutzens zusätzlichen Konsums bei *A. P. Lerner:* The Economics, speziell S. 23 ff.

[108] Vgl. diesen Zusammenhang sehr deutlich dargestellt bei *G. Sieben:* Zur Problematik, S. 260 ff.

Im umgekehrten Falle (also zeitliche Konsumpräferenz höher als die günstigste alternative Kapitalanlagerendite) ergibt sich analog der relevante Zeittransformator in Höhe der zeitlichen Konsumpräferenz.

Zusammenfassend kann festgestellt werden, daß die Rendite der alternativen Kapitalverwendungsmöglichkeiten[109] zwar nicht notwendigerweise in jedem Falle, jedoch unter bestimmten Bedingungen für die Bestimmung des relevanten Zeittransformators direkt Verwendung findet.

b) Der Einfluß auf die Höhe des Artentransformators

Da als dominierendes Ziel ein monetäres herausgearbeitet wurde, liegt es nahe, die Beiträge anderer Ziele in monetäre Größen umzurechnen. In diese Transformation fließt die individuelle Wertschätzung der verschiedenen Kategorien an Handlungsmöglichkeiten ein. Man spricht in diesem Zusammenhang auch von Artenpräferenz[110], um zum Ausdruck zu bringen, wie die einzelnen Arten an Handlungsalternativen anhand ihrer Merkmale vom jeweiligen Entscheidungsträger eingeschätzt werden.

Es ist zu betonen, daß nur rein qualitative Kriterien diese Präferenz determinieren. So ist etwa die prinzipielle Neigung bzw. Abneigung eines Entscheidungsträgers, unternehmerisch tätig werden zu wollen bzw. bleiben zu wollen, zu nennen, die sicherlich nicht bei jedermann gleich ausgeprägt ist.

In diesem Zusammenhang irrelevant bleiben jedoch qualitative Beurteilungskriterien, die sich mittelbar aus dem Gewinnziel ableiten. So kann die besondere Beziehung eines langjährigen Pharmakaufmanns zur Pharmabranche zum Großteil darin begründet liegen, daß dieser Entscheidungsträger offensichtlich unter sonst gleichen Bedingungen ein Unternehmen dieser seiner Tätigkeitsbranche aufgrund seiner Insiderkenntnisse erfolgreicher führen dürfte als ein vergleichbares einer anderen Branche.

Die unterschiedlichen Präferenzen eines Entscheidungsträgers für die denkbaren Klassen der Handlungsalternativen (typischerweise: Finanzanlage, Unternehmenserwerb, Unternehmensnachbau) müssen in quan-

---

[109] Daß die *relevante* Alternativanlage nur subjektbezogen ermittelt werden kann, weil eben pauschale Annahmen über die alternativ gegebene Verzinsung — etwa mit Hilfe des landesüblichen Zinsfußes — zu undifferenziert und vergröbernd sind, ist wohl mittlerweile unstrittig. Vgl. zur Veranschaulichung etwa *G. Sieben, B. Zapf* (Hrsg.): Unternehmensbewertung, S. 7 ff.

[110] Dieser Begriff ist meines Wissens von Sieben in die Diskussion eingeführt worden. Vgl. zum Inhalt *G. Sieben, G. Löcherbach, M. J. Matschke:* Bewertungstheorie, Sp. 842 f.; *G. Sieben, B. Zapf* (Hrsg.): Unternehmensbewertung, S. 25 und *A. G. Coeneneberg, G. Sieben,* Unternehmungsbewertung, Sp. 4070 f.

tifizierbaren und zudem möglichst der Hauptzielgröße Einkommensstreben (oder deren speziellen Ausprägungen) kompatiblen Einheiten ausgedrückt werden können. Insofern sind Multiplikatoren zu bestimmen, die die unterschiedliche Wertschätzung gleicher Zahlungsströme verschiedener Handlungsalternativen im Vergleich mit einer festzulegenden Basisalternative (etwa Kapitalanlage in festverzinslichen Staatsanleihen) wiedergeben. Konkret kann dies etwa bedeuten, daß von einem potentiellen Unternehmenserwerber sein bisheriges Bruttoeinkommen (Arbeitnehmertätigkeit, Verzinsung seines Vermögens) in Höhe von z. B. 70 000 DM pro Jahr einem Bruttoeinkommen (sei in diesem Falle gleich Bruttoentnahme) von nur 50 000 DM pro Jahr bei vergleichbarem Arbeits- bzw. Kapitaleinsatz gleichgeschätzt wird.

Dies könnte darin begründet liegen, daß der Entscheidungsträger diese Einkommensdifferenz durch z. B. eine mögliche höhere soziale Anerkennung und größere Unabhängigkeit der beruflichen Selbständigkeit kompensiert sieht.

Der Artentransformator gibt die relative Vorziehenswürdigkeit einer Gruppe an Alternativen gegenüber anderen Gruppen an Alternativen unter nichtmonetären Gesichtspunkten wieder — und sei dies indirekt via Vergleich zur sog. Basisalternative. Stellt ein angebotener Unternehmenskauf rein monetär die günstigste Handlungsmöglichkeit eines präsumtiven Käufers dar, muß überprüft werden, ob diese Alternative auch dann optimal bleibt, wenn ihr Zahlungsstrom durch den Artentransformator korrigiert wurde. Der Artentransformator könnte etwa dadurch konkretisiert werden, daß der Entscheidungsträger die Handlungsalternativen in verschiedene Klassen kategorisiert und anschließend durch Präferenzvergleich einer jeden Alternativenklasse mit einer genormten Basisalternative den Artentransformator als eine Art Gewichtungsfaktor festlegt. Dabei ist zu beachten, daß sowohl die jeweilige Einteilung der Alternativen in möglichst homogene Klassen als auch die Bemessung dieses Gewichtungsfaktors allein subjektabhängig sind.

Die zunächst erfolgte rein montäre Vorteilhaftigkeitsrechnung wird also durch die Artenpräferenz modifiziert; der Umfang der Veränderung hängt dabei von der Höhe des Artentransformators ab.

c) Der Einfluß auf die Notwendigkeit der Einbeziehung ertragsteuerlicher Wirkungen

Auch bezüglich der Frage, ob Ertragsteuerzahlungen im Vorteilhaftigkeitsvergleich mehrerer Investitionsmöglichkeiten anzusetzen sind, müssen die gegebenen Handlungsalternativen herangezogen werden. In der Literatur werden diesbezüglich kontroverse Standpunkte bezogen; die Grenze verläuft dabei durchaus gemäß der Zugehörigkeit der Autoren zur Anhängerschaft der „objektiven Unternehmensbewertung"[111] und den Verfechtern der „subjektiven Unternehmensbewertungslehre"[112].

Erstere Gruppe vertritt mehr oder weniger offen die Meinung, daß Ertragsteuerzahlungen quasi in den Bereich der Privatsphäre gehören und damit im Kalkül zu vernachlässigen sind, da die Besteuerung zum Teil von der jeweiligen persönlichen Situation des Steuerpflichtigen abhängig ist. Die andere Gruppe tritt für eine vollständige Berücksichtigung von Ertragsteuerwirkungen im Entscheidungskalkül ein, weil nur die Nettoentnahmemöglichkeiten bzw. Konsummöglichkeiten eine sinnvolle monetäre Zielgröße für den Entscheidungsträger darstellen können[113].

Diesem Standpunkt ist grundsätzlich mit der überwiegenden Mehrheit der Literatur beizupflichten[114]. Denn Steuerzahlungen verringern c. p. die Entnahmemöglichkeiten und können so nicht mehr konsumtiv verwendet werden; sie führen insofern zu einer Verringerung des Nutzenniveaus.

Ist nunmehr klar, daß ertragsteuerliche Wirkungen zu beachten sind, so sind mögliche Modifikationen unter Berücksichtigung der gegebenen Handlungsalternativen zu überprüfen[115]. Dabei soll im weiteren die Betrachtung auf die Einkommen- und Gewerbeertragsteuer reduziert werden[116]. Auch zur Beantwortung der vorliegenden Frage ist zu unter-

---

[111] Stellvertretend genannt seien *E. Bodarwé:* Die Ertragsteuern; *K. Mellerowicz:* Zur Problematik; *F. Gelhausen:* Höhe und Verlauf.

[112] Etwa *P. Schweizer:* Die Berücksichtigung, S. 516 f.; *H. Münstermann:* Wert, S. 54 ff.; *derselbe:* Zukunftsentnahmewert, S. 119; *A. Moxter:* Unternehmensbewertung 1976, S. 163 f.; *H. Jacobs:* Die Bedeutung, S. 47 ff., insbes. S. 51; *G. Sieben:* Die Beratungsfunktion, S. 67 f.; *R. Buchner:* Finanzanalyse, S. 314 f. In diesem Punkt gleicher Ansicht, obwohl den Vertretern der objektiven Unternehmensbewertung zugehörig, ist *F.-J. Friederich:* Steuern, S. 285 ff., speziell S. 299 f.

[113] Vgl. *R. Buchner:* Finanzanalyse, S. 315; *H. Jacobs:* Die Bedeutung, S. 51 u. 54; *B. Großfeld:* Unternehmensbewertung, S. 68.

[114] Vgl. mit weiteren Quellen als Beleg *C. Helbling:* Unternehmungsbewertung, S. 305 ff., insbes. S. 310 f.

[115] So auch *B. Großfeld:* Die Abfindung, S. 142 f., der dieses Argument mit Recht auf die Bestimmung eines Unternehmenswertes als Entscheidungswert begrenzt wissen will.

[116] Die speziellen Auswirkungen der Körperschaftsteuer können hier ausgeklammert bleiben. Denn an den in dieser Arbeit betrachteten mittelständischen Unternehmen — sofern sie überhaupt als Kapitalgesellschaft geführt werden — dürften kaum Anteilseigner beteiligt sein, die gem. § 51 KStG von der Anrechnung ausgeschlossen bleiben. Für alle anderen Beteiligten bedeutet die Körperschaftsteuer auf ausgeschüttete Gewinne keine Definitivbelastung; vielmehr ist die Ertragsteuerbelastung gemäß dem Planungsdurchgriff anhand der Einkommensteuer des Gesellschafters zu untersuchen. So bleibt allein der befristete Entzug finanzieller Mittel durch die Thesaurierungsbelastung zu beachten. Diesem ist im Rahmen der simultanen Disposition über die laufenden Entnahmen, Konsumbeträge, Kreditaufnahmen und

suchen, welche Situation sich beim Unternehmenserwerb bzw. bei Weiterführung des Unternehmens ergibt im Vergleich zur Wahl der übrigen offenstehenden Alternativen. Im Falle des Erwerbs unterliegen die künftigen Erträge des Unternehmens in Gänze der Einkommensteuer und auch der Gewerbeertragsteuer[117]. Im Fall des Nicht-Kaufs sind unter ertragsteuerlichen Gesichtspunkten mehrere Möglichkeiten denkbar.

Zum einen kann das Kapital u. U. völlig einkommen- und gewerbeertragsteuerfrei angelegt werden. Man denke etwa an den Erwerb von Immobilien und anschließenden Verkauf derselben mit Gewinn nach Ablauf der Spekulationsfrist[118]. In diesem Fall müssen die Ertragsteuern der Alternative Unternehmenskauf in voller Höhe als Auszahlungen in den Kalkül gezogen werden. Maus weist jedoch mit Recht auf die Gefahr für den Informationswert hin, wenn Ertragsteuern und Bruttogrößen saldiert Eingang in die Berechnung finden[119]. Insofern sollten also sowohl die Bruttoerfolgsgrößen als auch die zugehörigen Steuerzahlungen explizit berücksichtigt werden.

Ansonsten ist es denkbar, daß die Erträge der Handlungsalternativen, die mit dem Unternehmenskauf bzw. der Unternehmensweiterführung konkurrieren, sowohl der Gewerbesteuer als auch der Einkommensteuer unterliegen. Hierunter fallen grundsätzlich alle Alternativen, die zu Einkommen aus gewerblicher Tätigkeit führen (etwa Kauf eines anderen Unternehmens und unter bestimmten Voraussetzungen Erwerb einer Unternehmensbeteiligung u. ä.). Kann für beide Alternativen der gleiche Gewerbesteuerhebesatz unterstellt werden, so wird dafür plädiert, auf die explizite Berücksichtigung von Ertragsteuern ausnahmsweise bei beiden Alternativen zu verzichten, da die Vergleichsalter-

---

Kapitalanlagen Rechnung zu tragen (vgl. 2. Kapitel, B. III. 2. a)). Vgl. zur Körperschaftsteuer im Rahmen der Unternehmensbewertung detaillierter *C. Helbling:* Unternehmungsbewertung, S. 381 f. u. insbes. *F. W. Wagner, H. Dirrigl:* Der Einfluß, und die dort jeweils angegebene Literatur sowie *U. Briese:* Anrechnungsverfahren; *H. Clemm:* KSt-Reform; *W. Dörner:* Zur Auswirkung; *H.-E. Kiehne:* Auswirkungen; *Th. Siegel:* Anteilsbewertung; *IdW:* Auswirkungen; *E. Guthardt, E. König:* Körperschaftsteuerliche Auswirkungen, S. 311 ff.

[117] Es sei hier von gewerblichen Unternehmen ausgegangen. Von Unternehmensveräußerungen im land- und forstwirtschaftlichen Bereich bzw. bei freien Berufen wird damit abstrahiert.

[118] Bei Immobiliengeschäften ist gemäß § 23 Absatz 1 Ziffer 1 Buchstabe a eine Sperrfrist von zwei Jahren zu beachten. Weiterhin sei unterstellt, daß es sich nur um gelegentliche Betätigung des Entscheidungsträgers in diesem Sektor handle, so daß auch eine Klassifizierung als gewerbliche Tätigkeit ausgeschlossen werden kann. Vgl. dazu § 1 GewStDV.

[119] Vgl. *N. Maus:* Unternehmungsbewertung, S. 391, der allerdings noch die Verwendung von Ertrags- statt Zahlungsgrößen bei der Unternehmensbewertung vertritt und sich deshalb auf Bruttogewinne anstatt richtigerweise auf Bruttoentnahmemöglichkeiten bezieht.

nativen völlig gleichförmig besteuert werden[120]. Die Steuerzahlungen können unter solchen Bedingungen als entscheidungsirrelevante Komponenten außerhalb der Betrachtung bleiben.

Schließlich verbleibt die Möglichkeit, daß die relevanten Alternativen nur einkommen-, jedoch nicht gewerbesteuerpflichtig sind (so die Einkünfte aus Vermietung und Verpachtung, aus Kapitalvermögen, aus unselbständiger Tätigkeit, aus selbständiger Tätigkeit, aus Land- und Forstwirtschaft sowie sonstige Einkünfte). Auch in einem solchen Fall sind wegen der unterschiedlichen Besteuerung der Bruttoerträge, aber auch insbesondere wegen der unterschiedlichen Möglichkeiten bei den einzelnen Einkunftsarten, den Gewinnausweis und damit die Höhe der jeweiligen Besteuerung zu beeinflussen, die Steuerzahlungen explizit in die Berechnung einzubeziehen. Denn bei bestimmten Einkunftsarten können Aufwandsvorverrechnungen, z. T. kombiniert mit hoher Fremdfinanzierung und Übertragung der späteren Veräußerungsgewinne in den steuerfreien Bereich[121], c. p. zu erheblich höheren Entnahmemöglichkeiten führen als gleichhohe Bruttoerträge anderer Einkunftsarten[122].

Die Berücksichtigung von Ertragsteuerzahlungen ist also jeweils abhängig von der Besteuerung der relevanten Anlagealternativen; eine vollständig explizite Einbeziehung der Ertragsteuerzahlungen beugt der Gefahr von Informationsverlusten in jedem Falle vor und bildet zudem die Realität am genauesten ab[123].

d) Der Einfluß auf die Notwendigkeit der Einbeziehung inflationärer Wirkungen

Abschließend ist zu analysieren, welche Wirkungen die Inflation auf den Alternativenvergleich hat: Geldwertverschlechterungen schlagen sich durchaus heterogen auf die Wertentwicklung verschiedener Vermögensgegenstände nieder. Die eine Kategorie, die sog. Nominalgüter — verstanden als Geldbestände und in Geld ausgedrückte nicht wert-

[120] Dabei ist zu beachten, daß die zeitliche Verteilung des steuerpflichtigen Einkommens auf die einzelnen Perioden und damit die anfallenden Ertragsteuerzahlungen zwischen den verschiedenen Alternativen synchron verlaufen muß. Nur dann sind die Steuereffekte wirklich zu vernachlässigen. Siehe etwa *W. Engels:* Gewinnabhängige Steuern, S. 558.

[121] Mit der geplanten Ausnutzung dieser in Anlehnung an den angloamerikanischen Bereich auch als "Deferral", "Leverage" und "Conversion" bezeichneten Effekte beschäftigt sich eingehend *W. Graf v. Armansberg:* Die Abschreibungsgesellschaft.

[122] Zu Steuerspareffekten insbes. der „Bauherrenmodelle" vgl. *Ch. Sommer:* Kapitalanlagen, und die dort angegebene Literatur.

[123] Gl. A. *K. Gratz:* Unternehmensbewertung, S. 981 ff., der einen konkreten Vorschlag zur Einbeziehung der (in diesem Fall sogar progressiven) Einkommensbesteuerung liefert.

gesicherte Forderungen —, ist bekanntlich der Inflation schutzlos ausgeliefert. Von diesen unterscheiden sich die Realgüter, auch Sachgüter genannt[124]. Sie entwickeln sich, so die allgemeine Unterstellung, wertmäßig zumindest tendenziell mit der Inflation; manchen Kapitalanlagen, etwa Edelmetallen oder Immobilien, glaubt man sogar strukturell Preissteigerungen über der Inflationsrate zurechnen zu können[125].

Gibt es nun analog zu dieser recht heterogenen Inflationsanfälligkeit einzelner Anlagearten auch im Entscheidungskalkül zwischen dem Erwerb einer Unternehmung und alternativen Kapitalverwendungen (in Realgütern: etwa Grund und Boden und in Nominalgütern: etwa Staatsanleihen) ähnliche Phänomene zu konstatieren? Vordergründig betrachtet ist man geneigt, durchaus Parallelen zu sehen und damit Maßnahmen zur Eliminierung der unterschiedlichen Inflationswirkungen zu fordern[126].

An dieser Stelle ist auf die Zielsetzung eines potentiellen Unternehmenskäufers zurückzukommen. Voraussetzungsgemäß beurteilt ein rational handelnder Kaufinteressent die ihm vorliegenden Handlungsalternativen nach den jeweiligen Einkommenserwartungen, die durch wichtige nichtmonetäre Zielbeiträge lediglich modifiziert werden. Die finanziellen Zielbeiträge konkretisieren sich dabei in den dem Entscheidungsträger zufließenden künftigen Nettozahlungen und den Transformationsmöglichkeiten selbiger in einen vom Entscheidungsträger präferierten Entnahmestrom[127]. Hieraus sind zweierlei Konsequenzen zu ziehen.

Zum einen kann es keine Differenzierung der unterschiedlichen Kapitalanlagen nach ihrer Inflationsresistenz geben[128]. Wenn sich nämlich der finanzielle Nutzen nach den jeweiligen periodischen Entnahmeströmen bemißt, stiften zwei verschiedene Kapitalanlagen, die durch gleich hohe und zeitlich gleich strukturierte Zahlungszuflüsse gekennzeichnet sind, dem Entscheidungsträger ein gleich hohes Nutzenniveau[129]. Deshalb sind beide Alternativen als wertgleich zu behandeln, unabhängig davon, ob es sich um Nominalgüter, etwa Staatsanleihen, oder Real-

---

[124] Zu diesen unterschiedlichen Wirkungen der Inflation äußert sich ähnlich *A. Heigl:* Ertragswert, S. 36.

[125] Vgl. *G. Sieben:* Zur Problematik, S. 267. So im Ergebnis etwa *G. Papperitz:* Grundsätze, S. 654 sowie *Ch. Olbrich:* Zur Unternehmensbewertung, S. 584.

[126] So etwa *W. Busse von Colbe:* Zukunftserfolg, S. 89. Vgl. die Darstellung aber auch Kritik an der Berücksichtigung sog. Geldentwertungsprämien bei *H. Münstermann:* Wert, S. 78 f.

[127] Vgl. 2. Kapitel, B. III. 2. a.

[128] Gl. A. *G. Sieben:* Zur Problematik, S. 271; *M. J. Matschke:* Podiumsdiskussion, S. 285 f.

[129] Ebenso *W. Engels:* Bewertungslehre, S. 57.

güter, etwa eine Unternehmung oder ein vermietetes Gebäude handelt. Unterschiede zwischen den Handlungsmöglichkeiten lassen sich also allenfalls noch mit inflationsbedingt verschiedenen Endvermögen am Planungshorizont begründen. Hiergegen ist jedoch einzuwenden, daß, Rationalverhalten unterstellt, auch ein möglicher späterer Käufer zu diesem Zeitpunkt sich bei der Ermittlung seines Höchstangebotes an den ihm danach mutmaßlich zufließenden Nettozahlungen orientieren wird, so daß auch von daher keine Wertunterschiede erklärbar sind.

Nun kann nicht geleugnet werden, daß die Inflation eine Wirkung auf die zukünftigen Zahlungsströme der Alternativen hat[130]. Dies ist konsequenterweise in die jeweiligen Prognosen der Alternativen einzubeziehen[131]. Im vorliegenden Fall können nur die erwarteten Zahlungsströme jeder Alternative unter den realen Bedingungen der zu schätzenden Preisveränderungen entscheidungsrelevant sein. Weiterhin entledigt man sich bei diesem Vorgehen der Gefahr, durch Verwendung einer pauschalen Preissteigerungsrate (etwa Lebenshaltungskostenindex oder Indizes für bestimmte Warengruppen) die Situation des jeweiligen Einzelfalls nur stark vergröbert wiederzugeben[132].

Für die konkreten Alternativen bedeutet obige Vorgehensweise folgendes: Die Zinsen für Staatsanleihen beinhalten schon einen Ausgleich für den erwarteten Geldwertverfall; ebenso umfassen die Wertentwicklungen von Immobilien bestimmte Erwartungen über Miet-, Kostenentwicklungen u. ä.[133]. Zugegebenermaßen stellt diese Vorgehensweise hohe Anforderungen an die Qualität der zu beschaffenden Informationen, und Schätzfehler bezüglich der Preisentwicklung können gravierende Vergleichsverzerrungen zur Folge haben, da eben die Kapitalanlagearten unterschiedlich inflationsreagibel sind[134]. Allerdings unterstellt man auch dann Prognosesicherheit, wenn man bei der Ermittlung der künftigen Zahlungsströme Gleitklauseln verwendet. Denn weicht die tatsächliche von der prognostizierten Preissteigerungsrate ab, so führt dies auch zu unter Umständen erheblichen Vergleichsverzerrungen.

---

[130] Vgl. die Beispielrechnungen bei *O. H. Jacobs:* Entnahmefähiger Gewinn, S. 395 ff.

[131] So auch *D. Rückle:* Zielfunktion, S. 50 f., mit Verweis auf *W. Engels:* Bewertungslehre.

[132] Vgl. zur Problematik der Verwendung allgemeiner Inflationsraten *A. Moxter:* Unternehmensbewertung 1976, S. 177.

[133] Vgl. auch die Darlegung des Problems bei *A. Moxter:* Unternehmensbewertung 1976, S. 176 f.

[134] Vgl. *Th. Schildbach:* Die Berücksichtigung, S. 226 ff. Wohl gleicher Ansicht auch *W. Ballwieser:* Die Wahl, S. 105 f. und besonders kommentiert S. 114, der jedoch bei Verwendung der Kapitalwertmethode auf die seiner Ansich nach bestehende Notwendigkeit einer Inflationsbereinigung hinweist.

Zum zweiten bewirkt die oben beschriebene finanzielle Zielformulierung, daß Umrechnungen der Zahlungszuflüsse zu unterschiedlichen Zeitpunkten in kaufkraftäquivalente Geldeinheiten entbehrlich sind[135], da die finanziellen Auswirkungen aller relevanten Alternativen in den gewünschten Entnahmestrom anhand der konkreten Anlage- und Kreditmöglichkeiten überführt werden und somit zu vergleichende nominale Zahlungsströme, da zeitgleich, äquivalente Kaufkraft besitzen[136]. Es wird allerdings hierbei unterstellt, daß die zeitliche Konsumpräferenz des Entscheidungsträgers auf Basis der erwarteten Preisveränderungen aufgestellt wurde. Denn ein Entscheidungsträger ist nicht an nominalen Geldeinheiten, sondern ausschließlich an der mit ihnen verbundenen Konsummöglichkeit interessiert. Bei Abstraktion von Prognosefehlern ist möglichen Preissteigerungen durch die Verwendung der expliziten Zahlungsströme der Alternativen Rechnung getragen; eine darüber hinausgehende Korrekturrechnung zur vermeintlichen Bereinigung von Inflationswirkungen führt zu falschen Ergebnissen[137].

Es bleibt festzuhalten, daß bei der unterstellten finanziellen Zielsetzung Preissteigerungen bzw. unterschiedliche Inflationsreagibilitäten alternativer Anlagemöglichkeiten für die Vorteilhaftigkeitsuntersuchung unerheblich sind. An anderer Stelle bleibt jedoch zu untersuchen, wie der Gefahr von Fehlschätzungen unter Einbeziehung der hier angesprochenen Schätzung der künftigen Wertentwicklungen zu begegnen ist[138].

---

[135] Ebenso *D. Rückle:* Zielfunktion, S. 51.

[136] Vgl. *Th. Schildbach:* Die Berücksichtigung, S. 226; *G. Sieben:* Zur Problematik, S. 270 f.

[137] Vgl. *G. Sieben:* Die Beratungsfunktion, S. 67.

[138] Vgl. zu den Problemen der Informationsermittlung und zur Berücksichtigung des hieraus resultierenden Risikos das 3. Kapitel, C.

Drittes Kapitel

Analyse des Risikos eines zu bewertenden Unternehmens

A. Die Messung des Risikos

I. Der Begriff des Risikos

Unternehmensbewertungen müssen dem Tatbestand Rechnung tragen, daß künftige Entwicklungen nicht sicher vorhergesehen werden können.

Man versucht entweder, auf Basis des möglichst umfänglichen aktuellen Informationsstandes[1] den mutmaßlichen, plausibelsten und wahrscheinlichsten Datenkranz zur Bestimmung des Unternehmenswertes und ggf. den daraus — nach welcher Methode im einzelnen auch immer — ermittelten Unternehmenskauf- bzw. verkaufspreis abzuschätzen[2]. Alternativ wird insbesondere in neuerer Zeit vorgeschlagen, eine mehrwertige Zukunftserwartung in der Form aufzustellen, daß neben der wahrscheinlichsten auch davon abweichende — wenigstens eine pessimistische und eine optimistische — Zukunftsentwicklungen aufgezeigt und mit Wahrscheinlichkeitsziffern gewichtet werden[3].

Auf diesem Hintergrund wird von einer Seite der Begriff des Risikos als eine für die Zielerreichung des Entscheidungsträgers abträgliche Abweichung von der erwarteten bzw. mit höchster Wahrscheinlichkeit erwarteten Zukunftsentwicklung umschrieben[4]. Die Möglichkeit, daß die Zukunft Besseres als zunächst erwartet bringen kann, wird demgegenüber als Chance bezeichnet.

Vor dem Hintergrund dieser engen Risikodefinition sind die Begriffe „Risikoabneigung", „-neutralität", „-freude"[5], die die unterschiedlichen Einstellungen eines Entscheidungsträgers gegenüber dem Risiko ausdrücken sollen, unverständlich. Denn ein rational handelnder Aktor wird jede so verstandene Risikoerhöhung (entspricht Erhöhung der

---

[1] Vgl. hierzu genauer 3. Kapitel, C.

[2] Vgl. zum Schätzproblem etwa *R. Buchner:* Finanzanalyse, S. 362 ff.

[3] Vgl. *A. Moxter:* Unternehmensbewertung 1976, S. 137 ff. und explizit gl. A. auch *W.-R. Bretzke:* Die Nutzung, S. 208 und *B. Kromschröder:* (Unternehmungsbewertung, S. 18.

[4] So etwa sinngemäß *W.-R. Bretzke:* Prognoseproblem, S. 90 ff., insbes. S. 96 f.; *derselbe:* Die Nutzung, S. 207.

[5] Zu den Inhalten vgl. *D. Schneider:* Investition, S. 120 f.

Wahrscheinlichkeit, daß negative Abweichungen von der erwarteten Merkmalsausprägung eintreten) einer Handlungsalternative c. p. negativ beurteilen, also zwangsläufig risikoabgeneigt sein; Freude an der Verschlechterung zumindest eines Teils seines Entscheidungsfeldes ohne gleichzeitige Verbesserung in anderen Bereichen kann nicht mit Rationalverhalten in Einklang gebracht werden.

Daher wird für die vorliegende Untersuchung der zweite, weitergefaßte Risikobegriff gewählt. Das Risiko einer Handlungsalternative sei definiert als Möglichkeit einer Abweichung von der erwarteten Entwicklung bzw. dem Mittelwert der erwarteten Entwicklungen sowohl im für den Entscheidungsträger zielförderlichen als auch einer im zielhinderlichen Sinne. Damit kann ein Entscheidungsträger als risikoscheu bezeichnet werden, der unter sonst gleichen Bedingungen Alternativen mit relativ gering streuenden Zielbeitragswerten gegenüber breiter verteilten vorzieht. Sind seine Präferenzen hingegen umgekehrt, so handelt es sich um einen resikofreudigen Entscheidungsträger; steht er beiden alternativen Gruppen indifferent gegenüber, so ist er risikoneutral[6].

Für den potentiellen Käufer eines Unternehmens umfaßt das Risiko — in der weiten Version — im Falle eines Erwerbs einer Unternehmung für eine monetäre Gegenleistung sowohl die Beeinträchtigung der erwarteten Unternehmensentwicklung durch widrige künftige Umwelteinflüsse als auch die Chance, durch günstige Umstände bessere Unternehmensergebnisse als die im Mittel erwarteten zu erzielen[7].

II. Verfahren zur Messung des Risikos

Nach der definitorischen Festlegung des Risikos bleibt das Problem, ein geeignetes Meßverfahren zu bestimmen. Auf dem Hintergrund der oben erörterten Risikodefinition ergibt sich bei der Entscheidungsvorbereitung folgende Situation. Dem Entscheidungsträger steht eine begrenzte Anzahl von Handlungsalternativen offen, die in Abhängigkeit von praktisch unbeeinflußbaren stochastischen Umweltentwicklungen jeweils unterschiedliche Zielerfüllungsgrade (seien es monetäre oder nichtmonetäre) erwarten lassen. Möchte nun der Entscheidungsträger neben dem mutmaßlichen Grad an Zielerfüllung auch das Risiko einer Alternative quantifiziert haben, so bietet sich die Verwendung der klassischen statistischen Abweichungsmaße Standardabweichung und Varianz an[8].

---

[6] Vgl. *P. Kupsch:* Risiko, insbes. S. 88 f.

[7] Vgl. *B. Kromschröder:* Unternehmungsbewertung, S. 18 mit Verweis auf zahlreiche Autoren mit gleichem Begriffsverständnis sowie *W. Ballwieser:* Die Wahl, S. 101.

Somit beträgt das Risiko aus einem Unternehmenskauf[9]:

$$(4) \qquad \sigma^2 = \sum_{j=1}^{n} (E\,(UW) - D_j)^2 \cdot h\,(D_j)$$

$$\sigma^2 = v$$

$E\,(UW)$ = Erwartungswert des Unternehmenswerts
D_j = Wert des Unternehmens, wenn Datenkonstellation j eintreten sollte
$h\,(D_j)$ = relative Häufigkeiten
v = Varianz
σ = Standardabweichung

Wie sich die Variablen zur Bestimmung der Standardabweichung zusammensetzen, wird im weiteren erörtert[10].

Der Vorteil dieses klassischen Streuungsmaßes besteht neben seiner Einfachheit darin, daß es die Höhe der zu erwartenden Abweichung, die mit einer bestimmten Handlungsalternative verbunden ist, unter allen für denkbar gehaltenen Zukunftskonstellationen zum Ausdruck bringt. Allerdings setzt die Entscheidungsregel, die diesem Risikomaß zugrunde liegt, nämlich das μ-σ-Kriterium, voraus, daß die zugrunde liegenden Merkmalsausprägungen normalverteilt sind oder aber eine quadratische Nutzenfunktion verwendet wird[11]. Inwieweit eine Normalverteilung bei den Determinanten des Unternehmenswertes unterstellt werden kann, muß der Einzelfallbetrachtung vorbehalten bleiben[12]. Läßt sich eine endliche Obergrenze für die erreichbaren Zielwerte in einer konkreten Entscheidungsanalyse angeben, so bildet eine quadratische Nutzenfunktion die Präferenzen für den häufig unterstellten Fall der Risikoscheu eines Entscheidungsträgers recht gut ab[13].

---

[8] Siehe auch *H. Schneeweiß:* Entscheidungskriterien, S. 52 ff. Für die Verwendung dieser Risikomaße auch speziell zu Unternehmensbewertungszwekken spricht sich Maul aus. Vgl. *K.-H. Maul:* Problem, S. 11 f. Kritisch gegenüber der Verwendung dieser Risikomaße bei Unternehmensbewertungen *F. Philipp, U. Köth, K. Rath:* Fundierung, S. 385.

[9] Vgl. zur Herleitung und Verwendung von Standardabweichung und Varianz näher *G. Bamberg, F. Baur:* Statistik, S. 122 f.

[10] Vgl. 3. Kapitel, B.

[11] Vgl. *H. Schneeweiß:* Entscheidungskriterien, S. 95 ff.; *H. Hax:* Investitionstheorie, S. 136 f. Bezogen auf das Problem der Unternehmensbewertung siehe etwa *W.-R. Bretzke:* Prognoseproblem, S. 94 ff.

[12] Zu dem Problem, welche Art von statistischer Verteilung den streuenden Merkmalsausprägungen bei Unternehmensbewertungen zuzuordnen ist, vgl. *K.-H. Jöckel, P. Pflaumer:* Die Berücksichtigung, S. 109 f.

[13] Vgl. *H. Hax:* Investitionstheorie, S. 136.

B. Die Bedeutung des Risikos für die Ermittlung des Unternehmenswertes

Um die speziellen Auswirkungen des Risikoaspekts der Unternehmensbewertung herausarbeiten zu können, sei zunächst das Unternehmensbewertungsproblem unter Sicherheit, damit also losgelöst von Risikoproblemen, erörtert, um letztere hernach zu analysieren.

I. Die Ermittlung des Unternehmenswertes unter Gewißheit

In diesem Abschnitt sei also zunächst der irreale Fall unterstellt, daß die Zukunftsentwicklungen sicher vorhersehbar seien. Sind alle relevanten Zukunftsdaten der zur Auswahl stehenden Alternativen (seien es Unternehmungen oder sonstige Investitionen) verfügbar, so gibt es auch nach einhelliger Meinung der Literatur keinen vernünftigen Grund mehr, vergangenheitsorientierte Hilfsgrößen zur Wertermittlung heranzuziehen[14]. Selbst diejenigen Fachvertreter, welche der Berechnung des Unternehmenswertes auf Basis rein zukunftsorientierter Daten reserviert bis kritisch gegenüberstehen, begründen ihren Standpunkt allein damit, daß ihnen bei dieser Methode die Datenunsicherheit zu groß erscheint[15].

Unter Außerachtlassung der nichtfinanziellen Ziele wird der Wert eines Unternehmens bei unterstellter Prognosesicherheit durch die künftig vom Unternehmenseigner zu entnehmenden Zahlungen bis hin zur Veräußerung oder Liquidation determiniert[16]. Mögliche nichtgeldliche Entnahmen oder Einlagen des Unternehmers sind zu bewerten und entsprechend wie geldliche Entnahmen und Einlagen zu behandeln. Um den so ermittelten Zahlungsstrom als Verzinsung des im Unternehmen eingesetzten Kapitals verstehen zu können, müssen die Abgeltungen

---

[14] Vgl. *IdW:* Vorgehensweise, S. 681; *dasselbe:* Entwurf 1980, S. 409 f.; *W. Dörner:* Der Wirtschaftsprüfer, S. 505; *K.-H. Forster:* Zur Ermittlung, S. 45; *K. Lechner:* Die Unternehmenswertermittlung, S. 37; *K.-H. Maul:* Probleme, S. 107 u. *A. Moxter:* Unternehmensbewertung 1983, S. 50 f. jeweils mit weiteren Verweisen. Auch in der neueren Rechtsprechung wird die Dominanz der Verwendung des Ertragswertverfahrens zum Ausdruck gebracht. Vgl. U. d. LG Dortmund v. 31. 10. 1980, S. 236; *W. Busse von Colbe:* Die Resonanz, S. 273.
A. A. *K. Zehner:* Unternehmensbewertung, S. 2109 ff., der die Verwendung prognoseorientierter Ertragswertverfahren bei Gericht für nicht anwendbar hält. Ihm scheint insbes. das Erfordernis einer hinreichenden Tatsachenbasis gemäß den §§ 286, 287 ZPO bei dieser Methode nicht gegeben zu sein.

[15] So wird im Wirtschaftsprüferhandbuch die Benutzung von Vergangenheitswerten mit einer vermeintlich besseren Fundierung begründet. Vgl. *WP-Handbuch 1981,* S. 1282 f. Auch Bellinger äußert seine Vorbehalte gegenüber der rein zukunftsorientierten Unternehmensbewertung allein aufgrund der nach seiner Ansicht mangelnden Prognosesicherheit. Vgl. *B. Bellinger:* Eine Wende, insbes. S. 579 ff. Ähnlich auch schon 1970 die Anhänger der Substanzwertmethode, referiert von *H. Münstermann:* Wert, S. 91.

[16] Gl. A. *H. Hax:* Der Einfluß, S. 359 ff.

zusätzlicher Leistungen des Unternehmers, wie etwa der kalkulatorische Unternehmerlohn für seine Geschäftsführertätigkeit[17] oder die kalkulatorische Miete für dem Unternehmen überlassene Immobilien, von dem Entnahmestrom getrennt werden. Denn nur dann kann anschließend der Unternehmenskauf anhand der für die Überlassung des Kapitals dem Unternehmenseigner zufließenden Nettoentnahmen im Vergleich zu sonstigen Kapitalverwendungen investitionsrechnerisch gemäß der finanziellen Vorteilhaftigkeit beurteilt werden.

Liegen, wie hier zunächst angenommen, neben den Daten des zu bewertenden Unternehmens auch die künftigen Daten der übrigen relevanten Alternativen zur Anlage des Kapitals fest, so bleiben unmittelbar noch zwei Problemfelder zu diskutieren. Zum einen ergibt sich die Frage, wie sich rein rechnerisch die Nettoentnahmen aus den als bekannt vorausgesetzten Unternehmensdaten ermitteln lassen[18]. Eine komplexe Einzahlungs-Auszahlungs-Rechnung bezogen auf den gesamten Unternehmensbereich und über den relevanten Zeitraum läßt sich nicht vermeiden, wenn eine exakte Analyse erfolgen soll.

Zum zweiten muß die Zeitkomponente in die Berechnungen einbezogen werden. Bevorzugt man eine exakte Lösung, so müssen ausgehend von der zeitlichen Konsumpräferenz[19] des Unternehmenseigners die Zahlungsüberschüsse der zur Verfügung stehenden Anlagealternativen durch finanzwirtschaftliche Transformation (Kapitalaufnahme, Desinvestition; bzw. Kapitalanlage, Investition)[20] in die gewünschten Entnahmen überführt werden[21].

II. Grenzen des Verfahrens unter Ungewißheit

Sind die Zukunftsentwicklungen fest vorgegeben, so läßt sich also die Vorteilhaftigkeit eines Unternehmenskaufs gegenüber anderen Anlagealternativen bezogen auf das als dominierend unterstellte Einkommensziel gemäß der zeitlichen Konsumpräferenz, wie zuvor kurz dargestellt, ermitteln. Es bleibt zu untersuchen, inwieweit dieses exakte Verfahren auch unter realistischen Bedingungen — d. h. hier vor allem ohne Kenntnis der Zukunft — anwendbar sein kann bzw. zu modifizieren ist.

---

[17] Zur Notwendigkeit, den kalkulatorischen Unternehmerlohn aus dem gesamten Zahlungsstrom zu eliminieren, der dem Unternehmer aus der Unternehmung zufließt, vgl. *K. Hax:* Die Gesamtbewertung, S. 38; *F. W. Wagner, R. Nonnenmacher:* Die Abfindung, S. 677.

[18] Vgl. hierzu die Ausführungen bzgl. der Finanzplanung etwa bei *R. Buchner:* Finanzanalyse, insbes. S. 162 ff. sowie *A. Moxter:* Unternehmensbewertung 1976, S. 127 ff.

[19] Vgl. *H. Jacobs:* Die Bedeutung, S. 54 ff.

[20] Vgl. etwa *K.-H. Maul:* Unternehmensbewertung bei Unsicherheit, S. 578.

[21] Vgl. ausführlich 2. Kapitel, B. III. 2. a.

Wird die Prämisse der Sicherheit aufgegeben, so hat das im wesentlichen folgende Wirkungen. Es müssen nunmehr Prognosen über die nicht sicheren künftigen Zahlungsströme der Unternehmung erstellt werden[22]. Dies ist jedoch nicht nur eine technische Änderung in der Vorgehensweise, sondern bedeutet die Einführung einer neuen Dimension, nämlich der des Risikos[23]. Anhand geeigneter Risikomaßstäbe erhält jede Handlungsalternative nunmehr zusätzlich ein Risikoprofil. Das bedeutet, daß dem Entscheidungsträger nicht mehr nur ein einziger Zahlungsstrom, sondern mehrere pro Alternative zur Beurteilung vorliegen, die ihrerseits jeweils mit einer Eintrittswahrscheinlichkeit gewichtet sind[24].

Weiterhin ist unsicher, mit welchen Auszahlungen respektive Einzahlungen es verbunden ist, die laufenden Nettoüberschüsse einer Kapitalanlage in den Zahlungsstrom zu transformieren, der vom Entscheidungsträger gewünscht wird. Das heißt konkret, daß auch für die Zinsen der zwischenzeitlichen Geldanlagen bzw. -ausleihungen nur mehrwertige Prognosen existieren.

Schließlich bedeutet eine indeterminierte Zukunft, daß auch die Entnahmewünsche des Entscheidungsträgers, die ja den Maßstab zur Beurteilung der verschiedenen Alternativen bilden, nicht immer im vorhinein über mehrere Perioden angegeben werden können[25]. Durch im Zeitablauf veränderte Entnahmewünsche — realistischerweise verschiedene Transformationszinsen zwischen dem Anlage- und Kreditbereich unterstellt — kann sich im allgemeinen die Vorteilhaftigkeit eines Unternehmenskaufs gegenüber der nächst günstigsten Anlagealternative durchaus umkehren, wenn die Vergleichsalternative mit zeitlich anders strukturierten Zahlungsströmen verbunden ist; oder anders ausgedrückt, der Grenzkaufpreis der betrachteten Unternehmung, den der Käufer allenfalls hätte zahlen dürfen, kann in Abhängigkeit von ex post veränderten Entnahmewünschen variieren.

Zusammenfassend läßt sich also feststellen, daß die Zukunftsdaten einer zu bewertenden Unternehmung und die dazu in Konkurrenz stehenden Mittelverwendungsalternativen, die künftig zu Transformations-

---

[22] So auch *F. W. Wagner, H. Dirrigl:* Der Einfluß, S. 131; *G. Sieben, B. Zapf* (Hrsg.): Unternehmensbewertung, S. 19; *A. Moxter:* Die Bedeutung, S. 457.

[23] Vgl. *S. P. Pratt:* Valuing, S. 36 f.

[24] Zur Notwendigkeit, explizit mehrere mögliche Zahlungsströme zu beachten, s. insbes. *W.-R. Bretzke:* Die Nutzung, S. 217 u. *A. Moxter:* Unternehmensbewertung 1976, S. 138 ff., der zur Darstellung der unterschiedlichen möglichen Zahlungsreihen die Form der Matrixzeilen propagiert. Weiterhin *K.-H. Maul:* Unternehmensbewertung bei Unsicherheit, S. 573; *G. Sieben, Th. Schildbach:* Zum Stand der Entwicklung, S. 460.

[25] Vgl. *H. Jacobs:* Die Bedeutung, S. 56 u. *W. Ballwieser:* Die Wahl, S. 99.

zwecken anfallenden Zinsauszahlungen bzw. -einzahlungen sowie der vom Entscheidungsträger gewünschte Entnahmezahlungsstrom in der Realität der Unsicherheit unterliegen bzw. unterliegen können.

Tabelle 5

Einfluß der Unsicherheit auf die Unternehmenswertkomponenten

Komponenten des Unternehmenswertes	bei Sicherheit	bei Unsicherheit
zukünftige Entnahmemöglichkeiten	sicher gegeben	mehrwertig, stochastisch
zeitliche Transformationszahlungen	sicher gegeben	mehrwertig, stochastisch
künftige Entnahmewünsche des Entscheidungsträgers	sicher gegeben	mehrwertig, stochastisch oder sicher (definitorisch) vorgegeben

Alle drei Bereiche sind jedoch wertbestimmend, so daß in Abhängigkeit von der tatsächlichen Entwicklung dieser Einflußgrößen auch der ex-post-Unternehmenswert variiert. Je relativ größer die Abweichungsmöglichkeit des Unternehmenswertes ex post von dem ex ante eingeschätzt wird, um so weniger kann das oben beschriebene Unternehmensbewertungsverfahren befriedigen, das nur einen fixen Wert als Ergebnis präsentiert[26]. Der Unsicherheit und dem daraus resultierenden Risiko, daß ein ermittelter Unternehmenswert sich tatsächlich im nachhinein als zu niedrig bzw. zu hoch erweist, ist noch nicht Rechnung getragen. Im weiteren sei deshalb zunächst der Bereich des Unternehmens selbst hinsichtlich möglicher einzelner Risikoursachen analysiert.

C. Das ursprüngliche Unternehmensrisiko

Einfluß der Unsicherheit auf die Unternehmenswertkomponenten

Im folgenden soll untersucht werden, wie sich ganz grundsätzlich der Wert eines Unternehmens zusammensetzt und durch welche Komponenten er bestimmt wird. In diesem Rahmen können Umfang und Herkunft des Risikos, das einem Entscheidungsträger aus dem Betreiben eines Unternehmens erwächst, genauer analysiert werden.

[26] Der gleiche kritische Standpunkt wird auch eingenommen von *A. Moxter:* Unternehmensbewertung 1976, S. 138 ff.

Wie oben bereits festgestellt wurde, sind nur die künftigen Ausprägungen der Einflußgrößen wertbestimmend[27]. Bezogen auf die finanzielle Zielsetzung heißt dies, daß die im Planungszeitraum anfallenden Zahlungsströme zwischen dem Unternehmen und dem Unternehmer zu beachten sind[28].

Im einzelnen sind die künftigen Unternehmensentwicklungen in Form von Planungs- bzw. Prognoserechnungen darzustellen[29]. Insofern müssen die Unternehmensaktivitäten in allen wesentlichen Teilbereichen, so etwa Absatz- und Produktions-, Personal- und Finanzbereich, vorhergesagt werden[30]. Aus diesen Einzelangaben sind anhand geeigneter Wirkungssysteme die Zahlungsströme zwischen Unternehmer und Unternehmung zu ermitteln. Es liegt auf der Hand, daß ein solches vollständiges Prognosemodell über den gesamten Unternehmensablauf nur mit erheblichem Aufwand insbesondere hinsichtlich der Datenbeschaffung und nur unter Inkaufnahme vereinfachter Annahmen erstellt werden kann. Auf das Problem sei im folgenden näher eingegangen.

Gegenüber oben dargestelltem Vorschlag wird in der Literatur auch der Standpunkt vertreten, Unternehmenswerte zu bestimmen, indem man Erträge bzw. Zahlungsströme der Vergangenheit zur Grundlage der Analyse macht[31]. Diese Vergangenheitswerte sollen allenfalls um offensichtliche Sondereinflüsse bereinigt werden. Dem ist entgegenzuhalten, daß eine solche Orientierung an Vergangenheitswerten zwar in Einzelfällen zu brauchbaren Ergebnissen führen kann, jedoch ein ursächlicher Zusammenhang zwischen den Erfolgen der Vergangenheit und denen der Zukunft nicht besteht. Vielmehr erfolgen die Aktivitäten unter sich laufend verändernden Umweltbedingungen, man denke etwa an Wandlungen im Bereich der Absatzmärkte, der Technologien, der sozialen und juristischen Gegebenheiten, der demographischen Entwicklungen, der Personalversorgung u. ä. Auf diesem Hintergrund lassen an Vergangenheitsdaten orientierte Unternehmensbewertungsverfahren nur per Zufall richtige Ergebnisse zu und sind deshalb abzulehnen.

---

[27] Vgl. 3. Kapitel, B. I.

[28] Vgl. *W. Busse von Colbe:* Zukunftserfolg, insbes. S. 39 ff. u. *G. Jaensch:* Buchbesprechung, S. 96.

[29] Vgl. zum Aufbau von Prognosemodellen *D. Rückle:* Gestaltung, S. 448 f., speziell für Zwecke der Bewertung von Unternehmen *R. Schmidt:* Unternehmensbewertung, S. 1250 f.

[30] So auch *A. Moxter:* Unternehmensbewertung 1976, S. 125 ff., der gleichzeitig auf die praktischen Grenzen dieses Verfahrens hinweist.

[31] Vgl. *J. Viel, O. Bredt, M. Renard:* Die Bewertung, S. 103 ff. Interessanterweise wird dort der vorgeschlagene Modus als für — zumindest die damalige — Bewertungspraxis üblich bezeichnet. Bestätigung findet diese Feststellung noch in neuerer Zeit bei *Ch. Olbrich:* Unternehmensbewertung, S. 45 ff.

Überzeugender wirkt die Heranziehung der Vergangenheitswerte zu dem Zwecke, die zuvor unabhängig ermittelten Prognosen hinsichtlich ihrer Plausibilität kontrollieren zu können[32]. Einerseits wird so der analytisch richtige, wenn auch praktisch nicht immer leicht gangbare Weg der Antizipation zukünftiger Unternehmensentwicklungen eingehalten, andererseits werden aber auch der theoretischen Prognoserechnung reale (wenn auch vergangene) Ergebnisse kritisch gegenübergehalten, um die Zukunftsplanung zusätzlich zu fundieren.

Die Verwendung von Prognosemodellen zur Fundierung von Unternehmensbewertungen ist wohl kaum zu umgehen. In den Abweichungsmöglichkeiten der künftigen Realität von der ex-ante-Schätzung liegt die Quelle des Risikos begründet. Woraus das Risiko im einzelnen resultiert, sei im folgenden untersucht.

II. Das Risiko aufgrund falsch geschätzter Strukturen des Prognosemodells

Modelltheoretisch lassen sich zwei grundsätzlich verschiedene Varianten von Prognosemodellen unterscheiden. Auf der einen Seite handelt es sich um Verfahren, die die Vergangenheitswerte extrapolativ fortschreiben, um die künftige Entwicklung vorherzusagen[33]. Zum anderen existieren Modelle, mit denen die zu schätzenden Variablen von bekannten oder leichter zu ermittelnden Determinanten kausal abgeleitet werden[34]. Beide Modelltypen implizieren Risikoquellen.

1. Das Risiko bei Verwendung von Zeitreihenprognosen

Diese Art von Prognosemodellen ist dadurch charakterisiert, daß allein die (tatsächliche bzw. mutmaßliche) zeitliche Verknüpfung von Ereignissen die zu prognostizierenden Werte festlegt. Übertragen auf den Bereich der Unternehmensbewertung bedeutet dies, daß aus den in der (den) vergangenen Periode(n) beobachteten Zielgrößen einer Unternehmung durch Fortschreibung die künftigen Ausprägungen dieser Variablen bestimmt werden[35].

---

[32] Diese Argumentation findet sich verstärkt in neuerer Zeit, so speziell etwa bei *A. Moxter:* Unternehmensbewertung 1983, S. 107 ff., aber auch im *WP-Handbuch 1981*, S. 1300; *H.-J. Gmelin:* Die Bewertung, S. 42.

[33] Vgl. zu dem Verfahren *W.-R. Bretzke:* Prognoseproblem, S. 116 ff. u. *R. Buchner:* Finanzanalyse, S. 370 ff.

[34] Vgl. *S. C. Wheelwright, S. Makridakis:* Forecasting, S. 24 ff., die diese Typenunterscheidung jedoch noch weiter untergliedern.

[35] Vgl. *J. Viel:* Die Ermittlung, S. 366, der dieses Verfahren mit „Projizierung der Vergangenheit auf die Zukunft" umschreibt. Vgl. zu diesem Verfahren im Rahmen der Unternehmensbewertung *M. Kraus-Grünewald:* Ertragsermittlung, S. 116 ff.

So plausibel dieser Weg insbesondere für den durchaus realistischen Fall, daß die wichtigsten Umweltkonstellationen einigermaßen konstant bleiben, scheint, so kritisch müssen die dem Verfahren immanenten Schwachstellen gesehen werden. Denn gerade bei Strukturveränderungen oder gar -brüchen im Wechselspiel von Umweltentwicklungen zu Unternehmensabläufen gilt die ceteris-paribus-Bedingung nicht mehr[36]. Man denke im einzelnen an einschneidende Veränderungen volkswirtschaftlichen Ausmaßes[37], wie etwa die sogenannten Ölpreisschocks 1973/74 bzw. 1979, die für ganze Branchen Nachfrage-, Preis- und Kostenveränderungen nach sich zogen, aber auch an nur partielle Einschnitte wie einen Technologieschub in einer speziellen Produktion oder das Ausscheiden besonders qualifizierter und kurzfristig nicht ersetzbarer Arbeitskräfte, die insbesondere bei mittelständischen Unternehmen den Unternehmenserfolg erheblich beeinflussen können[38]. Solche Strukturbrüche sind für einen mindestens mittleren Zeitraum betrachtet nicht nur möglich, sondern geradezu zwangsläufig; nur Art und Umfang derselben bleiben praktisch unvorhersehbar.

Dies hat zur Folge, daß eine auf Zeitreihenanalysen gestützte Prognose über die künftigen Periodenergebnisse einer Unternehmung aufgrund der genannten systematischen Schwächen zu Unternehmensbewertungszwecken i. a. ungeeignet ist[39]. Denn auch die Annahme, daß bei Fortschreibung der Vergangenheit in die Zukunft einzelne Periodenergebnisse von diesen Prognosen abweichen werden, jedoch dieser Fehler über einen größeren Zeitraum kompensiert wird[40], scheint wenig realistisch. Die Ursachen und Wirkungen größerer Strukturbrüche der Unternehmensumwelt sind jeweils für sich einmalig oder wenigstens sehr selten sowie voneinander unabhängig und rühren zudem aus recht unterschiedlichen Teilbereichen her. Eine Gesetzmäßigkeit zum langfristigen Ausgleich von positiven und negativen Wirkungen kann hieraus somit sicherlich nicht abgeleitet werden[41].

In den so begründeten, wahrscheinlichen, jedoch im einzelnen unbekannten Abweichungen von Zeitreihenprognosewerten und tatsächlich

---

[36] Vgl. *D. Rückle:* Gestaltung, S. 441. Speziell bei Anwendung der Trendprognose zur Unternehmensbewertung kritisch *J. Krag:* Konfliktbezogene Unternehmungsbewertung, S. 86 f.

[37] Ebenfalls kritisch gegenüber reinen Extrapolationsverfahren *A. G. Coenenberg:* Unternehmensbewertung aus der Sicht der Hochschule, S. 235 u. *W.-R. Bretzke:* Die Nutzung, S. 205.

[38] Vgl. *H. Klocke:* Aktuelle Probleme, S. 144.

[39] So auch *W.-R. Bretzke:* Die Nutzung, S. 205.

[40] Vgl. diesen Standpunkt vertretend *E. Schmalenbach:* Beteiligungsfinanzierung, S. 37.

[41] Vgl. *B. Bellinger:* Eine Wende, S. 581 mit eindrucksvollen Beispielen.

verifizierten Unternehmenserfolgen liegt das Risiko dieser Vorgehensweise begründet[42].

2. *Das Risiko bei Verwendung von Kausalprognosen*

Aufgrund der Kritik an der Fortschreibung beobachteter Ergebnisse liegt es nahe, Methoden in Erwägung zu ziehen, die die Haupteinflußgrößen des Unternehmenserfolges zur Grundlage der Prognose machen[43]. So wird auch in der Literatur der Standpunkt vertreten, daß die Vergangenheitswerte nicht als Fundus in die Zukunft fortzuschreibender Einzelergebnisse zu verwenden sind, sondern vielmehr dazu dienen, das relativ komplexe Gebilde der Finanzströme einer Unternehmung hinsichtlich der wechselseitigen Zusammenhänge und Abhängigkeiten analytisch zu durchdringen[44]. Die so gefundenen Ursache-Wirkungs-Zusammenhänge können sehr gut zu Kontrollzwecken zuvor erstellter Zeitreihenprognosen verwendet werden.

Analytisch vertretbar sind nur Kausalprognosen. Dabei wird die zu schätzende Variable (hier der Unternehmenserfolg) in Abhängigkeit ihrer (Haupt-)Einflußgrößen bestimmt[45]. Hierbei wird versucht, ein (möglichst) vollständiges System der finanzwirtschaftlichen Beziehungen innerhalb der Unternehmung bzw. zwischen der Umwelt und der Unternehmung aufzustellen. Gelingt dies hinreichend genau, so lassen sich aus den Daten, die die Unternehmung in Zukunft direkt oder indirekt in merklichem Umfang beeinflussen, und aus den im Falle des Unternehmenserwerbs vom Entscheidungsträger für die Zukunft geplanten Maßnahmen die resultierenden abhängigen Variablen in Form der Unternehmenserfolge ermitteln[46].

Bei diesem Verfahren ergeben sich zwei unterschiedliche Problembereiche. Zum einen sind die benötigten Informationen über die Einflußgrößen des Systems zu prognostizieren[47]. Zum anderen sind Art und Umfang der Wirkung dieser Einflußgrößen auf den Unternehmens-

[42] Auch die UEC sieht einen Zusammenhang von außergewöhnlichen Ereignissen und Risiken. Vgl. *UEC:* Die Bewertung, S. 40.

[43] Vgl. *W.-R. Bretzke:* Prognoseproblem, S. 156.

[44] Vgl. *H. Münstermann:* Wert, S. 49; *UEC:* Die Bewertung, S. 40; *A. Moxter:* Unternehmensbewertung 1983, S. 97 ff.

[45] Vgl. *R. Buchner:* Finanzanalyse, S. 383 f.; *WP-Handbuch 1981*, S. 1283 ff.

[46] Vgl. hierzu den Moxterschen Vorschlag der systematischen Unternehmensplanung. Vgl. *A. Moxter:* Unternehmensbewertung 1976, S. 125 f.; *W. Ballwieser:* Komplexitätsreduktion, S. 56 ff. mit Analyse der Kochschen Plan-Gewinn- und Verlustrechnung. Vgl. dazu *H. Koch:* Aufbau, S. 85 ff.; weiterhin *H. H. Lohr:* Heuristiken, S. 152 ff., insbes. S. 178 ff., der eine umfangreiche Liste möglicher relevanter Einflußgrößen auf den Wert einer Unternehmung anbietet.

[47] Diesem Problem ist der folgende Abschnitt III gewidmet.

erfolg zu bestimmen[48]. Ein Modell dieser Einflußströme kann nur angenähert die Wirklichkeit widerspiegeln. Die hohe Komplexität der abzubildenden Zusammenhänge und des dadurch bedingten enormen Planungs- und Berechnungsaufwands lassen nur beliebig genaue oder — realistischer formuliert — beliebig ungenaue Realitätsabbildungen zu[49]. Dadurch nimmt man jedoch bereits einen verfahrensbedingten Schätzfehler in Kauf; durch die im vorhinein nicht absehbaren Folgen dieses Fehlers ist bereits eine Streuung der zu schätzenden Werte vorgegeben. Hierin liegt ein Teil des Risikos bezüglich des zu erwartenden Unternehmenserfolges begründet.

Darüber hinaus muß man sich bewußt machen, daß in der Gegenwart beobachtete Zusammenhänge nicht ungebrochen auch in Zukunft in gleicher Form gelten. Konnte man z. B. bisher feststellen, daß die Erhöhung des Diskontsatzes der Deutschen Bundesbank um einen Prozentpunkt mit einem Zeitverzug von sechs Monaten zu einem Rückgang der Nachfrage nach Hochbauleistungen von sieben Prozent führte, so kann eine aktuelle Diskontsatzerhöhung durchaus die Baunachfrage in sechs Monaten unberührt lassen, etwa weil die Zinsreagibilität gesunken ist.

Durch solche möglichen Kausalbrüche entsteht dem Unternehmer ein weiteres Risiko bei der Abschätzung der Unternehmenserfolge.

Die meisten Einflußgrößen des Unternehmenserfolges selbst unterliegen der Ungewißheit[50]; sie mögen jede für sich einzeln besser vorhersehbar sein als der aus einem Konglomerat gebildete Unternehmenserfolg, sind aber doch nicht sicher. Hiervon auszunehmen sind diejenigen wenigen Einflußgrößen, die im Schätzzeitpunkt bereits feststehen. Man denke hier z. B. an zugesagte Aufträge über längere Zeiträume oder aber gesetzliche Festlegungen, soweit sie bezogen auf den Betrachtungszeitraum irreversibel sind.

Insgesamt betrachtet muß die Kausalprognose gegenüber der Trendprognose trotz ihrer nicht zu übersehenden Einzelprobleme[51] als bei weitem überlegen angesehen werden. Die weitere Untersuchung baut schwerpunktmäßig auf Kausalprognosen auf.

---

[48] Vgl. *R. Buchner:* Finanzanalyse, S. 369.

[49] Der Bedarf an Komplexitätsreduktion wird insbes. in neuer Zeit gesehen. Vgl. *W. Ballwieser:* Möglichkeiten; *derselbe:* Komplexitätsreduktion; *M. Kraus-Grünewald:* Ertragsermittlung, S. 16 ff.

[50] Vgl. *R. Buchner:* Finanzanalyse, S. 408; *S. C. Wheelwright, S. Makridakis:* Forecasting, S. 28.

[51] Bretzke weist überzeugend die Kritik an Kausalmethoden aufgrund mangelnder Datenbeschaffungsmöglichkeiten zurück. Vgl. *W.-R. Bretzke:* Die Nutzung, S. 206, speziell Fn. 15.

III. Das Risiko aufgrund unvollständiger Informationen über Schätzparameter

1. Das Problem, die Informationsobjekte zu ermitteln

a) Die Ermittlung von Parametern in Prognosemodellen im allgemeinen

Eingangs sind einige Bemerkungen zur allgemeinen Funktion von Schätzparametern erforderlich. Will man etwa ein kausales Prognosemodell aufstellen, so muß über die Wirkung einer oder mehrerer unabhängiger Variabler auf die unabhängige(n) Variable(n) eine Hypothese aufgestellt oder, noch besser, eine Gesetzmäßigkeit konstatiert werden[52]. Nur wenn diese Bedingung erfüllt ist, hat es einen Sinn, eine derartige Prognose zu wagen; bei offensichtlich nur zufälligen Korrelationen scheidet die überprüfte unabhängige Variable als Einflußgröße aus.

Neben der Art der mathematischen Verknüpfung (etwa additive oder multiplikative) legen die Parameter den Charakter der Beziehungen zwischen den Variablen im Gleichungssystem fest[53]. Die Parameter bilden somit im Idealfall die Summe aller Teileinflüsse der unabhängigen Variablen auf die zu ermittelnde Schätzgröße ab. Damit stellt sich jeweils ganz allgemein das Erfordernis, bei der Zusammenstellung eines Prognosemodells die tatsächlichen Einflüsse möglichst vollständig in Parametern wiederzugeben[54]. Gemäß dem Grundsatz der Materiality sollte jedoch ein Prognosemodell nur diejenigen Variablen umfassen, die die betrachtete Zielgröße merklich beeinflussen können. Diese Einschränkung reduziert die Komplexität des Modells, ohne dessen Aussagekraft nennenswert zu verschlechtern[55]. Die so zu ermittelnden Informationsobjekte für die Parameterbestimmung sollen im folgenden für den Bereich der Unternehmensbewertung ausgeführt werden.

b) Die Ermittlung von Parametern in Prognosemodellen zum Zwecke der Unternehmensbewertung

aa) Wichtige Untersuchungsbereiche

Da die Ein- bzw. Auszahlungen des Fremdfinanzierungsbereiches von der Kapitalausstattung des Unternehmens abhängen und die verschiedenen Entscheidungsträger in jeweils unterschiedlicher Höhe Kapitaleinlagen leisten, sollen diese finanziellen Aspekte an anderer Stelle

[52] Vgl. *M. Kraus-Grünewald:* Ertragsermittlung, S. 114 f.

[53] Vgl. ebenso *R. Buchner:* Finanzanalyse, S. 376.

[54] Zum Verfahren der Ermittlung von Parametern und deren Tests vgl. *K. Brockhoff:* Prognoseverfahren, insbes. S. 112 ff.; *S. C. Wheelwright, S. Makridakis:* Forecasting, S. 105 ff.

[55] Zur Verringerung von Einflußgrößen vgl. *K. Brockhoff:* Prognoseverfahren, S. 89 mit weiterführender Literatur.

diskutiert werden[56]. Somit bleiben an dieser Stelle die rein leistungswirtschaftlich bedingten Zahlungsströme zu analysieren.

Zur Ermittlung der Einflußparameter eines Prognosemodells sind wichtige Teileinflußbereiche näher zu diskutieren und speziell unter dem Risikoaspekt zu betrachten. Die einflußgebenen Umfeldbereiche eines Unternehmens sollen speziell in ihrer leistungswirtschaftlichen Ausrichtung untersucht werden. Schematisch wirken die einzelnen Einflußbereiche wie folgt auf den Unternehmenserfolg:

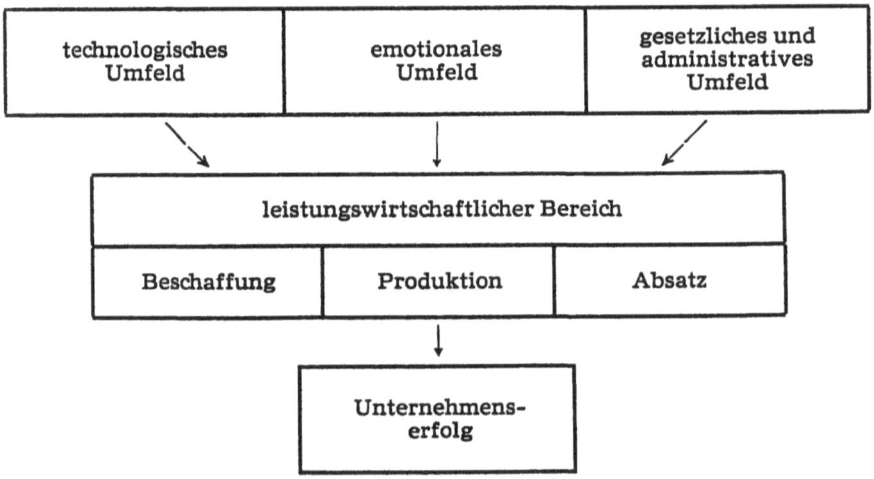

Abb. 4. Wichtige Bereiche des Einflusses auf den Unternehmenserfolg

Als erster wichtiger Einflußbereich sei das emotionale Umfeld einer Unternehmung angeführt. Hierunter sind u. a. die Einschätzungen der Verbraucher hinsichtlich der Produkte, der verwendeten Rohstoffe[57], des Marktverhaltens[58] u. ä. des betreffenden Unternehmens und die Einstellung der Öffentlichkeit ganz allgemein gegenüber bestimmten Branchen und Berufszweigen zu subsumieren. Bestehende Negativschätzungen wirken kurz- und/oder langfristig auch auf den Umsatz und infolgedessen auf den Unternehmenserfolg[59]. Die emotionale Einschätzung des Unternehmens durch aktuelle Arbeitnehmer ist insbeson-

[56] Vgl. 3. Kapitel, D. II. 2.

[57] Man denke an die heftige Diskussion um den Rohstoff Asbest in jüngster Zeit, die den Verkauf der Endprodukte und die wirtschaftliche Situation der Hersteller belastete.

[58] Das Ausmaß der subjektiv empfundenen Fairneß im Marktverhalten wird z. B. von Endverbrauchern u. a. an weit verbreiteter Kulanz oder an Servicefreundlichkeit gemessen.

[59] Vgl. *H. Meffert:* Marketing, S. 71 ff., insbes. S. 75.

dere hinsichtlich der Arbeitsmotivation und -bereitschaft bedeutsam[60]; die Einschätzung der Unternehmung durch potentielle Arbeitnehmer kann speziell in Wachstumsphasen und bei Engpässen in bestimmten Segmenten des Arbeitsmarktes beachtenswert sein.

Ein zweiter, allgemein wichtiger Einflußbereich ist das gesetzliche und administrative Umfeld einer Unternehmung[61]. Dieses Feld erstreckt sich von den Regelungen der Gewerbeaufsicht über standes- und verbandsrechtlichen Restriktionen bis hin zu wettbewerbsrechtlichen Normen und branchenmäßigen Vorgaben durch Aufsichtsbehörden. Zu diesen spezifischen Einflüssen kommen die nicht minder bedeutsamen Vorschriften des Zivil-, Verwaltungs- und insbesondere Arbeitsrechts hinzu.

In Abhängigkeit von der Ausgestaltung der oben genannten Regelungen entwickelt sich der Unternehmenserfolg. So führen strengere Normen für Schadstoffemissionen z. B. im Zeitablauf zu höheren Auszahlungen der betreffenden Verarbeiter; u. U. können plötzliche und in erheblichem Ausmaß geforderte zusätzliche Schutzmaßnahmen bestimmte Produktionsweisen unwirtschaftlich werden lassen.

Von den administrativen Einflüssen auf den Absatzbereich sind neben den wettbewerbsrechtlichen Regelungen die zwischenstaatlichen Freihandels- und Zollbedingungen beachtlich. Gerade in den ausgehenden siebziger und beginnenden achtziger Jahren verstärkte sich unter dem Druck der Weltrezession weltweit die Tendenz zur Abschottung der nationalen Märkte[62]. Dies wirkt sich nicht nur direkt auf die Exportunternehmen, sondern auch auf deren Zulieferer aus, die ihrerseits häufig aus kleinen oder mittleren Betrieben bestehen.

Die „technologische Situation" eines Unternehmens umfaßt die technologische Ausgestaltung des Produktionsbereichs, das Qualitätsniveau der Produkte und die technologische Fertigungskapazität, d. h. die Möglichkeit, verschiedenartige und technisch anspruchsvolle Fertigungen ausführen zu können. Weiterhin beeinflussen noch nicht angewandte, jedoch bereits entwickelte oder in der Entwicklung befindliche Technologien (seien es Verfahrens- oder Produkterneuerungen) die Erfolgsträchtigkeit eines Unternehmens. Denn für einige Branchen läßt sich aus der Höhe der Forschungsaufwendungen u. U. eher der künftige Erfolg

---

[60] Man denke z. B. an das Führungsprinzip "Corporate Identity", das neben der formaljuristischen eine geistig-emotionale Verknüpfung zwischen Arbeitnehmer und Unternehmen enthält. Vgl. dazu auch *D. Yoder:* Personnel Principles, S. 287 f.

[61] Vgl. ähnliche Sichtweise bei *W. Busse von Colbe:* Zukunftserfolg, S. 156 ff.; *E. Henseler:* Unternehmensanalyse, S. 56 ff.

[62] Vgl. *W. Busse von Colbe:* Zukunftserfolg, S. 158, der diese Effekte schon vor 25 Jahren beschrieb.

ableiten als aus den Bilanzen der Vergangenheit[63]. Die Bedeutung gerade dieses Teilbereiches hängt naturgemäß sehr stark von dem Tätigkeitsfeld der betrachteten Unternehmung ab.

Diese vorgenannten drei Einflußbereiche sind gemeinsam dadurch charakterisiert, daß sie eher indirekt auf den Unternehmenserfolg wirken; sie beeinflussen in erster Linie die noch abzuhandelnden Bereiche der leistungswirtschaftlichen Auszahlungen bzw. Einzahlungen.

An leistungswirtschaftlichen Auszahlungen sind die zukünftigen geldlichen Leistungen für Personal und Sachmittel zu ermitteln. Letztere sind zu differenzieren nach Auszahlungen für Vorprodukte, Fremdleistungen (etwa Subunternehmer u. ä.) sowie für die Erneuerung der im Leistungsprozeß abgenutzten Güter. Neben der absoluten Höhe der Auszahlungen, die sich bei entsprechendem Mengenverbrauch aus den Beschaffungspreisen ableiten läßt, verdeutlicht eine solche Aufschlüsselung überblicksartig die Beschäftigungsreagibilität einer Unternehmung[64]. So sind insbesondere im Fall hoher beschäftigungsunabhängiger Auszahlungsverpflichtungen (man denke etwa an langfristige Mietverträge oder langfristige Abnahmebedingungen u. ä.) geeignete Vorkehrungen zur Anpassung zu treffen[65].

Weiterhin müssen die Beschaffungsmärkte analysiert werden. Die Substituierbarkeit von Zulieferleistungen ist ebenso zu prüfen wie mögliche preisliche Veränderungen bei Minder- oder Mehrabnahmen auf der Beschaffungsseite.

Darüber hinaus ist der leistungswirtschaftliche Einzahlungsstrom zu beachten[66]. Zunächst sind die Angebots-Nachfrage-Verhältnisse auf den relevanten Absatzmärkten zu klassifizieren (etwa Käufer- oder Verkäufermarkt)[67]. Weiterhin kommt den Wettbewerbsverhältnissen bzw. den Marktverhältnissen eine hohe Bedeutung zu. Denn die aktuellen und künftigen Geldeingänge aus Erlösen hängen c. p. sowohl vom Marktanteil bzw. dem Marktvolumen eines Unternehmens als auch von der Marktform ab[68].

Schließlich müssen die unternehmensinternen Verkaufspotentiale im weitesten Sinne im Vergleich zu den Mitbewerbern beurteilt werden.

---

[63] Man denke hier an forschungsintensive Branchen wie Chemie oder den Bereich der Software-Hersteller.

[64] Ebenso *K. Kolbe:* Theorie, S. 55 ff.

[65] Vgl. zu diesem Aspekt im größeren Zusammenhang *H. Koch:* Zur Diskussion, S. 773 - 791.

[66] Vgl. *W. Busse von Colbe:* Zukunftserfolg, S. 164 ff.

[67] Vgl. zu einzelnen Einflußgrößen *R. Buchner:* Finanzanalyse, S. 364.

[68] Vgl. zum Verhalten und Erfolg der Unternehmen in Abhängigkeit von ihrer Marktposition *P. Kotler:* Marketing-Management, S. 283 ff. mit zahlreichen praktischen Beispielen.

Hierzu zählen etwa auch Ausgewogenheit des Sortiments[69] respektive der Produktionspalette oder Schlagkraft der Verkaufsorganisation, die Qualität des Distributionssystems oder Liefergeschwindigkeit und Servicebereitschaft.

All diese hier kurz aufgeführten Teilbereiche können situationsabhängig mehr oder minder stark erfolgsbestimmend werden, müssen es aber nicht in jedem Falle. Vielmehr sind sie bei einer seriösen Unternehmensanalyse prophylaktisch diesbezüglich zu überprüfen.

bb) Schwierigkeiten der Ermittlung im Einzelfall

Nachdem wichtige Einzelbereiche des Unternehmenserfolges überblicksartig dargestellt wurden, muß auch das Problem der Beschaffung konkreter Zukunftsdaten betrachtet werden. Nicht zuletzt wegen vermeintlich oder tatsächlich mangelhafter Prognosegrundlagen wird von einem Teil der Literatur die Verwendung von reinen Zukunftserfolgen kritisiert[70].

Selbstverständlich ist zuzugestehen, daß die Einzelinformationen über die Einflußgrößen und die Wirkung auf den Unternehmenserfolg nicht leicht und vor allem nicht ohne größeren Aufwand beschaffbar sind. Selbst bei sorgfältigster Analyse verbleibt die Möglichkeit, daß unerwartete Entwicklungen die Realisierung des prognostizierten Ergebnisses verhindern. So weißt Moxter mit Recht darauf hin, daß das zur Verfügung stehende planerische Instrumentarium bezogen auf die diesbezügliche Aufgabenstellung im Rahmen der Unternehmensbewertung nicht einmal systematisch befriedigen kann[71]. Die einer so komplexen Prognoserechnung wie der Zukunftserfolgsrechnung einer Unternehmung anhaftenden Unsicherheitsmomente werden auch allgemein anerkannt[72]. All diese Probleme der Ermittlung eines Zukunftserfolges relativieren sich aber, weil den anderen Methoden der noch viel größere Makel der analytischen Unrichtigkeit anhaftet[73].

Man muß sich bei der Verwendung von Prognosen der Tatsache bewußt sein, daß die jeweils prognostizierten Werte *zum Zeitpunkt der Prognose*[74] als Maßgrößen zu verwenden sind. Führen Unvorherseh-

---

[69] Zur Bestimmung der Ausgewogenheit eines Sortiments respektive eines Geschäftsbereichs vgl. *K. H. Dunst:* Portfolio.

[70] Vgl. etwa *Ch. Olbrich:* Unternehmensbewertung, S. 44 ff. oder *B. Bellinger:* Eine Wende, speziell S. 579 ff.

[71] Vgl. *A. Moxter:* Unternehmensbewertung 1976, S. 126 f.

[72] Vgl. *W. Busse von Colbe:* Zukunftserfolg, S. 172 ff.; *H. Bergner:* Die Planung, S. 192 f.; *H. Münstermann:* Wert, S. 57 f.; *W.-R. Bretzke:* Prognoseproblem, S. 114.

[73] Vgl. *A. Moxter:* Unternehmensbewertung 1976, S. 126 f.

[74] Man verweist auch im Zusammenhang mit Unternehmensbewertungen auf das Stichtagsprinzip. So etwa *B. Bellinger:* Eine Wende, S. 576 f.; *D. J.*

barkeiten — und zwar im wörtlichen Sinne Einflüsse, die bei gründlichster Informationsbeschaffung ex ante nicht erkennbar waren — später zu den von der Prognose abweichenden tatsächlichen Werten, so kann auch das nicht gegen diese Vorgehensweise verwendet werden. Vielmehr müssen diese Wirkungen als i. a. nicht weiter reduzierbare Risiken aufgrund der Unsicherheit der Zukunft angesehen werden. Nur der Umfang des Risikos, der durch nicht ausreichende Informationsbeschaffung und -auswertung bedingt ist, steht dem Beurteilenden zur Disposition anheim.

c) Anforderungen bei der Auswahl der Informationsobjekte

aa) Vollständigkeit

Ziel der Informationsanalyse und -zusammenstellung zum Zwecke eines Prognosemodells ist eine möglichst umfassende Einbeziehung aller Einflußgrößen des Modells, die zum Zeitpunkt der Beurteilung erkennbar und beschaffbar sind. Bezogen auf eine Unternehmenswertermittlung bedeutet dies, daß möglichst alle Einflußgrößen des künftigen Unternehmenserfolges bestimmt werden müssen. Denn der Wert eines Unternehmens bemißt sich in Abhängigkeit von den zum Bewertungszeitpunkt bekannten oder doch am wahrscheinlichsten zu erwartenden Unternehmenserfolgen. Weichen die tatsächlichen hiervon später in positiver oder negativer Weise ab, so muß dies der Entwicklung des Unternehmens zugerechnet werden, ändert somit aber nicht dessen „ex-tunc-Wert“[75].

Theoretisch müßten bei wirtschaftlichen Prognosemodellen alle im weitesten Sinne wirtschaftlich bedeutsamen Variablen herangezogen werden, da jede Unternehmung, jeder Konsument dem sich wechselseitig beeinflussenden System der Gesamtwirtschaft[76] angehört. Jedoch läßt sich ohne praktische Informationsverluste eine Reihe von Variablen aus einem solchen Modell aussondern, soweit ihr Einfluß auf die betrachtete Zielgröße ohne nennenswerte Bedeutung bleibt.

Piltz: Die Unternehmensbewertung, S. 76; *A. Moxter:* Unternehmensbewertung 1983, S. 168 ff. jeweils mit weiteren Verweisen.

[75] Vgl. hierzu auch *B. Großfeld:* Unternehmensbewertung, S. 46 f.; *B. Bellinger:* Eine Wende. Beachte weiterhin die sog. Wurzeltheorie des BGH, nach der bei der Bewertung die Ereignisse außer Betracht zu bleiben haben, deren Wurzel in der Zeit nach dem Bewertungsstichtag liegt. Vgl. *U. d. BGH* v. 17. 1. 1973.

[76] Ganz exakt betrachtet kann man in einem solchen System nicht immer isoliert von abhängigen Variablen (in diesem Fall Modellzielgrößen) oder unabhängigen, somit beeinflussenden Variablen sprechen, da die so bezeichneten Größen häufig in wechselseitiger Beeinflussung stehen. Man gelangt zu dieser Klasseneinteilung vielmehr durch Schwerpunktsetzung hinsichtlich des Charakters der Modellelemente in Abhängigkeit von dem Aussagebereich.

Gemäß dem Kriterium der Materiality ist das Erfordernis der Vollständigkeit der Einbeziehung aller Wirkungsgrößen somit zu relativieren. Die Aussonderung der Variablen nach ihrem mutmaßlichen Gewicht muß aufgrund von Erfahrungswerten ggf. unter Hinzuziehung von Experten durchgeführt werden.

Die nach dieser Vorauswahl verbleibenden echten Einflußgrößen müssen jedoch Objekte der Informationsbeschaffung bleiben. Sie bestimmen sowohl die Struktur des Modells als auch die jeweiligen konkreten Ausprägungen der Zielgröße. Der Verzicht auf einen Teil der Bestimmungsgrößen bedeutet andererseits eine c. p. Verschlechterung der Informationsbasis und damit eine breitere Streuung der zu erwartenden Zielwerte[77]. Damit steigt aber auch analog das Risiko an, daß derjenige Unternehmenswert, der sich aufgrund der tatsächlich später einstellenden Unternehmenserfolge bildet, von dem prognostizierten abweicht. Eine Reduktion der einbezogenen Wertdeterminanten wird also c. p. mit Risikoerhöhung erkauft. Die Risikoerhöhung dürfte jedoch vom Umfang her nicht sehr bedeutsam sein, da auch die zugrunde liegende relative Informationsverschlechterung nur marginalen Umfang hat.

bb) Wirtschaftlichkeit

Auch die in oben beschriebener Art eingegrenzte Anzahl von Einflußgrößen zur Bestimmung des Unternehmenswertes bleibt noch zu umfangreich. Denn unter wirtschaftlichen Gesichtspunkten scheidet die Verfeinerung eines Modells durch Einbeziehung einer erhöhten Variablenanzahl dann aus, wenn deren Kosten die möglichen Vorteile der höheren Vollständigkeit des Modells übersteigen[78]. Dieses Meta-Entscheidungsproblem, den Vollständigkeitsgrad der einzubeziehenden Einflußvariablen zu bestimmen, ist nur ex post lösbar — und damit genau dann, wenn man der Lösung nicht mehr bedarf. Deshalb muß man hilfsweise im vorhinein die geschätzten Kosten der Informationsbeschaffung den geschätzten Vorteilen derselben gegenüberstellen[79]. Bezogen auf das Problem der Unternehmenswertermittlung sind Vorteile der Informationsverbesserung c. p. als Einengung des Risikos zu verstehen. Es verdichten sich also die erwarteten Zielwerte durch eine vollständigere Erfassung der relevanten Einflußgrößen, und die Streuung nimmt entsprechend ab. Diesem Vorteil muß jedoch der Preis der eventuell erheblich höheren Kosten entgegengehalten werden.

Dabei kann i. a. davon ausgegangen werden, daß der Kostenverlauf der jeweils weiteren Einbeziehung von Einflußgrößen tendenziell pro-

---

[77] Ebenso *W.-R. Bretzke:* Zur Berücksichtigung, S. 155.

[78] Vgl. *W. Ballwieser:* Komplexitätsreduktion, S. 12 ff.

[79] Vgl. *W. Ballwieser:* Komplexitätsreduktion, 13.

gressiven Charakter hat. Denn ausgehend von den relativ allgemeinen Erkenntnissen hinsichtlich der Unternehmensbewertung werden nachfolgend bei der Erforschung eines konkreten Unternehmens sukzessive spezifischere Kenntnisse und Expertenratschläge notwendig[80]. Diese werden ihrerseits immer aufwendiger, da z. B. immer weniger auf Sekundärmaterial zurückgegriffen werden kann und auf immer speziellere Analogiefälle Bezug genommen werden muß, solange dies überhaupt noch möglich bleibt.

Nur wenn die so mutmaßlich entstehenden Kosten durch die Vorteile der vollständigen Darstellung des Prognosemodells und damit den höheren Grad an Planungsgenauigkeit wenigstens kompensiert werden, kann auch unter dem Gesichtspunkt der Wirtschaftlichkeit die Ermittlung der Modelleinflußgrößen vertreten werden.

2. Der Genauigkeitsgrad der Informationsbeschaffung

a) Das Erfordernis der Genauigkeit

Neben der Bestimmung der zu verwendenden Modellvariablen stellt sich das Problem festzulegen, inwieweit und ggf. auf welche Art und Weise die Informationen *über* die Modellgrößen zu beschaffen sind[81].

Typischerweise sind die bei der Unternehmensbewertung relevanten Einflußgrößen dadurch gekennzeichnet, daß sie ihrerseits durch eine mehr oder minder große Zahl an Subvariablen determiniert werden[82]. Greift man beispielsweise die mögliche Zielvariable Entnahmemöglichkeit heraus, so läßt sich eine unmittelbare Abhängigkeit z. B. von den Umsatzerlösen, den Kreditaufnahmemöglichkeiten, den notwendigen Auszahlungen der betrachteten Periode erkennen. Im einzelnen sei dies in Abb. 5 und Abb. 6 veranschaulicht.

Ähnliches gilt auch für andere Unternehmenswertvariable.

Aus dieser Eigenschaft resultiert jedoch ein tendenziell höheres Maß an erforderlicher Tiefe der Erforschung der jeweiligen Variablen. Es müssen also in mehreren Stufen vorgeschaltete Subvariable untersucht werden. Weiterhin sind die nicht näher determinierten Einflußvariablen durch geeignete Verfahren möglichst genau zu bestimmen. Hierbei kommen primäre und sekundäre Datenbeschaffungen in Frage[83]. Unter dem

---

[80] Vgl. *H. Bergner:* Die Planung, S. 179.

[81] Die Bedeutung dieser Frage beschäftigt auch etwa *S. C. Wheelwright, S. Makridakis:* Forecasting, S. 223.

[82] Vgl. zu derartigen Aufbauschemata auch z. B. das sogenannte ROI-Verfahren, dargestellt bei *K. Koch:* Aufbau, S. 128 ff., insbes. S. 132.

[83] Vgl. zu den Datenerhebungsverfahren im einzelnen *G. Bamberg, F. Baur:* Statistik, S. 9.

Gesichtspunkt der Genauigkeit und der Adäquanz der Daten weisen die Primärerhebungen c. p. bessere Ergebnisse auf.

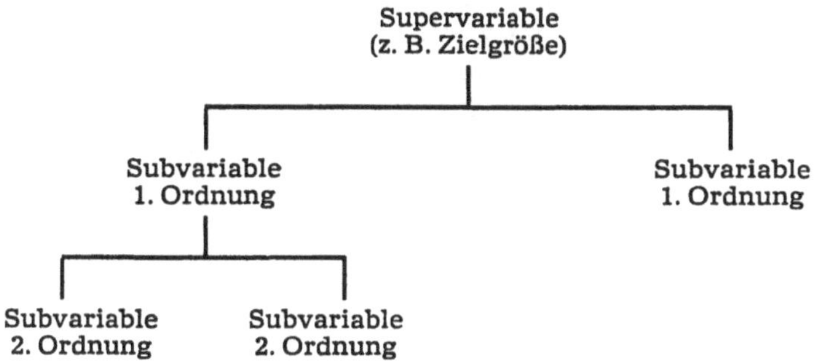

Abb. 5. Grundsätzliches Einflußgrößenschema

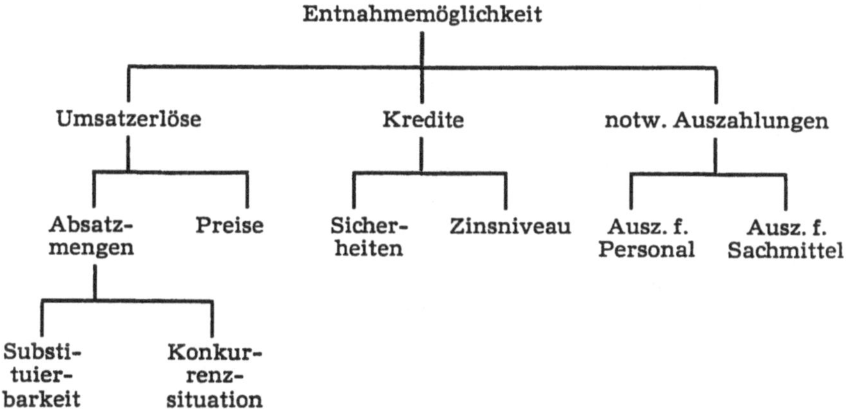

Abb. 6. Beispielhaftes konkretisiertes Einflußgrößenschema

Darüber hinaus stellen sich dem Unternehmensbewerter noch grundsätzliche Detailprobleme bzw. Schwachstellen, die es zu lösen bzw. auszumerzen gilt. Ohne Anspruch auf Vollständigkeit sei insbesondere auf mögliche Meßfehler bei der Erhebung, Probleme in der Gestaltung möglicher Fragebögen bzw. der Interviewstruktur, mangelnde Detailinformationen wie etwa fehlende Zeitangaben oder — besonders bei der Verwendung von Sekundärerhebungen — Informationsverluste aufgrund mangelnder Darstellungsklarheit der Ergebnisse des Informationslieferanten sowie Interpretationsfehler beim Benutzer hingewiesen[84].

[84] Dieses Problem ist ausführlich behandelt etwa von *S. C. Wheelwright, S. Makridakis:* Forecasting, S. 227 ff.

b) Das Optimierungsproblem

Unter den Aspekten der Fundierung der Schätzgrößen und Verfeinerung einer gegebenen Datenbasis für die einzelnen Modellelemente sind Verbesserungen der Informationen beliebig zu steigern. Dem stellt sich jedoch das Erfordernis der Wirtschaftlichkeit entgegen[85]. Da bei dieser Meta-Entscheidung im vorhinein der zusätzliche Nutzen und die zusätzlichen Kosten einer informatorischen Modellverfeinerung i. a. nicht bestimmt werden können, muß man sich auch hier mit Schätzungen begnügen[86]. Zu fundieren sind die Prognosen durch Analysen der Variablen und Ableitung von Erfahrungen aus der Vergangenheit.

Betrachtet man z. B. die Nutzenkomponente, so wird man die für die jeweilige Branche als besonders sensibel angesehenen Einflußgrößen des Unternehmenswertes tendenziell für bedeutsamer hinsichtlich des Informationswertes halten müssen und somit ihrer näheren Erforschung einen höheren Nutzen beimessen.

Unter diesem Gesichtspunkt mögen z. B. in der Speditionsbranche die zukünftigen Frachttarife der Deutschen Bundesbahn für das erwartete Frachtvolumen des Güterverkehrs von erheblicher Bedeutung sein. Infolgedessen ist die Preispolitik der Bundesbahn genau zu beobachten. Erst wenn die mutmaßlichen Kosten der intensiven Erforschung der künftigen Tarife die zu erwartenden Anpassungsvorteile aus dem Wissen um die Preise übertreffen, sollte keine detaillierte Untersuchung dieses Bereiches erfolgen.

Neben der mutmaßlichen Relevanz eines Untersuchungsbereiches für die Bestimmung des Unternehmenserfolges ist das Ausmaß der Abweichung einer ermittelten Information von dem ohne Informationsaktivität prognostizierten Wert für die Höhe des Informationsnutzens von Bedeutung[87]. So besitzt die Bestätigung einer Prognose durch zusätzlich beschaffte Informationen einen sehr geringen Wert, die Realisation einer Merkmalsausprägung am Rande des Erwartungsspektrums hingegen einen sehr hohen Wert. Denn durch die Erkenntnis eines nicht erwarteten Datenzustands werden ggf. völlig falsche Handlungskonsequenzen vermieden, die hohe Kosten nach sich gezogen hätten.

Daneben wird in der Literatur auf die Möglichkeit verwiesen, auch die Kalkülauswahl in die Disposition miteinzubeziehen[88]. Denn durch Kalkülvariation kann u. U. auf eine differenzierte Informationsbeschaf-

---

[85] So auch *A. Moxter:* Wirtschaftsprüfer, S. 415 f.

[86] Vgl. *W. Ballwieser:* Komplexitätsreduktion, S. 13.

[87] Vgl. hierzu *W.-R. Bretzke:* Prognoseproblem, S. 74 ff.

[88] Vgl. im einzelnen zu diesem Vorschlag *E. Loitlsberger:* Die Kalkülauswahl, S. 195 - 220.

fung verzichtet werden, ohne die Gefahr einer Fehlentscheidung (merklich) zu erhöhen.

D. Das zusätzlich durch eine Unternehmensveräußerung induzierte Risiko

I. Der Einfluß der Unternehmensveräußerung auf die Parameterausprägungen und -beziehungen im allgemeinen

Die bisherigen Darstellungen dieses Kapitels befaßten sich mit dem Risiko, das aus der Zukunftsschätzung der einzelnen Wertkomponenten resultiert. Es galt zunächst ein bestehendes Unternehmen ohne den einschneidenden Entwicklungsbruch der Veräußerung zu beurteilen. Genau diesem Aspekt ist nun Rechnung zu tragen.

Die Modellparameter zur Bewertung einer Unternehmung waren gemäß den Wirkungen der zu erwartenden Einflußgrößen zu bestimmen. Geht man nunmehr zusätzlich von der Voraussetzung der Veräußerung dieser Unternehmung aus, so stellt dieser Tatbestand für das Prognosemodell der Unternehmung potentiell einen Strukturbruch dar. Deshalb sind die in der Vergangenheit erhärteten Wirkungen der Einflußgrößen auf den Unternehmenserfolg um so weniger für die Zukunft repräsentativ.

Es muß auf den mutmaßlichen Zweck beziehungsweise die mögliche Zweckänderung des Käufers bei der Verwendung des Unternehmens eingegangen werden, denn die individuellen Verwendungsmöglichkeiten und Verwendungsabsichten eines Unternehmers können recht unterschiedlich sein. Diese sind jedoch für die Beurteilung der Vorteilhaftigkeit eines Unternehmenskaufs bedeutsam[89].

Daß eine bestimmte Unternehmung unterschiedlichen Eigentümern auf sehr verschiedenartige Weise Nutzen stiften kann, mögen die folgenden Aspekte verdeutlichen. So ist es denkbar, daß sich ein bestimmter Kaufinteressent durch die Einbindung des zur Disposition stehenden Unternehmens in andere bereits in seiner Hand befindliche Unternehmungen positive Verbundeffekte verspricht[90], ein anderer jedoch seine

[89] Nach überwiegender Meinung der Literatur ist unbestritten, daß der Unternehmenswert u. a. von der Art der künftigen Verwendung abhängt. Vgl. *G. Sieben, Th. Schildbach:* Zum Stand der Entwicklung, S. 461 sowie *A. Moxter:* Über „Subjektivität“, S. 485.

[90] Die Verbundeffekte treten i. d. R. bei Aufkäufen durch andere Unternehmen auf. Dieser Aspekt soll in der vorliegenden Arbeit nicht im Vordergrund stehen. Vgl. zu diesem Effekt näher etwa *H. Schierenbeck:* Beteiligungsentscheidungen, insbes. S. 61 ff.; *K. Küting:* Zur Bedeutung, S. 175 - 189; *B. Großfeld:* Bewertung, S. 772; *H. Göppl:* Unternehmensbewertung, S. 243 ff.; *W. Busse von Colbe:* Die Resonanz, S. 269 ff.

bisherigen beruflichen Erfahrungen besonders gut anwenden kann und ein dritter den mit dem Unternehmenserwerb verbundenen Arbeitsstandort besonders schätzt. Darüber hinaus ist zu beachten, daß der neue Unternehmensinhaber u. U. bestimmte Betriebszweige stillegt oder verkleinert, dafür aber aufgrund besonderer Kundenbeziehungen neue Märkte forciert bearbeitet oder aber neue Produktionstechniken einführt, andere Vertriebsmethoden wählt oder Betriebsabläufe neu organisiert[91]. Sowohl diese als willentlich bezeichneten Änderungen der Unternehmensführung als auch die sich bei einer Veräußerung zwangsweise ergebenden Abweichungen bedingen also eine zusätzliche Unsicherheitskomponente für ein Unternehmensprognosemodell und verursachen somit den zweiten Teil des Risikos einer Unternehmensbewertung.

Wichtige einzelne Merkmalsausprägungen der Unternehmung, die durch eine Veräußerung potentiell veränderbar sind, seien im folgenden analysiert.

II. Wichtige einzelne Veränderungen durch eine Unternehmensveräußerung

1. Der Wechsel der Kapitalgeber

Die Überlassung von Kapital gehört zu den wesentlichen Funktionen des Unternehmers. Anläßlich einer Unternehmensveräußerung vollzieht sich diesbezüglich ein personeller Wechsel. Um die Bedeutung dieses Umstandes zu beachten, muß auf die Funktion des Kapitalgebers eingegangen werden.

Rechtsformunabhängig erbringen die Eigentümer von Unternehmen i. a. für ihr Unternehmen zunächst einmal Leistungen in Form von Kapitalüberlassungen oder wenigstens Kapitalsurrogaten und erstrangige Haftungsübernahmen[92]. Insbesondere bei Einzelunternehmungen und Personengesellschaften — diese Unternehmensformen sollen bei der vorliegenden Betrachtung im Vordergrund stehen — begründen die Eigenkapitalgeber mit ihrer Person die Bonität und das wirtschaftliche Ansehen auch der Unternehmung im wesentlichen mit. So beeinflussen einerseits über Jahre erworbenes Vertrauen des Unternehmensinhabers bei Kunden, Lieferanten, Arbeitnehmern und sonstigen Geschäftspartnern und anderseits die Höhe des privaten Vermögens, mit dem der Unternehmer seinen Geschäftspartnern gegenüber über das betriebliche Vermögen hinaus zu haften bereit ist, die Kapitalversorgung des Unter-

---

[91] Auch Münstermann sieht die Dispositionsabhängigkeit des Unternehmenswertes. Vgl. *H. Münstermann:* Wert, S. 50.

[92] Vgl. *H. Schierenbeck:* Grundzüge, S. 264, insbes. dort die Abb. 122 mit Verweis auf *L. Perridon, M. Steiner:* Finanzwirtschaft.

nehmens. Insofern ist zu überprüfen, inwieweit der Unternehmenskäufer unter den relevanten Bezugsgruppen der Unternehmung bereits einen guten Ruf besitzt und in welchem Umfang er bereit und in der Lage ist, privates Vermögen als zusätzliche Sicherheit zu stellen.

2. *Der Wechsel in der Kapitalausstattung*

Eine für die Zukunftsentwicklung recht bedeutsame Einflußkomponente stellt der Umfang der Kapitalausstattung einer Unternehmung dar[93]. Von einer Unternehmensveräußerung bleibt i. d. R. auch die Höhe des vom Unternehmer bereitgestellten Kapitals nicht unberührt[94]. Hierbei sind verschiedene Fälle denkbar.

Einerseits ist es möglich, daß der Käufer weniger Eigenmittel für den Erwerb der Unternehmung aufbringen kann als der Verkäufer im Unternehmen gebunden hatte oder aber durch die Aufbringung eines relativ hohen Barkaufpreises die Grenzen seiner Verschuldungsmöglichkeit erreicht oder sogar überschreitet, so daß er im Falle des Kaufs einige Aktiva des erworbenen Unternehmens seinerseits veräußern muß. Die Folge ist dann, daß die Eigenkapitalbasis des Unternehmens reduziert wird bzw. die Kapitalausstattung verschlechtert wird. Dieses gilt speziell, wenn es sich um ein erfolgsträchtiges und damit c. p. teures Unternehmen handelt.

Auf der anderen Seite ist die Situation denkbar, daß ein weniger gut mit Kapital ausgestattetes Unternehmen — vielleicht gerade aus diesem Grunde — veräußert wird und der Übernehmer erwartet, durch die Bereitstellung zusätzlichen Kapitals besondere Vorteile aus dem Unternehmen zu erlangen. Nicht nur bei Sanierungsfällen ist diese Vorgehensweise durchaus plausibel, sondern auch z. B. in Branchen mit erheblichem Investitionsbedarf aufgrund vorausgegangener wichtiger Investitionen[95]. Ähnliches gilt für Branchen mit strukturellen Wettbewerbsverschärfungen, die zum Durchhalten am Markt zeitweise Verkäufe unterhalb der Vollkosten und einen entsprechenden Kapitalverzehr erfordern können.

Bei der Kapitalausstattung kann grundsätzlich unterschieden werden, ob es sich um direkte Zufuhr von Kapital oder aber um Kapitalsurrogate[96], etwa in Form von Bürgschaften, handelt. Für die hier anstehende

---

[93] Vgl. hierzu auch die beispielhafte Untersuchung von *E. Bodarwé:* Unternehmungsbewertung, S. 2374 ff. und die daraus folgenden Konsequenzen auf S. 2376, sowie *W. Elmendorff, H. Thoennes:* Einfluß, S. 35 ff.; *J. Drukarczyk:* Unternehmensbewertung, S. 72 ff.; *A. Kirschbaum:* Fremdfinanzierung.

[94] Vgl. *W. Busse von Colbe:* Zukunftserfolg, S. 146.

[95] Vgl. diesen Effekt ausführlicher und mit weiterführenden Quellen dargestellt bei *K. Rose, U. Glittenberg:* Kapitalbedarf, Sp. 999 - 1012.

[96] Vgl. *WP-Handbuch 1981,* S. 1385 ff. mit weiteren Quellen.

Betrachtung seien alle Formen der Kapitalzuführung gleichmäßig miteinbezogen.

Wie sich anhand der unterschiedlichen Wirkungen auf die künftige Unternehmensentwicklung ablesen ließ, muß der Kapitalausstattung bei der Beurteilung eines Unternehmens in herausragender Weise Rechnung getragen werden. Neben der expliziten Berücksichtigung ihrer Wirkung auf die Unternehmenserfolge ist der unmittelbaren Gefahr des Konkurses Beachtung zu schenken. Gerade durch mangelhafte Kapitalausstattung kann die Finanzlage angespannt werden, die dann ihrerseits bei ungünstigen Entwicklungen zur Zahlungsunfähigkeit führen kann[97]. Dieser zusätzliche Risikoaspekt muß bei der Unternehmenswertanalyse besonders herausgearbeitet werden.

3. *Der Wechsel in der Geschäftsleitung*

Neben der Kapitalüberlassung gehört die Ausübung der Geschäftsleitung zu den wichtigen Unternehmensfunktionen. Dieser Bereich unterliegt im Falle der Unternehmensveräußerung potentiell einer personellen Veränderung. Speziell in Einzelunternehmen bzw. Personengesellschaften ist die Geschäftsführungsfunktion per Gesetz weitgehend an die Personen der unbeschränkt haftenden (Mit-)Unternehmer gekoppelt[98].

Durch die überwiegend mit einer Unternehmensveräußerung einhergehende Veränderung der Geschäftsführung wird die Höhe des künftigen Unternehmenserfolges i. a. merklich beeinflußt[99]. So kommt der Qualität des dispositiven Faktors bei der Beurteilung der künftigen Entwicklungen eines Unternehmens eine hohe Bedeutung zu[100]. Man denke im einzelnen an den Einfluß etwa der Motivation der Mitarbeiter, der Kundenkontakte, der Kenntnis der Beschaffungsmärkte und Produktionstechnologien u. ä. auf die Höhe der künftigen Erfolge einer Unternehmung. Dabei bleibt zunächst die Frage offen, ob durch den Geschäftsführungswechsel eine Verbesserung oder eine Verschlechterung der zu erwartenden Unternehmensentwicklung bewirkt wird. Einen Überblick über typische Vor- und Nachteile eines Wechsels in der Geschäftsführung gibt die nachstehende Tabelle 6:

---

[97] Vgl. *G. Donaldson:* New Framework, S. 119 ff. Gegen einen Zusammenhang zwischen Kapitalstruktur und Konkurswahrscheinlichkeit sprechen sich bei Unterstellung idealer Marktbedingungen *R. A. Haugen, L. W. Senbet:* The Insignificance, S. 383 ff. aus. Vgl. auch *P. Swoboda:* Finanzierung, S. 136.

[98] Vgl. etwa die Regelungen der §§ 114 u. 164 HGB.

[99] Ebenso *D. Engel, R. Giese:* Die Bedeutung, S. 274.

[100] Vgl. *W. H. Staehle:* Management, S. 50 ff.; speziell für die Unternehmenswertermittlung ebenso *H. Jacobs:* Die Bedeutung, S. 45; *W. Kithrer:* Der Einfluß; *O. Hintner:* Unternehmensbewertung, S. 213.

Tabelle 6

Vor- und Nachteile eines Wechsels in der Geschäftsleitung anläßlich einer Unternehmensveräußerung

potentielle Vorteile	potentielle Nachteile
— aktuellere Ausbildung in berufsbezogenen Techniken und Fertigkeiten	— geringere Detailkenntnisse über das Unternehmen
— geringere Gefahr der Betriebsblindheit	— geringere Erfahrung in der Leitung eines Unternehmens

Ganz allgemein darf wohl davon ausgegangen werden, daß zumindest kurzzeitig die Qualität der Führungsfunktion verringert wird, da der Käufer einer Unternehmung gegenüber dem Verkäufer über weniger Detailkenntnisse verfügen dürfte. Trotz gegebenenfalls vorhandener Branchenerfahrung obliegt es der neuen Geschäftsleitung, sich in die Spezifika der konkreten Unternehmung einzuarbeiten, die Außenstehenden verborgen bleiben. Das Ausmaß und die Bedeutung dieser Einarbeitungsphase für den Unternehmenserfolg muß anhand der persönlichen Voraussetzungen des Käufers im Hinblick auf die zu erwartenden Aufgaben abgeschätzt werden.

Fehlen dem Neuunternehmer zusätzlich noch Kenntnisse, Fähigkeiten oder Erfahrungen über die selbständige Geschäftsführung etwa bei vergleichbaren Unternehmungen, so stellt dies einen zusätzlichen Gefahrenaspekt für die künftige Unternehmensentwicklung dar.

Neben diesen eher belastenden Komponenten des Geschäftsführungswechsels ergeben sich aber auch einige tendenziell positive Einflüsse. So können Ausbildungsniveau und sonstige Fähigkeiten des Neuunternehmers im Vergleich zum Verkäufer die Einarbeitungsschwächen unter Umständen überlagern[101]. Realistisch ist wohl insbesondere der Fall, daß in beruflichen Teilbereichen, in denen sich in der jüngsten Vergangenheit eine besonders schnelle Fortentwicklung vollzog und die somit einen entsprechenden Bedarf an Weiterbildung neben dem Beruf auslösten, die Kenntnisse eines jüngeren und vielleicht qualifizierter Ausgebildeten gegenüber seinen älteren Berufskollegen umfangreicher sind.

Darüber hinaus verbindet sich mit der jeweiligen personellen Veränderung die Chance, daß im Laufe der Zeit entstandene und ver-

---

[101] Die hohe Bedeutung der Fähigkeiten eines Unternehmers für den Unternehmenserfolg sieht auch *C. Zimmerer:* Die Unternehmensbewertung, S. 254.

festigte technische, organisatorische, verwaltungstechnische oder sonstige Routinen innerhalb des Unternehmens nunmehr überprüft und gegebenenfalls verbessert werden[102]. Man spricht in diesem Zusammenhang auch gelegentlich von der Überwindung der Betriebsblindheit.

Inwieweit insgesamt bei einem konkreten Wechsel in der Unternehmensleitung eher die positiven oder eher die negativen Wirkungen überwiegen und iin welchem Ausmaß die Zukunftsentwicklung hierdurch betroffen wird, muß situativ und einzelfallspezifisch beantwortet werden.

4. Der Wechsel der Firma

Bei der Übertragung einer Unternehmung stellt sich die Frage, ob die Firma vom Käufer übernommen wird. Bei Gesellschaften mit beschränkter Haftung ist die Firma per Gesellschaftsvertrag festgelegt und kann somit nur durch Korrektur desselben verändert werden[103]. Bei Einzelunternehmungen und Personengesellschaften ist die Fortführung der Firma zwar nicht notwendig, jedoch gesetzlich zulässig[104]. Mögliche Firmenwechsel und die damit möglicherweise verbundenen negativen Einflüsse sind durchaus bedeutsam und müssen insofern untersucht werden.

Einerseits kann qua Rechtsformwechsel anläßlich der Unternehmensübertragung eine Firmenänderung unumgänglich sein[105]. Andererseits sind Firmenwechsel auf freiwilliger Basis denkbar, etwa weil der Neuunternehmer aus Statusgründen den Geschäftsbetrieb unter seinem eigenen Namen führen möchte[106].

Die möglichen negativen Einflüsse des Firmenwechsels auf den künftigen Unternehmenserfolg sind wie folgt zu sehen. In den meisten Fällen haben Unternehmen im Laufe der Jahre unter ihrem Firmennamen durch zufriedenstellende Arbeit bei aktuellen und potentiellen Kunden Vertrauen erworben. Ähnliches gilt aufgrund bestimmter Abnahmemengen und prompter Bezahlung für die Beziehungen zu den Lieferanten. Schließlich sind möglicherweise zugunsten des guten Rufs der Unternehmung oder ihrer Produkte, deren Namen aus den Firmennamen abgeleitet wurden, aufwendige und erfolgreiche Werbekampagnen durchgeführt worden. All diese so geschaffenen und in die Zukunft

---

[102] Vgl. B. *Großfeld:* Rechtsproblem, S. 644; C. *Zimmerer:* Die Unternehmensbewertung, S. 254.

[103] Vgl. dazu im einzelnen die Regelungen der §§ 3 f. des GmbHG.

[104] Vgl. speziell die Regelung des § 22 HGB.

[105] Vgl. zur Bedeutung des Rechtsformwechsels anläßlich von Unternehmensveräußerungen W. *Busse von Colbe:* Zukunftserfolg, S. 144 ff. mit weiteren Verweisen.

[106] Vgl. 2. Kapitel, A. I. 2. c.

hineinwirkenden Erfolgspotentiale[107] gehen der Unternehmung zumindest teilweise durch Firmenänderung verloren bzw. müssen durch geeignete Gegenmaßnahmen[108] erhalten werden.

Unter diesem Gesichtspunkt müssen bei Firmenwechsel im Rahmen einer Veräußerung grundsätzlich zumindest monetäre Einbußen für die Zukunft erwartet werden. Das Ausmaß ist wiederum stark branchen- und situationsabhängig einzuschätzen.

III. Zusammenfassung

Die Bewertung einer Unternehmung stellt sich im Falle einer Veräußerung im Vergleich zur unveränderten Fortführung um einiges komplexer dar. Dabei lassen sich zwei Komponenten allgemeingültig herausarbeiten.

Zumindest für einen Übergangszeitraum muß mit einer tendenziellen Verschlechterung der Ertragskraft und der Entnahmemöglichkeiten im Vergleich zur Nichtveräußerung gerechnet werden. Hierbei handelt es sich um eine Pauschalaussage, so daß Einzelfallabweichungen auch in der Prognose denkbar sind. Dies gilt insbesondere, wenn die Voraussetzungen des betrachteten Falles von den o. g. Typisierungen stark abweichen. Ansonsten sprechen tendenziell sowohl verschlechterte Kapitalausstattung als auch verminderte Akzeptanz der (des) Eigenkapitalgeber(s) und Geschäftsleiter(s) sowie geringere Bekanntheit und Renomiertheit der Firma für die Gefahr einer zumindest temporären Erfolgsverminderung der Unternehmung.

Als zweites wichtiges Merkmal der Veräußerung muß die problemspezifische Erhöhung der Unsicherheit in der Zukunftsprognose erwähnt werden. Die unreflektierte Fortschreibung der Vergangenheitswerte muß dabei als wenig zielführend abgelehnt werden; vielmehr besteht die Notwendigkeit, aus den Zusammenhängen der Vergangenheit das Objekt der Prognose zu analysieren, um zu einer fundierten Zukunftsvorhersage zu gelangen. Gerade aber die zusätzlichen Änderungstatbestände bedingen weitere Abänderungen der Parameter und Parameterbeziehungen des aufgrund der Vergangenheitsanalyse erstellten Unternehmensprognosemodells. Die Wirkung der den Unternehmenserfolg beeinflussenden Modellvariablen unterliegt also noch stärker der Ungewißheit bzw. es muß für diese Variablen eine breiter gestreute

[107] Zur Bedeutung der Einstellungen und der Images als Mittel zur Erreichung ökonomischer Unternehmensziele vgl. *H. Meffert:* Marketing, S. 74 ff.

[108] Als eine Möglichkeit, das Erscheinungsbild der Unternehmung bei Kunden und Lieferanten zu verbessern, sei hier die Philosophie der "Corporate Identity" genannt. Vgl. näher dazu *D. Yoder:* Personnel Principles, S. 287 f.

Schätzung aufgestellt werden. Hierauf gründet sich das zusätzliche Risiko einer Unternehmensbewertung im Falle der Unternehmensveräußerung.

Es bleibt festzuhalten, daß sich im Falle der Unternehmensveräußerung das Bewertungsrisiko aus zwei Komponenten zusammensetzt: Zunächst besteht das allgemeine Risiko einer zukunftsorientierten Bewertung einer Unternehmung. Darüber hinaus kennzeichnet eine Unternehmensveräußerung i. a. einen derart tiefen Einschnitt in die Entwicklung der Erfolgsgrößen einer Unternehmung, daß man ihn durchaus als Strukturbruch des Prognosemodells charakterisieren kann.

Viertes Kapitel

Modalitäten zur Aufteilung des Risikos bei der Ermittlung des Unternehmensentgeltes

A. Implizite oder explizite Aufteilung des Risikos in der Unternehmensbewertungstheorie

In der Situation, über den Kauf (Verkauf) einer Unternehmung zu entscheiden, entsteht modelltheoretisch durch die Einführung der Ungewißheit eine zweite Dimension. Neben dem Ausmaß der Zielerfüllung werden die relevanten Handlungsalternativen nach dem ihnen innewohnenden Risiko taxiert. Zur Einbeziehung des Risikos in den Entscheidungskalkül wurden im Laufe der Zeit unterschiedliche Verfahren entwickelt. Einige dieser Verfahren, insbesondere ältere, nehmen eine bloß implizite Aufteilung des Risikos aus der Unternehmung auf Käufer und Verkäufer vor. Sie versuchen, durch Einzelmaßnahmen das Risiko zu „beseitigen". Neuere Verfahren hingegen versuchen das Risiko offenzulegen.

I. Vorgeschlagene Einzelmaßnahmen zur Beseitigung der Risikowirkungen

1. Vorbemerkung

Der folgenden Analyse der Einzelmaßnahmen zur Beseitigung der Risikowirkungen liegt zur Bestimmung des Unternehmenswertes grundsätzlich das Konzept des Barwertes der mutmaßlichen künftigen Gewinne[1] der Unternehmung zugrunde. Denn auch die Mehrzahl der Autoren der hier jeweils heranzuziehenden Literatur argumentiert auf der Basis dieses Modells. Dabei wird gemäß dem Going-Concern-Prinzip von unendlicher Unternehmens- und Gewinndauer ausgegangen[2].

$$UW = \sum_{t=1}^{\infty} g_t \frac{1}{(1+i)^t} \qquad (5)$$

UW = Unternehmenswert

g_t = Gewinn in Periode t

---

[1] Zum Problem, Zahlungsgrößen oder Ertragsgrößen zu verwenden vgl. *U. Schreiber:* Unternehmensbewertung, S. 79 ff. mit weiteren Verweisen.

[2] Zum Zinsfußproblem vgl. 4. Kapitel, A. I. 2. c.

In dieser Arbeit wird im allgemeinen zur Bestimmung des Unternehmenswertes auf die expliziten Konsum- bzw. Entnahmewünsche oder ersatzweise allenfalls auf die Zahlungsströme zwischen Unternehmung und Unternehmer Bezug genommen. Diese Differenzierungen sollen im folgenden Abschnitt nicht vorgenommen werden, um die Diskussion von Risikoberücksichtigungen der einzelnen Vorschläge nicht unnötig kompliziert geraten zu lassen. Auf dieser vereinheitlichten Basis soll die folgende Untersuchung durchgeführt werden.

2. *Die Darstellung der Maßnahmen im einzelnen*

a) Berücksichtigung nur begrenzter Erfolgsreihen

Insbesondere bei dem Bewertungsverfahren der Übergewinnabgeltung bzw. -verrentung[3] findet der Gedanke Einfluß, auch bei an sich unbegrenzter Unternehmensdauer die Zukunftserfolge nur einer begrenzten Anzahl von Perioden im Unternehmensbarwert anzusetzen. Die Vernachlässigung weiter in der Zukunft liegender Erfolge bildet das Risikoäquivalent. Speziell bei der Übergewinnverrentung[4] wird diese zeitliche Limitierung auf den sogenannten Übergewinn angewandt; die folgende Erörterung soll anhand dieser Variante geführt werden.

Der Übergewinn ergibt sich als Residualbestandteil des Periodengewinns nach Abzug des Bestandteils „Normalverzinsung des eingesetzten Kapitals". Dabei versteht man unter dem eingesetzten Kapital den Substanszwert[5] respektive den Teilreproduktionswert[6]. Die Normalverzinsung wird unter Heranziehung durchschnittlicher normierter Renditen, etwa verstanden als Renditen langfristiger risikoloser Wertpapieranlagen, bestimmt. Im Vergleich zum ursprünglichen Ertragswert ergibt sich folgendes:

$$UW_V = \frac{i_V \cdot B}{i_V} + \sum_{t=1}^{r} \ddot{u}_t \cdot \frac{1}{(1 + i_V)^t} \tag{6}$$

---

[3] Tatsächlich existieren hiervon einige Varianten, so etwa die Jahrkaufmethode, die Methode Leake oder etwa das sogenannte Stuttgarter Verfahren. Zu den Einzelheiten vgl. *J. Viel, O. Bredt, M. Renard:* Die Bewertung, S. 62 ff.; *A. Moxter:* Unternehmensbewertung 1976, S. 98 ff.; *H.-J. Engeleiter:* Unternehmensbewertung, S. 40 ff. Speziell zu dem für Substanzsteuern relevanten Stuttgarter Verfahren vgl. *A. Moxter:* Das „Stuttgarter Verfahren", 1585 ff.; *J. Bauer:* Ertragsteuerbelastung.

[4] Vgl. *D. Börner:* Unternehmensbewertung, S. 118; ebenso die Darstellung bei *J. Viel, O. Bredt, M. Renard:* Die Bewertung, S. 62 ff.; *H.-J. Engeleiter:* Unternehmensbewertung, S. 44 ff.; *A. Moxter:* Unternehmensbewertung 1976, S. 86 ff.; *B. Großfeld:* Bilanzrecht, S. 313 ff.

[5] So etwa bei *J. Viel, O. Bredt, M. Renard:* Die Bewertung, S. 62 f.

[6] So etwa bei *A. Moxter:* Unternehmensbewertung 1976, S. 86 ff.

(7) $$\ddot{u}_t = g_t - i_V \cdot B$$

i_V = Normalverzinsung
B = eingesetztes Kapital
r = Anzahl der Perioden der Übergewinndauer
$\ddot{u}_t$ = Übergewinn der Periode t
UW_V = Unternehmenswert bei Übergewinnverrentung

Durch die Limitierung der einzubeziehenden Gewinnreihen ergibt sich somit eine Verringerung des Barwertes um $\frac{\ddot{u}_t}{i_V} \cdot \frac{1}{(1 + i_V)^r}$, die als Risikoausgleich verstanden werden kann.

Die Abgeltung und Verteilung des Risikos zwischen Käufer und Verkäufer stellt sich wie folgt dar. Durch die Übernahme trägt der Käufer das Zukunftsrisiko in vollem Umfang allein. Hieraus erwachsen ihm Vorteile, wenn die Gewinne die erwarteten Größen übersteigen. Gleiches gilt, wenn der Unternehmenskäufer auch nach der erwarteten Übergewinndauer noch überdurchschnittliche Gewinne erzielen kann. Andererseits übernimmt er vollständig die Gefahr, nur schlechtere Unternehmensgewinne als ursprünglich vermutet zu erreichen. Der Preis dieser Risikoübernahme besteht darin, daß der Käufer im Vergleich zu der Zukunftserwartung im Bewertungszeitpunkt den Barwert möglicher Übergewinne nach Ablauf der Übergewinndauer quasi ohne Gegenleistung erhält.

Nun hängt die Wirkung dieses Preisabschlages wesentlich von der Anzahl der Perioden ab, für die im Bewertungszeitraum die Erzielung von Übergewinnen aus dem Unternehmen unterstellt wurde. Denn aufgrund der durch die Abzinsung verursachten relativen Abwertung späterer Zahlungen gegenüber früheren sind Abweichungen der prognostizierten von den später tatsächlich eintretenden Werten sehr weit in der Zukunft liegender Perioden kaum erheblich[7].

Im allgemeinen wird dem Käufer also für die Risikoübernahme ein geldwerter Vorteil gewährt. Ein solches Verfahren unterstellt bei den Vertragspartnern Risikoabneigung[8], da die Übernahme von Risiko mit anderweitigen Vorteilen, in diesem Fall finanziellen, kompensiert werden soll.

Die vorgeschlagene Maßnahme hat den Nachteil, bei Vorliegen anderer Risikoeinstellungen überhaupt nicht anwendbar zu sein. Darüber hinaus überzeugt das Verfahren aufgrund mangelnder Systematik wenig. Die Abgeltung des Risikos in so pauschaler Form, daß ab einer

---

[7] Im Ergebnis gl. A. *H. Jacobs:* Die Bedeutung, S. 16.

[8] Vgl. *W. Ballwieser:* Die Wahl, S. 101.

bestimmten Periode mehr oder weniger willkürlich die Gewinnerwartungen für den Unternehmenswert unbeachtlich bleiben, muß abgelehnt werden.

Zwar kann im allgemeinen davon ausgegangen werden, daß spätere Perioden schwieriger prognostiziert werden können und insofern die späteren Erträge größeren Risiken unterliegen. Jedoch berechtigt dieser Einwand nicht zu der Konsequenz, eben diese schwer schätzbaren Variablen einfach zu vernachlässigen bzw. pauschal zu verringern. Es bleibt zu kritisieren, daß der ursächliche Zusammenhang zwischen Risikoumfang und Wertäquivalent für denselben nicht gegeben ist. Es läßt sich nicht belegen, daß Unternehmen mit tendenziell später zu erwartenden Erträgen signifikant risikoreicher wären als solche mit relativ früher anfallenden Erfolgen.

Die dargestellte Vorgehensweise berücksichtigt deshalb die Risikowirkungen bei der Unternehmensbewertung nur recht pauschal und nur unter engen Prämissen ohne ursächliche Verbindung zum Risiko selbst. Sie ist deshalb als wenig zielführend zu qualifizieren.

b) Abschlag von der Höhe der Einzahlungsüberschüsse

Als weiterer Modus zur Berücksichtigung von Risikowirkungen wird in der Literatur ein Abschlag von der Höhe der Periodenerfolge (in unserem Modell Gewinne) vorgeschlagen[9]. Im Ergebnis führt dies dazu, daß c. p. der Unternehmensbarwert durch diese Korrektur sinkt:

Unternehmenswert ohne Risikoabschlag:

$$UW = \sum_{t=1}^{\infty} g_t \cdot \frac{1}{(1+i)^t} \tag{8}$$

Unternehmenswert mit Risikoabschlag:

$$UW_R = \sum_{t=1}^{\infty} g_t (1-y) \cdot \frac{1}{(1+i)^t} \qquad 0 < y < 1 \tag{9}$$

UW_R = Unternehmenswert bei Risikoabschlag von den Gewinnen
y = Risikoabschlagquote

Auch diese Vorgehensweise muß als sehr pauschal und undifferenziert angesehen werden[10]. Kann der einheitliche Abzug eines konstanten Bruchteils der Gewinne allenfalls damit zu rechtfertigen versucht wer-

[9] Vgl. die Darstellungen bei *H. Münstermann:* Wert, S. 57 f. u. *W. Busse von Colbe:* Der Zukunftserfolg, S. 107 f., die diesen Vorschlag nur bezüglich sog. Einzelrisiken (gegenüber andererseits dem allgemeinen Unternehmensrisiko) vertreten, sowie kritisch *K.-H. Maul:* Unternehmensbewertung, S. 578; *A. G. Coenenberg:* Monte-Carlo-Simulation, S. 795 ff.

[10] Ebenfalls kritisch *W.-R. Bretzke:* Die Nutzung, S. 214 f.

den, daß es keine Erkenntnisse gibt, die eine abweichende Vorgehensweise nahelegten, so scheint jedoch die Wirkung völlig unplausibel. Denn bei diesem Verfahren haben die Korrekturen $g \cdot y \cdot \frac{1}{(1+i)^t}$ relativ späterer Gewinne, die ja tendenziell sogar risikobehafteter sein drüften, geringere Abzüge beim Barwert zur Folge als entsprechend früher und damit sicherer anfallender Gewinne.

Spezifischen Risiken in bestimmten Perioden wird dieses Verfahren ohne weitere Modifikation ebenfalls nicht gerecht.

Brauchbar ist diese Methode nur unter der stark vereinfachenden Prämisse, daß der Abschlag von den Erträgen einer jeden Periode vom Entscheidungsträger subjektiv als exakter monetärer Ausgleich für das jeweils höhere Risiko der Geldanlage Unternehmenskauf im Vergleich zur risikoabweichenden Alternativanlage betrachtet wird. Ähnlich dem ersten Vorschlag sind auch bei diesem Konzept alternative Aufteilungen des Risikos nicht möglich; der Käufer trägt das volle Risiko, der Verkäufer kann an den vermeintlichen oder tatsächlichen Zukunftschancen seiner ehemaligen Unternehmung nicht mehr explizit partizipieren.

c) Zuschlag zum Rechenzins

aa) Darstellung der Maßnahme

Ein wichtiger Vorschlag zum Ausgleich des Risikos für den Käufer besteht darin, den zu verwendenden Rechenzins um einen „Risikozuschlag" zu erhöhen[11]. Rein finanzmathematisch führt ein solcher Zuschlag c. p. zu einer Senkung des Barwertes des Gewinnstromes:

$$UW_Z = \sum_{t=1}^{\infty} g_t \cdot \frac{1}{(1+i+b)^t} \qquad (10)$$

UW_Z = Unternehmenswert bei Risikozuschlag zum Rechenzins
b = Zinszuschlagsfaktor

Bei dieser Vorgehensweise taucht sogleich das Problem auf, daß der Rechenzins neben den Funktionen des präferenzgerechten Zeittrans-

[11] Vgl. insbes. *J. Krag:* Anmerkungen, S. 285 ff., speziell S. 289 f., der in neuerer Zeit diesen Vorschlag wieder aufgreift und m. E. befürwortet, sowie die Darstellungen bei *H. Münstermann:* Wert, S. 75 ff.; *H. Jacobs:* Die Bedeutung, S. 97 ff., insbes. S. 102, jeweils mit weiteren Verweisen, sowie kritisch *J. Viel, O. Bredt, M. Renard:* Die Bewertung, S. 127 ff.; *K.-H. Maul:* Unternehmensbewertung, S. 575; *A. G. Coenenberg:* Monte-Carlo-Simulation, S. 795; *W.-R. Bretzke:* Zur Berücksichtigung, S. 154; *G. Jaensch:* Ein einfaches Modell, S. 669 ff.
Speziell hinsichtlich des Kalkulationszinsfußes vgl. *K. Bröhl:* Der Kalkulationszinsfuß; *K. Klinger:* Zur Frage, S. 1137 - 1140 und 1172 - 1173; *W. Diez:* Der Kapitalisierungsfaktor, S. 2 - 5; *W. Ballwieser:* Die Wahl, S. 97 - 114.

formators[12] und des Opportunitätszinses[13] noch eine dritte zu erfüllen hat. Geht man von dem realistischen Fall aus, daß die zu einem Rechenzinsfuß zu amalgamierenden Einzelzinsfüße voneinander abweichen, so kann die Aussagekraft einer derart gestalteten Rechnung hinsichtlich einer der drei Funktionen u. U. nur zu Lasten der Aussagekraft der anderen zwei Funktionen verbessert werden.

Exkurs: Die Wirkung der Verwendung verschiedener Einzelzinsfüße

Im folgenden soll beispielhaft untersucht werden, wie sich die Verwendung der oben genannten Einzelzinsfüße als Rechenzins auf die Aussagekraft des jeweiligen Ergebnisses auswirkt. Dabei gelten folgende Prämissen:

— Der Entscheidungsträger bzw. die Unternehmung kann Geld relativ sicher zu 6 Prozent Jahreszins anlegen (Habenzins $i_H = 6\,\%$) und zu 12 Prozent entleihen (Sollzins $i_S = 12\,\%$).
— Der Entscheidungsträger habe eine bestimmte als optimal angesehene Entnahmeerwartung pro Periode. Unter Berücksichtigung eines spezifischen Transformationszinses von in diesem Falle 10 Prozent pro Periode (Transformationszins $i_T = 10\,\%$) sei der Entscheidungsträger bereit, bis zur Erreichung des Mindestkonsumniveaus auf einen Teil dieser Entnahme zu verzichten bzw. bis zur Erreichung seines Sättigungskonsumniveaus zusätzliche Beträge zu entnehmen.
— Zum Ausgleich des beim Unternehmenserwerb höher geschätzten Risikos wird ein Zuschlag zum ursprünglichen Zinssatz verwendet.
— Steuerliche Aspekte sowie Informationsbeschaffungsprobleme und ähnliches seien ausgeschlossen.

Bei der jeweiligen Verwendung eines der Zinsfüße als Rechenzins (i) zur Errechnung des Unternehmensbarwertes ergibt sich folgendes Polylemma:

I. Verwendung des Transformationszinsfußes ($i = i_T = 10\,\%$)

Potentiell ergeben sich folgende Fehler: Besteht für das Unternehmen in Perioden des Überschusses der Unternehmensliquidität über die Entnahmewünsche des Unternehmers die Möglichkeit zur Reduktion bestehender Kredite, so stellt der Sollzins mit 12 Prozent den relevanten Rechenzins dar. Denn mit der zunächst überschüssigen Liquidität wird die Unternehmung bestehende und rückführbare Kredite ablösen und

[12] Vgl. zu dieser Funktion *W. Diez:* Der Kapitalisierungsfaktor, S. 2, sowie *J .Krag:* Anmerkungen, S. 287.

[13] Vgl. zu dieser Funktion *D. Rückle:* Zielfunktion, S. 58, der jedoch die Opportunitätsfunktion aufspaltet in Rendite der Differenzinvestition und Finanzierungskosten.

c. p. die zwölfprozentige Verzinsung dieses Betrages einsparen. In einem solchen Fall fehlt weiterhin der Risikozuschlag; die höhere Risikoabhängigkeit eines Unternehmenserwerbs bleibt also unberücksichtigt. Die beiden vorgenannten Fehlerarten führen zwar tendenziell zur Kompensation, trotzdem ergibt dieser Vorschlag aber nur durch Zufall den situationsadäquaten Zinsfuß.

II. Verwendung des Habenzinses ($i = i_H = 6\,\%$)

Die Verwendung des Habenzinses hat ebenfalls die Fehler zur Folge, die in oben beschriebener Situation auftreten. Aber auch für den Fall, daß keine Kredite zur vorzeitigen Tilgung zur Verfügung stehen, gibt die Verwendung dieses Rechenzinses die Realität falsch wieder. Denn falls der Entscheidungsträger das Sättigungskonsumniveau noch nicht erreicht hat, wird er Liquiditätsüberschüsse des Unternehmens entnehmen, anstatt sie zu sechsprozentiger Verzinsung anzulegen. Denn so erbringen ihm diese Beträge voraussetzungsgemäß einen Nutzenvorteil, der einer zehnprozentigen Verzinsung entspricht. Erst nach Erreichen des Sättigungskonsumniveaus werden zusätzliche liquide Mittel des Unternehmens tatsächlich zu 6 Prozent angelegt werden.

III. Verwendung des Sollzinses ($i = i_S = 12\,\%$)

Die Verwendung dieses Zinses bereitet im folgenden Szenario Probleme: Sind Kreditrückführungen nicht möglich, so wären richtigerweise in Abhängigkeit vom Konsumniveau entweder 10 Prozent oder 6 Prozent als Verzinsung zusätzlicher Mittel anzusehen. Andererseits fehlt dem Zins eine explizite Berücksichtigung des Risikos durch einen Zuschlag.

Die Folge wäre einerseits c. p. eine Überbewertung der Unternehmung aufgrund des vernachlässigten Risikos (Risikoscheu unterstellt), andererseits ergäbe sich aufgrund des angenommenen Rechenzinses, der im Vergleich zur tatsächlichen Kapitalverwendung überhöht gewählt wurde, eine relative Unterbewertung der Unternehmung. Auf diesem Wege werden zwei gravierende analytische Fehler begangen, deren Wirkung auch dadurch kaum gemindert wird, daß die Fehler sich zum Teil kompensieren.

IV. Verwendung eines um einen Risikozuschlag erhöhten Basiszinses

Verwendet der Entscheidungsträger den um einen Zuschlag für das zusätzliche Risiko bei der Geldanlage „Unternehmenserwerb" erhöhten Rechenzins (als Basiszins mag der Transformationszins oder der Soll- oder Habenzins gewählt worden sein), der in diesem Fall insgesamt 20 Prozent vom Basiszins betrage, so führt das dazu, daß der positive Barwert c. p. sinkt. Im einzelnen wirkt sich die Diskontierung mit einem erhöhten Zinsfuß in der Form aus, daß bei der Berechnung des Barwertes weiter in der Zukunft liegende Gewinnerwartungen überproportional abgewertet werden. Ob dies eine adäquate Risikoberücksichtigung ist, muß offenbleiben und kann nur in Abhängigkeit von der jeweiligen Risikoneigung des Entscheidungsträgers im einzelnen beantwortet werden.

Die alternative Verwendung der drei Zinsfüße macht die Problematik deutlich, den Rechenzins mit verschiedenen divergierenden Funktionen zu überlasten.

bb) Würdigung des Vorschlags

Bei der Verwendung eines um einen Risikozuschlag erhöhten Zinsfußes werden die Vorteilhaftigkeitsüberlegungen hinischtlich der jeweiligen Differenzen zwischen Entnahmemöglichkeiten und Entnahmewünschen völlig überlagert und finden keinen Ausdruck.

Darüber hinaus ist dieser Vorschlag aus analytischen Sicht als viel zu pauschal und undifferenziert zu klassifizieren[14]. Durch die Erhöhung des Zinses wird zwar c. p. der Kaufpreis geringer und somit dem Käufer ein Risikoäquivalent in Höhe des Kaufpreisabschlages zugebilligt; ein innerer Zusammenhang zwischen der Art und Höhe des Risikos einerseits und der Kaufpreisminderung andererseits ist nicht direkt ersichtlich.

Ballwieser schlägt vor, die um einen Risikozuschlag erhöhten Rechenzinsfüße einer Plausibilitätskontrolle zu unterwerfen[15]. Dieser Vorschlag kann die grundsätzlichen Mängel der pauschalen Zinserhöhung als Risikoausgleich nicht beheben. Allerdings kann diese Überprüfung zumindest in einigen Fällen die Inkonsistenz zwischen dem Rationalverhalten eines Entscheidungsträgers und bestimmten vorgeschlagenen erhöhten Rechenzinsfüßen offenbaren.

Ähnlich dem hier zu erörternden Vorschlag wird auch in der Kapitalmarkttheorie die Erhöhung des Rechenzinses als Risikoprämie diskutiert[16]. Dabei bildet sich der Risikozuschlag aus dem Gleichgewicht eines vollkommenen Marktes. Da aber im Falle der subjektiven Unternehmensbewertung nicht davon abstrahiert werden kann, daß insbesondere Transaktionskosten, inhomogene Erwartungen der Entscheidungsträger, Unterschiede zwischen Soll- und Habenzinsfüßen, individuell verschie-

---

[14] Ebenfalls kritisch *W.-R. Bretzke:* Zur Problematik, S. 552; *W. Meilicke:* Rechtsgrundsätze, S. 2122 f. mit Bezug auf den Beschluß des OLG Celle vom 4. 4. 1979.

[15] Vgl. etwa *W. Ballwieser:* Die Wahl, speziell S. 114.

[16] Vgl. *R. Saelzle:* Investitionsentscheidungen, S. 113 ff., sowie speziell bezogen auf das Problem der Unternehmensbewertung *H. Göppl:* Unternehmungsbewertung, und *W. Ballwieser:* Komplexitätsreduktion, S. 177 ff. mit weiteren Verweisen.

dene Verschuldungsmöglichkeiten und subjektabhängige Nutzungsmöglichkeiten bestimmter Investitionsalternativen in der Realität tatsächlich bestehen, müssen Risikozuschläge zum Rechenzins für die vorliegende Analyse abgelehnt werden.

Schließlich hat dieses Zuschlagsverfahren den Nachteil, daß es allenfalls dazu dienen soll, dem Risikoträger eine Art finanziellen Ausgleich zu gewähren; es ist aber nicht geeignet eine andere Aufteilung des Risikos zwischen Käufer und Verkäufer vorzunehmen.

d) Die Orientierung an Substanzwerten/Vergangenheitswerten zwecks Risikoberücksichtigung

Anstatt bestimmte Korrekturen an den Barwertfaktoren vorzunehmen, wird auch vorgeschlagen, dem Risikoaspekt dadurch Rechnung zu tragen, daß man den Unternehmenswert nicht durch Diskontierung der künftigen Gewinne ermittelt, sondern sich bei der Berechnung an vermeintlich oder tatsächlich sicheren Größen orientiert[17]. Eine Konkretisierung dieses Vorgehens zur Unternehmensbewertung stellt die Verwendung des sogenannten Substanzwertes dar. Dieser wird teilweise als Voll-, teilweise als Teilreproduktionswert der Unternehmung verstanden[18]. Die Vorschläge zur Berechnung des Unternehmenswertes unter Benutzung des Substanzwertes reichen von dem alleinigen Ansatz des Substanzwertes als Unternehmenswert bis zur Mittelwertmethode, nach der sich der Unternehmenswert als arithmetisches Mittel aus Ertrags- und Substanzwert bildet[19].

Neben den Vermögenswerten werden auch Vergangenheitswerte, da bekannt und vermeintlich nicht mehr zufallsabhängig, zur Verwendung bei der Ermittlung des Unternehmenswertes vorgeschlagen, um Risikowirkungen zu verringern[20]. So wird dann der Wert eines Unternehmens nicht durch den Barwert der mutmaßlichen Zukunftsgewinne, sondern durch Diskontierung der Erfolge, die sich aus den Vergangenheitswerten für die Zukunft herleiten lassen, bestimmt.

---

[17] Im Ergebnis gl. A. *W. Müller:* Der Wert, S. 428 f. Vgl. auch *B. Zapf:* Podiumsdiskussion, S. 273 und *W. Dörner:* Die neue UEC-Methode, S. 662.

[18] Vgl. zu den unterschiedlichen Begriffsinhalten des Substanzwertes etwa *H. Münstermann:* Wert, S. 91 ff.; *G. Sieben:* Der Substanzwert; *J. Viel, O. Bredt, M. Renard:* Die Bewertung, S. 77 ff.; *UEC:* Die Bewertung, S. 97 ff.; *D. J. Piltz:* Die Unternehmensbewertung, S. 30 f. und vor allem *A. Moxter:* Unternehmensbewertung 1976, S. 62 ff., dem hier terminologisch gefolgt wird.

[19] Vgl. etwa *H.-J. Engeleiter:* Die Unternehmensbewertung, S. 36 ff.; *C. Helbling:* Unternehmensbewertung, S. 72 f.

[20] Vgl. dazu die Darstellungen bei *K.-H. Maul:* Probleme, S. 107 ff. mit weiteren Quellen sowie *B. Bellinger:* Eine Wende, S. 583 u. *K. Zehner:* Unternehmensbewertung, S. 2109 ff., die noch in jüngster Zeit die Relevanz der Vergangenheitswerte bei der Ermittlung der Unternehmenswerte hervorheben.

Diese Vorschläge insgesamt weisen erhebliche Schwächen auf. Das Argument, Vermögens- bzw. Vergangenheitswerte seien nicht zufallsabhängig und somit geeignet, die Risikokomponenten der Zukunftsertragswertmethode auszuschalten, kann insofern nicht überzeugen, als die vorher genannten Parameter zwar zum Teil weniger unsicher sind, jedoch andererseits in keinerlei Funktionalzusammenhang mit dem Unternehmenswert stehen. Die materiellen Vermögenswerte sowie der Wert der inneren Organisation und ähnlicher immaterieller Größen mögen mehr oder minder leicht feststellbar sein[21] — in aller Regel sind sie es nicht einmal —, über die künftigen monetären Wirkungen auf den Unternehmensinhaber sagen sie trotzdem wenig aus[22].

Gegebenenfalls lassen sich Vergangenheitsgewinne eines Unternehmens leicht feststellen; sie oder die aus ihnen formal abgeleiteten Werte beseitigen die Risikowirkung jedoch nur vordergründig betrachtet. Denn es ist davon auszugehen, daß die rein auf Vergangenheitsgrößen basierenden deterministischen Zahlungsströme mit den später tatsächlich eintretenden Größen nur in Ausnahmefällen übereinstimmen werden, da die Wertgrößen nicht aufgrund von Kausalbeziehungen bestimmt werden und somit auch Strukturbrüche unberücksichtigt bleiben[23]. Dem Entscheidungsträger wird auf diese Weise höhere Sicherheit nur vorgetäuscht.

3. Resümee der vorgeschlagenen Risikoäquivalente

Die vorgenannten Maßnahmen verfolgen den Zweck, dem Unternehmenskäufer zum Ausgleich für die Übernahme des gesamten Risikos[24] aus dem weiteren Betreiben des Unternehmens ein Äquivalent zuzubilligen bzw. das Risiko als solches zu reduzieren[25]. Wie bereits ausgeführt wurde, ist letzteres nur scheinbar möglich. Der Unternehmenswert

---

[21] Vgl. etwa *W.-R. Bretzke:* Die Nutzung, S. 203, speziell Fn. 6.

[22] Kritisch hinsichtlich der Verwendung von Substanzwerten *M. J. Matschke:* Podiumsdiskussion, S. 270; *W.-R. Bretzke:* Das Prognoseproblem, S. 112 ff.; *B. Großfeld:* Elemente, S. 196; *A. Moxter:* Die sieben Todsünden, S. 255.

[23] So formuliert *D. Börner:* Unternehmensbewertung, S. 120, prägnant: „Wer den Weg zu einem Ziel nur am Ausbaugrad von Straßen orientiert, landet nicht nur im Straßenverkehr allenfalls zufällig dort, wo er hinwill."

[24] Bei ganz exakter Betrachtung könnte man zu dem Ergebnis kommen, daß zumindest durch die Haftung innerhalb des gesetzlichen Rahmens auch für den Verkäufer für die Zeit nach dem Verkauf ein gewisses Risiko verbleibt; dieser Aspekt sei jedoch hier vernachlässigt, da er wohl kaum von hoher Bedeutung sein dürfte. Vgl. i. e. zu diesem juristischen Problem *H. P. Westermann:* Neuere Entwicklungen, S. 45 ff.

[25] Allerdings weist Bretzke mit Recht darauf hin, daß allein durch Kaufpreisminderung jedweder Art die Gefahren (in seiner Terminologie: Risiken) des Käufers schrumpfen, die des Verkäufers entsprecheend steigen. Vgl. *W.-R. Bretzke:* Die Nutzung, S. 209 ff. mit plastischem Beispiel.

ist allein durch Zukunftsgrößen determiniert und somit zufallsabhängig; auch andere Bewertungsverfahren ändern hieran nichts.

Soll dem Käufer ein monetäres Risikoäquivalent zugestanden werden, so kann ein solches Verfahren allenfalls dann überzeugen, wenn sich die Höhe der monetären Ausgleichsgröße von der Struktur und der Höhe des Risikos unter Berücksichtigung der Risikoneigung des Entscheidungsträgers ableitet[26]. Diesen Anforderungen können die oben beschriebenen Verfahren nicht genügen. Daß durch ihre Verwendung der Risikoträger z. B. besser gestellt ist als unter Vernachlässigung der Korrekturen, entspricht zwar in der Tendenz den Nutzenvorstellungen eines risikoscheuen Entscheidungsträgers — der gilt wohl im allgemeinen als typisch —, macht die Methode aber deshalb allein für die entscheidungsorientierte Unternehmensbewertung kaum geeigneter. Denn allgemein zu verwendende Verfahren sollten nicht nur auf Basis eines Teilbereiches denkbarer Risikopräferenzen aufgebaut sein[27].

Schließlich ist allen vorgenannten Verfahren gemeinsam, daß sie schon vom Ansatz her untauglich sind, die Risikowirkungen entsprechend den Vorstellungen der Transaktionspartner aufzuteilen. Würden Möglichkeiten eröffnet, den Käufer von den Risiken teilweise zu entlasten und den Verkäufer an diesen zu beteiligen, so erübrigte es sich, das Problem der Ermittlung eines angemessenen Risikoausgleichs im Rahmen der Kaufpreisbestimmung zu lösen. Dieser Gedanke soll bei dem im Abschnitt B zu erstellenden Modell aufgegriffen werden.

II. Aufteilung des Risikos zwischen Käufer- und Verkäuferpartei bei einzelnen Unternehmensbewertungsverfahren

Im folgenden werden Art und Umfang der Berücksichtigung von Risikoaspekten bei wichtigen Unternehmensbewertungsverfahren analysiert.

1. *Die Analyse ausgewählter traditioneller Verfahren*

a) Das Ertragswertverfahren

aa) Darstellung des Verfahrens

Das Ertragswertverfahren kann als das bedeutsamste Verfahren zur Unternehmensbewertung angesehen werden; es wird einerseits schon recht lange in der Literatur diskutiert, und andererseits wird ihm zu-

[26] Vgl. hierzu auch *W.-R. Bretzke:* Zur Berücksichtigung, S. 159 f., der überzeugend herausarbeitet, daß die Einbeziehung der individuellen Risikopräferenz zur Entscheidung unerläßlich ist.

[27] Vgl. ebenfalls kritisch *W.-R. Bretzke:* Das Prognoseproblem, S. 206 f.

mindest prinzipiell eine besondere Eignung zur Unternehmensbewertung attestiert[28].

Die Bezeichnung dieses Verfahrens ist bei enger Auslegung etwas mißverständlich. Denn die Ermittlung des Ertragswertes fußt keinesfalls nur auf den Erträgen im erfolgsrechnerischen Sinne[29]. Vielmehr wird der Ertragswert klassischerweise als Barwert der Differenz aus Erträgen und Aufwendungen über alle zukünftigen Perioden, in denen die Unternehmung mutmaßlich tätig bleibt, gebildet[30]. Von Spezialfällen abgesehen, geht man dabei von unendlicher Unternehmensdauer aus[31]. (Vergleiche Formel (5) auf S. 101.)

Die Bestimmung des Kalkulationszinses i, der bei der Ermittlung des Ertragswertes zu verwenden ist, bereitet bereits unter mäßig komplexen Bedingungen nicht unerhebliche Schwierigkeiten[32]. In der entscheidungsorientierten Unternehmensbewertungstheorie orientiert man sich häufig an Durchschnittszinsen, die sich an Börsen bzw. Kapitalmärkten ergeben, sofern nicht spezielle, individualbestimmte Einflußkomponenten des Zinses vorliegen.

Im Laufe der Zeit wurde immer häufiger darauf hingewiesen, den Barwert nicht anhand der Ertrags- bzw. Aufwandskomponenten, sondern anhand der Zahlungsgrößen Entnahme bzw. Einlagen zu ermitteln[33]. Auch diese Vorgehensweise wird durchaus als Ertragswertverfahren bezeichnet[34].

---

[28] Schon Schmalenbach propagierte dieses Verfahren 1917/1918. Vgl. *E. Schmalenbach:* Die Werte, S. 1 ff. Weiterhin spricht Mellerowicz schon 1952 davon, daß „die Herrschaft des Ertragswertes für die Unternehmensbewertung grundsätzlich anerkannt" sei. Vgl. *K. Mellerowicz:* Der Wert, S. 144 f. Selbst Dörner bestätigt stellvertretend für die tendenziell skeptischer gegenüber diesem Verfahren eingestellten Praktiker und die Standesvertretung der Wirtschaftsprüfer mit explizitem Verweis auf die UEC-Empfehlungen die Anerkennung der Ertragswertmethode. Vgl. *W. Dörner:* Die neue UEC-Methode, S. 657 ff., insbes. S. 66; *B. Großfeld:* Elemente, S. 196 ff.; *UEC:* Vorgehensweise von Wirtschaftsprüfern, S. 679 - 685.

[29] Eine treffendere Bezeichnung des Verfahrens mit „Ertragsüberschußrechnung" findet sich im *WP-Handbuch 1981*, S. 1275 ff.

[30] Vgl. zum Verfahren *A. Moxter:* Unternehmensbewertung, S. 9 ff. sowie *W. Meilicke:* Die Barabfindung, S. 62 ff.

[31] Neben bewußt ins Kalkül gefaßte Weiterveräußerungen der potentiellen Käufer zu einem bestimmten Zeitpunkt denke man etwa an Abbaubetriebe, deren Abbaufundus in vorhersehbarer Zeit erschöpft ist.

[32] Vgl. die Diskussion und Verweise in Kapitel 4, A. I. 2. c, speziell aber auch den Problemabriß bei *D. Rückle:* Zielfunktion, S. 52 ff.

[33] So etwa *W. Busse von Colbe:* Zukunftserfolg, S. 39 ff., der dann nicht mehr von einem Ertragswert, sondern von Erfolgswert spricht. Zu diesen beiden Begriffen vgl. *H. Lutz:* Zum Konsens, S. 151. Vgl. in neuerer Zeit für die Verwendung von Ertrags- bzw. Aufwandsgrößen *B. Hartmann:* Neuere Tendenzen, S. 1098 f.

[34] Vgl. *G. Sieben, B. Zapf* (Hrsg.): Unternehmensbewertung, S. 19; *W. Busse von Colbe:* Gesamtwert, S. 595; *H. Münstermann:* Der Zukunftsentnahme-

Für die hier vorzunehmende Risikoanalyse sei die ältere Version — Verwendung von Ertragsgrößen — zugrundegelegt, wenn auch die Orientierung an Zahlungsgrößen den mutmaßlichen Zielinhalten, wie etwa Möglichkeit zu Konsumausgaben, sehr viel eher entsprechen dürfte.

bb) Berücksichtigung des Risikos

Das Ertragswertverfahren erlaubt prinzipiell nur die Einbeziehung einer einzigen Erfolgsgröße je Periode. Bestimmt man den Unternehmenswert anhand der mit höchster Wahrscheinlichkeit zu erwartenden Unternehmenserträge — eine solche Vorgehensweise liegt unmittelbar auf der Hand und wird häufig vertreten[35] — so bleiben abweichende künftige Unternehmenserfolge ohne explizite Berücksichtigung; die möglicherweise unterschiedliche Streuung der Erfolgsgrößen als Ausdruck des Risikos einer Unternehmung wird also nicht abgebildet.

Unterstellt man eine symmetrische Verteilung der wertbestimmenden Merkmalsausprägungen, so liegt diesem Ertragswertkonzept implizit die Annahme der Risikoneutralität des Entscheidungsträgers zugrunde[36]; nur wenn der Entscheidungsträger c. p. risikoreiche Kapitalanlagen relativ sicheren gegenüber gleichschätzt, ist dieses Verfahren zweckadäquat. Ihm liegen somit sehr spezifische und wohl auch kaum allgemeingültige Prämissen zugrunde.

Auch die Aufteilung des Risikos zwischen den Vertragsparteien muß als recht einseitig empfunden werden. So wird nach der Ertragswertmethode ein Unternehmenswert nach den Erkenntnissen zum Bewertungsstichtag ermittelt, ohne in irgendeiner expliziten Form Gefahren und Chancen des Unternehmens in der Zukunft Rechnung getragen zu haben. Der Unternehmenskäufer trägt also das Risiko der künftigen Entwicklung allein, der Verkäufer bekommt als Wertäquivalent für seine Unternehmung einen festen Kaufpreis, ermittelt als Barwert der ex tunc zu erwartenden Unternehmenserfolge. Die Gefahr, bei wirtschaftlichen Schwierigkeiten des Unternehmens finanziellen Schaden zu erleiden, besteht für ihn praktisch nicht mehr.

---

wert, S. 118; *U. Schreiber:* Unternehmensbewertung, S. 79 ff. Auch Dörner tendiert offensichtlich in diese Richtung, da er mit Bezug auf die UEC-Methode „von dem Barwert der nachhaltig ausschüttbaren Erfolge“ spricht. Vgl. *W. Dörner:* Die neue UEC-Methode, S. 660. Jedoch pro Verwendung von Erträgen/Aufwendungen *Ch. Olbrich:* Unternehmensbewertung, S. 43 f.

[35] Vgl. *B. Großfeld:* Unternehmensbewertung, S. 74.

[36] Vgl. etwa *W. Ballwieser:* Die Wahl, S. 101.

b) Das Mittelwertverfahren

aa) Darstellung des Verfahrens

Das Mittelwertverfahren stellte laut Engeleiter noch 1970 das in der Praxis am häufigsten angewandte Verfahren dar[37].

Wie das Wort schon zum Ausdruck bringt, handelt es sich dabei um die Kombination zweier zunächst einzeln zu ermittelnder Werte. Den ersten dieser zwei bildet der zuvor bereits dargestellte Ertragswert. Ihm entgegengestellt wird der Substanzwert. Dieser ist ebenso wie der Ertragswert in der Literatur nicht einheitlich definiert. Überwiegend versteht man jedoch den Substanzwert als Netto-Teilreproduktionswert[38]. Dieser setzt sich zunächst aus der Summe aller notwendigen und selbständig bewertbaren Vermögensgegenstände zusammen[39]. Dabei wird die Vorstellung benutzt, die Aufwendungen für die Einzelvermögensgegenstände einer identisch nachzubauenden Unternehmung zu ermitteln[40].

Zur Ermittlung eines Netto-Substanzwertes müssen die Verbindlichkeiten von dem Bruttowert der Aktiva abgezogen werden[41]. Aus den zwei vorgenannten Einzelwerten errechnet sich der Mittelwert als arithmetisches Mittel.

$$UW_M = \frac{EW + SW}{2} \tag{11}$$

UW_M = Unternehmenswert gemäß der Mittelwertmethode
EW = Ertragswert
SW = Substanzwert

bb) Die Berücksichtigung des Risikos

Es ist zu analysieren, inwieweit bei der Mittelwertmethode von dem unter der Prämisse sicherer Erwartungen allgemein anerkannten Verfahren der Diskontierung der künftigen Erträge bzw. Zahlungsüberschüsse[42] abgewichen wird, um dem Risikoeinfluß Rechnung zu tragen.

---

[37] *H.-J. Engeleiter:* Unternehmensbewertung, S. 36. Vgl. weiterhin zur Bedeutung dieses Verfahrens *H. Jacob:* Die Methode, S. 623; *K. Trimpop:* Angemessene Gewinnverteilung, S. 432.

[38] Zur Verwendung des Teilreproduktionswertes vgl. etwa *A. Moxter:* Unternehmensbewertung 1976, S. 61 ff.; *derselbe:* Unternehmensbewertung 1983, S. 41 ff. und 84 ff.; *H.-J. Engeleiter:* Unternehmensbewertung, S. 38; *H. Münstermann:* Wert, S. 97 ff., speziell mit kritischer Analyse der Definition. Umfangreicher, nämlich unter Einbeziehung des Goodwill, ist der Substanzwert bei Käfer definiert. Vgl. *K. Käfer:* Substanz, S. 334.

[39] Vgl. *K. Hagest:* Die Ermittlung, S. 193 f.

[40] Vgl. dazu näher *K. Käfer:* Substanz, S. 399.

[41] Zur Verwendung von Netto-Substanzwerten vgl. *H. Münstermann:* Wert, S. 94 ff., speziell S. 96 mit weiteren Verweisen; vgl. auch *F. Fricke:* Besonderheiten, S. 447 f.; *W. König:* Zur Berücksichtigung, S. 370.

[42] Vgl. 3. Kapitel, B. I.

Zunächst muß unterschieden werden, ob ein im Vergleich zum Substanzwert höherer oder niedrigerer Ertragswert errechnet werden kann. Wie oben schon angedeutet, umfaßt der Substanzwert insofern nicht vollständig das zum Betreiben des Unternehmens notwendige Kapital, als alle nicht verkehrsfähigen Vermögenswerte unberücksichtigt bleiben. Das gleiche gilt für einen möglichen Geschäftswert oder Goodwill. Ohne die Schaffung derartiger immaterieller Werte — man denke hier ganz konkret an die positiven Wirkungen gerade erfolgreich durchgeführter Werbekampagnen auf die Verkäufe der Zukunft, aber auch an die Vorteile eines gut eingearbeiteten Mitarbeiterstammes — ist ein erfolgreiches Unternehmen nicht denkbar. Auf diesem Hintergrund müßte der Ertragswert eines Unternehmens den Substanzwert per se übertreffen. Denn nur wenn sich das noch über den Substanzwert hinausreichende betriebsnotwendige Kapital (also inklusive der nicht materiellen Werte) rentierlich verzinst, wird ein Investor ein solches Unternehmen aufbauen bzw. kaufen.

Eine derartige Konstellation dürfte durchaus die Regel sein. Allerdings lassen sich die oben angestellten Vorteilhaftigkeitsüberlegungen erst im nachhinein durchführen; es kann daher nicht ausgeschlossen werden, daß die ursprünglichen Zukunftserwartungen sich nicht realisieren lassen und der Ertragswert infolgedessen unter den Substanzwert absinkt[43].

Für den üblichen Fall, daß der Ertragswert den Substanzwert übersteigt, bedeutet die Verwendung der Mittelwertmethode, daß dem Käufer ein Abschlag in Höhe der halben Differenz zwischen Ertrags- und Substanzwert im Vergleich zur Verwendung der Ertragswertmethode zugute kommt. Hierin ist ein Ausgleich dafür zu sehen, daß der Käufer die Folgen der Unsicherheit in der Zukunft der Unternehmung allein trägt. Bei Unterstellung einer unendlichen Unternehmensdauer errechnet sich folgender Zusammenhang:

Bei Benutzung der Mittelwertmethode gilt:

(12) $$UW_M = \frac{EW + SW}{2} = EW - \frac{EW - SW}{2}$$

Mit q_t als Gewinnannuität bei Verwendung der Mittelwertmethode gilt:

(13) $$UW_M = \frac{q_t}{i}$$

[43] Vgl. auch *H.-J. Engeleiter:* Unternehmensbewertung, S. 39 f.; *C. Helbling:* Unternehmungsbewertung, S. 72 f.

Aus (12) und (13) folgt

$$q_t = EW \cdot i - \left(\frac{EW - SW}{2} \right) \cdot i \ . \tag{14}$$

Nach Ertragswertmethode gilt

$$UW = EW = \frac{g_t}{i} \quad \text{sowie} \tag{15}$$

$$g_t = i \cdot EW \ . \tag{16}$$

Aus der Differenz von (16) und (14) sieht man den Abschlag, den die Mittelwertmethode von den zu diskontierenden künftigen Erfolgen macht:

$$g_t - q_t = \frac{EW - SW}{2} \cdot i \tag{17}$$

Geht man von gegebenen Zukunftserwartungen hinsichtlich der Unternehmenserfolge und von einem gegebenen Rechenzins aus, so ergibt sich bei dem Verfahren der Mittelwertbildung eine indirekte Proportion zwischen dem Risikoabschlag und dem Substanzwert eines Unternehmens. Der Substanzwert übernimmt bei diesem Verfahren also ganz offensichtlich eine Art Sicherungsfunktion[44].

Bei einer derartigen Risikoberücksichtigung mangelt es an analytischem Zusammenhang[45]. Denn die Höhe des Substanzwertes kann im Zweifel Kapitalverluste weder abwenden noch abmildern. Als Teilreproduktionswert spiegelt der Substanzwert nicht einmal die denkbar ungünstigste Verwendung der Unternehmung in Form der Liquidation wider. Ein c. p. höherer Substanzwert einer Unternehmung ist also in keinem Fall per se mit einer sichereren, d. h. weniger streuenden Zukunftserwartung verbunden[46].

Vorausgesetzt, der Substanzwert wäre ein Indiz für das existierende Risiko, so ist die Aufteilung des durch ihn indizierten Risikos zwischen Käufer und Verkäufer als einseitig, nämlich zu Lasten des Käufers, und unflexibel zu qualifizieren.

---

[44] Vgl. hierzu auch die Überlegungen Schmalenbachs, der der drohenden Konkurrenzgefahr Rechnung tragen möchte. Vgl. E. *Schmalenbach:* Die Beteiligungsfinanzierung, S. 62 ff., besonders S. 67 ff.

[45] Ebenfalls kritisch gegenüber dem Mittelwertverfahren *W.-R. Bretzke:* Funktionen, S. 127, der bei Verwendung dieses Verfahrens eine zu große Komplexitätsreduktion des Unternehmensbewertungsproblems sieht.

[46] Vgl. in der Beurteilung ebenso *IdW:* Entwurf, S. 411.

c) Die Übergewinnmethode

aa) Darstellung des Verfahrens

Weiterhin ist auf das Verfahren der Übergewinnmethode einzugehen.

Man trennt den Unternehmensgewinn gedanklich in einen Normalgewinn (Verzinsung der Substanz) und einen Übergewinn[47]. Dabei wird der Normalgewinn als mehr oder minder dauernd erzielbar und somit relativ sicher betrachtet. Der Übergewinn hingegen wird als besonders flüchtig angesehen und kann deshalb nur über einen begrenzten Zeitraum als realisierbar gelten[48]. Entsprechend bildet man zwar analog der Ertragswertmethode den Barwert der künftigen Gewinne als Unternehmenswert, der Übergewinn wird aber nur gemäß seiner begrenzten Dauer einbezogen[49]. Hierbei sind zwei verschiedene Varianten zu unterscheiden[50]. Zum Basisunternehmenswert in Form des Barwertes der Normalgewinne bei unterstellter unendlicher Unternehmensdauer wird bei der Variante der Übergewinnverrentung der Barwert der Übergewinne, bei der Variante der Übergewinnabgeltung die Summe der Übergewinne über einen begrenzten Zeitraum hinzugefügt.

$$UW_V = \frac{i \cdot B}{i} + \sum_{t=1}^{r} \ddot{u}_t \frac{1}{(1+i)^t} \tag{18}$$

$$UW_B = \frac{i \cdot B}{i} + \sum_{t=1}^{r} \ddot{u}_t \tag{19}$$

UW_V = Unternehmenswert gemäß Übergewinnverrentung
r = Anzahl der Perioden der Übergewinndauer
UW_B = Unternehmenswert gemäß Übergewinnabgeltung
B = eingesetztes Kapital

Der Übergewinn wird als besonders konkurrenzgefährdet angesehen, da durch die in ihm begründete überdurchschnittliche Verzinsung gemäß der Vorstellung von vollkommenen Märkten so lange Konkurrenten angezogen werden, bis die Rendite der Unternehmung bzw. der gesamten Branche auf das Normalmaß reduziert wurde. Deshalb unterstellt man, daß auch bei der Unternehmenswertbildung von einer nur zeitlich begrenzten Dauer der Übergewinne auszugehen ist. Wie lang diese

---

[47] Vgl. *H.-J. Engeleiter:* Unternehmensbewertung, S. 44 f.

[48] So auch in der Begründung *UEC:* Die Bewertung, S. 24. Vgl. weiterhin *A. Egger:* Entwicklungstendenzen, S. 15.

[49] Vgl. *K. Käfer:* Zur Bewertung, S. 84.

[50] Zu den speziellen Verfahren vgl. *J. Viel, O. Bredt, M. Renard:* Die Bewertung, S. 62 ff. u. *UEC:* Die Bewertung, S. 78 f. Speziell zum Stuttgarter Verfahren vgl. *A. Moxter:* Unternehmensbewertung 1976, S. 98 ff. u. *derselbe:* Das „Stuttgarter Verfahren", S. 1585 - 1589; *B. Großfeld:* Bilanzrecht, S. 314 f.

Phase eingeschätzt wird, hängt wohl von der erwarteten Dauer des Marktanpassungsprozesses ab[51].

bb) Die Berücksichtigung des Risikos

Bei diesem Verfahren wird das Risiko durch zeitliche Begrenzung der einzubeziehenden Übergewinnreihen berücksichtigt[52]. Im einzelnen bedeutet diese Vorgehensweise, daß die an sich aufgrund der Datenlage bestehende Gewinnsituation durch Verringerung der erwarteten Gewinne ab einem bestimmten Zeitpunkt c. p. verschlechtert dargestellt wird. Der Tatsache, daß die Gefahr zusätzlicher Konkurrenz und damit Gewinnschmälerung droht, wird also durch die Reduzierung des Gewinnerwartungsniveaus Rechnung getragen. Für den potentiellen Käufer bedeutet dies, daß der Gefahr eines noch früheren Gewinneinbruchs die Chance der Stabilisierung oder des Ausbaus der vergangenen Gewinnsituation gegenübersteht.

Für die Gefahren einer möglichen Verschlechterung der Unternehmenssituation gegenüber der Planung erhält der Käufer bei diesem Verfahren der Übergewinnabgeltung einen finanziellen Ausgleich in Höhe des Barwertes der im Kalkül unberücksichtigten späteren Übergewinne; die Chance der besseren Entwicklung wird ihm hingegen quasi unentgeltlich geboten. Entsprechend umgekehrt stellt sich die Lage des Verkäufers dar.

Auch dieses Verfahren unterstellt damit tendenziell Risikoscheu und baut damit auf sehr speziellen Prämissen auf. Darüber hinaus ist die grundsätzliche Vorgehensweise dieses Verfahrens zu kritisieren[53]. So überzeugt es wenig, daß besonders effizient und damit überrentierlich arbeitende Unternehmen einem besonderen Konkurrenzdruck ausgesetzt sein sollen[54]. Mit wenigstens gleicher Berechtigung kann man davon ausgehen, daß solch gut geführte Unternehmen auch in Zukunft Wettbewerbsvorteile gegenüber aktuellen und potentiellen Konkurrenten besitzen werden und diese auch auf Dauer verteidigen können.

Die Aufteilung des Risikos zwischen Käufer und Verkäufer ist ähnlich wie bei den vorher besprochenen Verfahren auch bei der Übergewinnmethode recht einseitig und unflexibel. Dem Käufer bleiben alle Chancen und Gefahren, der Verkäufer erhält ein festes Entgelt.

---

[51] Ramge nennt hier typisierend einen Zeitraum von drei bis sechs Jahren. Vgl. *M. Ramge:* Die Ermittlung, S. 1090. Zu den Voraussetzungen und Entwicklungen dieser Marktanpassungen vgl. *W. Krelle:* Preistheorie, S. 392 ff.

[52] So etwa auch *A. Egger:* Probleme, S. 60, der zu den Befürwortern der Übergewinnmethode gehört.

[53] Ebenfalls kritisch *H. Jacobs:* Die Bedeutung, S. 14 ff.

[54] So etwa die Begründung bei *J. Viel, O. Bredt, M. Renard:* Die Bewertung, S. 63. Vgl. auch die Darstellung bei *D. Börner:* Unternehmensbewertung, S. 117.

2. *Die Analyse verschiedener moderner Verfahren zur expliziten Berücksichtigung des Risikos*

In diesem Abschnitt werden die klassischen Unternehmensbewertungsverfahren um ausgewählte moderne Verfahrensvorschläge ergänzt. Es handelt sich dabei um Methoden, deren Intention die explizite Verarbeitung von Risikowirkungen darstellt. Systematisch sind die vorzutragenden Ansätze nicht völlig überschneidungsfrei; vielmehr kann man sie als Methoden zur Erreichung desselben Ziels auffassen, die jedoch z. T. jeweils in unterschiedlichen Bereichen der Unternehmenswertermittlung ihren Schwerpunkt setzen und dort entsprechend detaillierter ausgearbeitet sind bzw. verschiedene Ausgangspunkte der Untersuchung beinhalten. Insofern kann man folgende Vorschläge durchaus als einander ergänzend ansehen und ggf. einzelne Komponenten verschiedener Verfahren miteinander kombinieren.

a) Der mathematische Mittelwert

aa) Darstellung des Verfahrens

Die Relevanz der zukünftigen Erfolge einer Unternehmung für die Wertermittlung ist prinzipiell allseits anerkannt[55]. Sieht man von den Vertretern in der Literatur ab, die die in der Realität nicht umgehbare Indeterminiertheit der Zukunftsentwicklungen zum Anlaß nehmen, von dem als prinzipiell richtig anerkannten Verfahren der Ermittlung des Gegenwartswertes der Zukunftserfolge gänzlich abzuweichen, so werden zur Risikoberücksichtigung Zuschläge zum Rechenzinsfuß, Abschläge von den Periodenerfolgen bzw. Einbeziehung nur begrenzter Erfolgsreihen vorgeschlagen[56]. Da diese pauschalen und damit vergröbernden Methoden einer kritischen Überprüfung nicht standhalten, müssen die Überlegungen zur Risikoberücksichtigung in eine andere Richtung gelenkt werden.

Der Entscheidungsträger sieht sich im Zeitpunkt der Entscheidung grundsätzlich einer Bandbreite verschiedener alternativ möglicher Zukunftserfolge je Periode gegenüber. Wie aus dieser Mehrzahl an Möglichkeiten die jeweils periodenspezifische Erfolgsgröße zur Ermittlung des Ertragswertes bzw. Erfolgswertes ausgewählt werden soll, wird in der älteren Literatur kaum konkret abgehandelt, da in der Regel von einem einheitlichen Repräsentativwert je Periode ausgegangen wird[57].

---

[55] Vgl. hierzu die Ausführungen und Verweise im 2. Kapitel, B. I.

[56] Vgl. hierzu die Diskussion im 4. Kapitel, A. I.

[57] Gl. A. *W. Ballwieser:* Die Wahl, S. 97. Als Beispiel für die wenig konkretisierte Darstellung der Vorgehensweise vgl. etwa *K. Mellerowicz:* Der Wert, S. 94.

Eine mögliche Konkretisierung der Ermittlung des Ertragswertes bildet der folgende Vorschlag. Aus der Vielzahl möglicher Periodenerfolge wird jeweils der mathematische Mittelwert als Repräsentativwert je Periode verwandt und durch Diskontierung dieser Größen der Ertragswert als Unternehmenswert ermittelt[58].

Dieses Vorgehen stellt besonders heraus, daß den Unternehmenskäufer in Zukunft sowohl mögliche Abweichungen der Erfolge im negativen als auch im für ihn positiven Sinne erwarten, er also sowohl Gefahren als auch Chancen übertragen erhält[59].

bb) Berücksichtigung des Risikos

Für die Verwendung mathematischer Erwartungswerte zur Abschätzung stochastischer Merkmalsausprägungen spricht im allgemeinen wie auch im speziellen bei der Lösung des Unternehmensbewertungsproblems, daß der nach statistischen Maßgrößen numerisch richtige Wert verwendet wird[60].

Es ist jedoch einschränkend hinzuzufügen, daß für die Merkmalsausprägungen der wertbestimmenden Faktoren im Rahmen der Unternehmensbewertung nur subjektive Wahrscheinlichkeiten angegeben werden können. Denn für die hierbei zu schätzenden Größen läßt sich keine feststehende Ausprägungsstruktur ermitteln, wie es etwa für die Augenzahl eines idealen Würfels möglich ist[61]. Vielmehr müssen die Wahrscheinlichkeiten durch Sachkundige oder den Entscheidungsträger selbst abgeschätzt werden. Insofern wird die Exaktheit der statistischen Berechnung durch die Qualität dieser Schätzung u. U. eingeschränkt.

Der mathematische Ertragswert des Zukunftserfolges kann auch deshalb nicht ohne weiteres als Entscheidungsgrundlage benutzt werden, weil der Entscheidungsträger über den Kauf/Verkauf eines Unternehmens, wenn nicht sogar nur einmal, so doch in der Regel nur selten zu befinden hat[62]. In solchen Fällen kann dieses Verfahren nicht ohne Rückgriff auf die jeweilige Risikoeinstellung des Entscheidungsträgers beurteilt werden[63].

---

[58] Als wichtigster Vertreter dieses Vorschlags mag Jaensch genannt sein. Vgl. *G. Jaensch:* Wert, S. 108 ff. Vgl. weiterhin die Darstellung bei *W.-R. Bretzke:* Das Prognoseproblem, S. 211 f., der das Verfahren als „μ-Prinzip" bezeichnet.

[59] So ebenfalls *H. Münstermann:* Wert, S. 76.

[60] Vgl. *G. Jaensch:* Wert, S. 108.

[61] Vgl. *W.-R. Bretzke:* Das Prognoseproblem, S. 79 ff. sowie *A. Moxter:* Unternehmensbewertung 1976, S. 140.

[62] Vgl. zur Kritik an der Verwendung des Erwartungswertes bei der Ermittlung des Unternehmenswertes *A. L. Reuter:* Die Berücksichtigung, S. 266 f.; *W. Ballwieser:* Die Wahl,S. 101; *W.-R. Bretzke:* Das Prognoseproblem, S. 214 f. Selbst Jaensch gesteht die Einschränkung der Verwendbarkeit dieses Vorschlages mehr oder minder ein. Vgl. *G. Jaensch:* Wert, S. 111.

Die Risikoneigung des Entscheidungsträgers bei quasi einmaligen, unwiederholbaren Entscheidungen mit für sich genommen erheblicher finanzieller Wirkung kann nicht ohne weiteres aus dem Verhalten in Situationen erklärt werden, in denen der Entscheidungsträger häufig wiederkehrenden gleichen oder vergleichbaren Entscheidungen mit jeweils nur begrenzaer finanzieller Auswirkung gegenübersteht und insofern der Streuung der Merkmalsausprägungen keine Beachtung zu schenken braucht.

Infolgedessen handelt es sich bei der Verwendung des mathematischen Mittelwertes um ein nicht allgemeingültig verwendbares Verfahren. Nur im Falle der Risikoneutralität führt es zu einer rationalen Entscheidung. Inwieweit eine solche Risikoneigung bei einer Entscheidung unterstellt werden kann, die sicherlich für viele Entscheidungsträger von erheblicher Bedeutung ist, kann letztlich nur schwer nachgeprüft werden; es lassen sich jedoch gute Gründe für ein eher risikoscheues Verhalten in derartigen Situationen anführen[64].

Die Aufteilung des Risikos zwischen Käufer und Verkäufer geht bei der Verwendung des mathematischen Mittelwertes als Unternehmenskaufpreis recht einseitig vonstatten: Positive oder negative Abweichungen der späteren Unternehmenserfolge von den Mittelwerten der Schätzungen betreffen nur den Käufer. Eine Beteiligung des Verkäufers an diesen Risiken ist nicht gegeben. Auch eine Berücksichtigung der Risikoneigung bei der Ermittlung des Kaufpreises findet nicht statt.

b) Verfahren der mehrwertigen Ertragsermittlung

aa) Darstellung des Verfahrens

Im folgenden werden die einander ähnlichen Vorschläge Moxters und Krags zur Berücksichtigung des Risikos in Unternehmensbewertungskalkülen diskutiert.

Aus der Kritik an der Verwendung von Substanzwerten zur Risikoberücksichtigung hat Moxter die „Multi-Ertragswert-Methode“ entwickelt[65]. Der Grundgedanke dieses Vorschlags besteht darin, die bis dahin häufig diskutierten und wohl auch angewandten Ansätze der Amalgamation von Ertrags- bzw. Entnahmekomponenten mit Risikokomponenten zu überwinden und die Mehrwertigkeit der künftigen Unternehmenserfolge dem Entscheidungsträger offen zu dokumentieren[66].

---

[63] Vgl. *W.-R. Bretzke:* Das Prognoseproblem, S. 214 f.

[64] Vgl. die Darlegungen und eingehenden Begründungen bei *H. Koch:* Theorie des Gewinn-Vorbehalts, S. 19 ff. u. *derselbe:* Zur Anwendung, S. 769 ff. mit jeweils weiteren Verweisen.

[65] Vgl. *A. Moxter:* Multi-Ertragswert-Methode, S. 189 ff.

Der Unternehmensbewerter hat dabei analytisch die Determinanten für die Entwicklung der künftigen Unternehmenserfolge zu ergründen und die jeweilige Wirkung auf die Unternehmensziele abzuschätzen. Hierbei kann die Vergangenheit der Unternehmung in begrenztem Rahmen zur Bildung von Analogieschlüssen hilfreich sein[67].

In einem zweiten Schritt sind die Eintrittswahrscheinlichkeiten der jeweiligen Determinanten bzw. Kombinationen aus Determinanten abzuschätzen, die die Zukunftserfolge maßgeblich beeinflussen[68]. Schließlich werden den für möglich gehaltenen Unternehmensentwicklungen und den daraus ermittelten Ertragswerten die Wahrscheinlichkeiten zugeordnet[69]. Bei notwendig werdenden Anpassungen der Modellgenauigkeit an die ggf. nur recht unsichere Informationsbasis bietet es sich an, die Zukunftserfolge in Intervallbreiten anzugeben und für diese Eintrittswahrscheinlichkeiten zu ermitteln[70].

Nach der Festlegung der alternativ zu erwartenden Ertragswerte einer Unternehmung und der zugehörigen Wahrscheinlichkeiten ist der Modus einer geeigneten Transformation in einen individuellen Kaufpreis- bzw. Verkaufspreisvorschlag anzugeben. Moxter konzentriert sich bei seinem Vorschlag nicht so sehr auf diesen abschließenden Schritt; sein Anliegen bei der Vorstellung der Multi-Ertragswert-Methode liegt eher darin, die Notwendigkeit der Einbeziehung mehrwertiger Zukunftserfolge in die Unternehmensbewertung zu unterstreichen. Andeutungsweise verweist er auf die Möglichkeit, die unterschiedlichen Ertragswerte nach ihren Glaubwürdigkeiten in einen individuellen Kauf- bzw. Verkaufspreis umzurechnen[71].

Krag führt einen sogenannten modifizierten Ertragswertkalkül in die Diskussion ein[72]. Dabei soll ähnlich wie bei der Moxterschen Vorgehensweise die Mehrwertigkeit der Zukunftsentwicklungen beachtet werden.

---

[66] Vgl. speziell *A. Moxter:* Unternehmensbewertung 1976, S. 151 f. u. *derselbe:* Unternehmensbewertung 1983, S. 116 ff.

[67] Moxter führt explizit ein sog. „Letztjahresprinzip" ein. Vgl. *A. Moxter:* Unternehmensbewertung 1983, S. 107 ff. Allerdings ist besondere Vorsicht bei der Verwendung von Vergangenheitsgrößen zum Zwecke der Unternehmensbewertung angebracht, da durch die Übertragung die Determinanten einer Unternehmung nicht erhalten bleiben. So auch *A. Moxter:* Unternehmensbewertung 1976, S. 153.

[68] Vgl. *A. Moxter:* Unternehmensbewertung 1976, S. 151 f.

[69] Moxter schlägt in diesem Zusammenhang die Berücksichtigung dieser Werte in Matrixzeilen vor. Vgl. *A. Moxter:* Unternehmensbewertung 1976, S. 137 ff., speziell S. 139 f.

[70] *A. Moxter:* Unternehmensbewertung 1976, S. 141.

[71] *A. Moxter:* Multi-Ertragswert-Methode, S. 200.

[72] Vgl. *J. Krag:* Die Berücksichtigung.

Aus der Sicht eines potentiellen Käufers stellt sich die Ermittlung des individuellen kritischen Kaufpreises eines Unternehmens im einzelnen wie folgt dar: Bei diesem Verfahren sind zunächst die verschiedenen möglichen Ertragswerte in Form der Barwerte der Zukunftserfolge zu ermitteln und gleichzeitig sind die jeweils zugehörigen Eintrittswahrscheinlichkeiten zu bestimmen. Unterstellt man das Vorliegen diskreter Verteilungen[73], so lassen sich beginnend mit dem höchsten Wert in absteigender Reihenfolge die kumulierten Häufigkeiten für das Erreichen bzw. Überschreiten der jeweiligen Ertragswerte berechnen. Für diese Struktur der Barwertverteilung gibt der Entscheidungsträger hernach sein Sicherheitsäquivalent an, das dann den individuellen kritischen Kaufpreis bildet.

Dieser Zusammenhang sei an einem kurzen Beispiel in Anlehnung an Krag[74] verdeutlicht. Dabei sei von folgenden Voraussetzungen ausgegangen:

— Es werden nur zwei Perioden betrachtet.

— Für Periode 1 und 2 werden nur jeweils zwei Entwicklungsmöglichkeiten, nämlich jeweils eine positive und eine negative Unternehmensentwicklung, erwartet.
  Die Höhe der Erfolge der zweiten Periode sind auch von der Höhe des Ausgangsniveaus derselben abhängig.

— Der Entscheidungsträger orientiert sich an dem Barwert der Zukunftserfolge der Unternehmung. Von nichtmonetären Zielen wird abstrahiert.

— Der relevante Rechenzins beträgt 10 Prozent pro Periode. Die Erfolge fallen jeweils am Ende der Periode an.

Die Daten ergeben sich aus der Abb. 7 auf Seite 124, den Tabellen 7 - 9 auf Seite 125, sowie den Abb. 8 und 9 auf Seite 126.

---

[73] Krag weist auch auf die Möglichkeit zur Bildung von stetigen Verteilungen etwa mit Hilfe von Simulationsverfahren hin, die allerdings keine konzeptionelle Änderung zur Folge hat. Vgl. *J. Krag:* Die Berücksichtigung, S. 445 f. Zur Simulation vgl. auch näher das Kapitel 4, A. II. 2. c.

[74] Vgl. *J. Krag:* Die Berücksichtigung, S. 442 f.

Zeitpunkt	Entwicklung	Wahrscheinlichkeit des Übergangs	Erfolg	Zeitpunkt	Entwicklung	Wahrscheinlichkeit des Übergangs	Erfolg	Zeitpunkt
					pos. Entw.	0,4	85	
	pos. Entw.	0,7	70					
					neg. Entw.	0,6	20	
t_0				t_1				t_2
					pos. Entw.	0,4	80	
	neg. Entw.	0,3	10					
					neg. Entw.	0,6	10	

Abb. 7. Übersicht über zweiperiodische Erfolgserwartung

Tabelle 7

Ermittlung der Unternehmensbarwerte

Periode 1	Periode 2	Barwerte
pos.	pos.	$70 \frac{1}{1{,}1} + 85 \frac{1}{1{,}1^2} = 133{,}88$
pos.	neg.	$70 \frac{1}{1{,}1} + 20 \frac{1}{1{,}1^2} = 80{,}17$
neg.	pos.	$10 \frac{1}{1{,}1} + 80 \frac{1}{1{,}1^2} = 75{,}21$
neg.	neg.	$10 \frac{1}{1{,}1} + 10 \frac{1}{1{,}1^2} = 17{,}36$

Tabelle 8

Zusammenstellung der Unternehmensbarwerte

Periode 2 Periode 1	pos. Entw.	neg. Entw.
pos. Entw.	133,88	80,17
neg. Entw.	75,21	17,36

Tabelle 9

Zusammestellung der Häufigkeiten

Periode 2 Periode 1	pos. Entw.	neg. Entw.
pos. Entw.	0,28	0,42
neg. Entw.	0,12	0,18

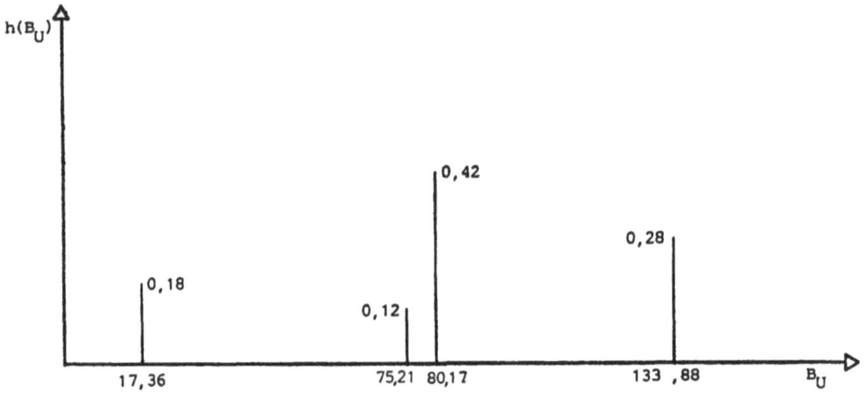

Abb. 8. Häufigkeitsverteilung der Unternehmensbarwerte

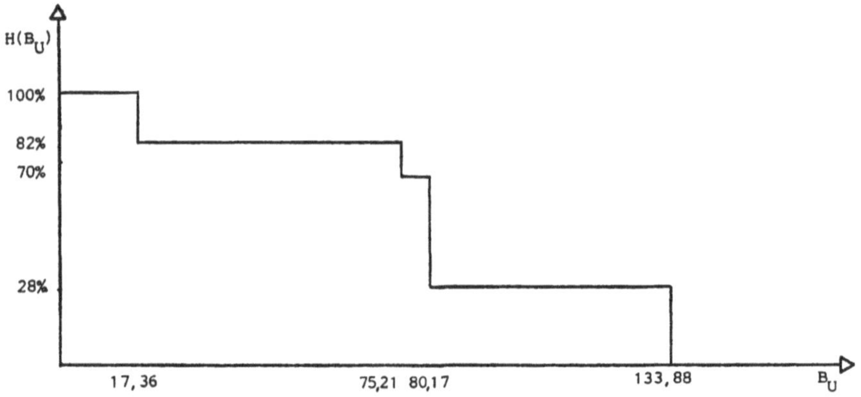

Abb. 9. Kumulierte Häufigkeitsverteilung der Unternehmensbarwerte

Der Entscheidungsträger kann also bei einer solchen Unternehmung mit Sicherheit mindestens einen Barwert von 17,36 GE erwarten, mit einer Wahrscheinlichkeit von 82 Prozent einen von mindestens 75,21 GE, mit 70 Prozent einen von mindestens 80,71 GE und mit noch 28 Prozent einen in Höhe von 133,88 GE. Der potentielle Käufer hat nun abzuwägen, welchen sicheren Barwert er einer solchen Barwertverteilung gleichschätzt. Rationalverhalten unterstellt, muß das Sicherheitsäquivalent in diesem Falle zwischen 17,36 GE und 133,88 GE liegen, da geringere bzw. höhere als vorgenannte Barwerte ausgeschlossen sind. Der Entscheidungsträger möge die vorliegende Barwertverteilung gleich hoch bewerten wie einen sicheren Barwert in Höhe von 75 GE. In diesem Fall beträgt der maximal zahlbare Unternehmenskaufpreis somit 75 GE.

bb) Die Berücksichtigung des Risikos

Der Schwerpunkt liegt bei den oben beschriebenen Verfahren in der differenzierten Darstellung der Unternehmenssituation, die auch die Ungewißheitskomponente umfaßt. Dem Risiko wird insbesondere bei der Zusammenstellung der Daten explizit Rechnung getragen. Bei der Umrechnung der mehrwertigen Ertragswerte in einen kritischen Kaufpreis ergeben sich noch Mängel, da dieser Schritt noch wenig strukturiert ist und der Entscheidungsträger damit mehr oder minder nach freiem Ermessen entscheiden muß. Bei beiden vorgestellten Konzepten findet ein Rückgriff auf die Risikoeinstellung und letztlich auf die Nutzenvorstellung des individuellen Entscheidungsträgers statt[75]. So zweckmäßig eine solche Vorgehensweise rein analytisch betrachtet erscheinen mag, so wenig erkundet ist allerdings ein empirisch geeigneter Modus zur Bestimmmung der individuellen Risikopräferenzfunktion speziell auf dem Hintergrund verschieden sicherer bzw. risikobehafteter Handlungsalternativen[76]. Denn i. a. so wenig wiederkehrende Entscheidungen wie der Kauf/Verkauf einer Unternehmung gehören sicherlich zu der Klasse der besonders wichtigen und weitreichenden Entscheidungen, etwa allenfalls noch vergleichbar Großinvestitionen, Betriebserweiterungen bzw. -stillegungen oder Fusionen. Die Risikoneigung eines Entscheidungsträgers bezüglich derart wichtiger Bereiche kann aber nicht ohne weiteres aus dem beobachtbaren Risikoverhalten bei solchen Entscheidungen abgeleitet werden, die häufig wiederholt werden und für sich genommen keine überragende Bedeutung besitzen.

Ein gemäß dem Verfahren der mehrwertigen Ertragsermittlung gebildeter Kaufpreis belastet den Verkäufer gegenüber einer risikoneutralen Bewertung insofern, als dieser für den Erhalt eines sicheren Wertes einen preislichen Abschlag in Kauf nehmen muß. Dafür übernimmt jedoch der Käufer das Risiko, daß die später eintretenden Unternehmenserfolge von den zuvor geplanten abweichen können.

c) Das Simulationsverfahren

aa) Darstellung des Verfahrens

In neuerer Zeit wird vorgeschlagen, zur Einbeziehung des Risikos bei der Berechnung der Unternehmenswerte statistische Simulationsmodelle zu verwenden[77]. Ein Simulationsmodell sei dabei verstanden als

---

[75] Vgl. *A. Moxter:* Multi-Ertragswert-Methode, S. 200 sowie *J. Krag:* Die Berücksichtigung, S. 447.

[76] Vgl. zu dem Problem der Bestimmung von Risikopräferenzfunktionen *W.-R. Bretzke:* Das Prognoseproblem, im Ergebnis zusammenfassend speziell S. 225 f.

[77] Vgl. *A. G. Coenenberg:* Monte-Carlo-Simulation; *E. M. Brunner:* Simulationsmodell; *W. R. V. Archer:* Financial Modelling Programme; *J. M. War-*

ein künstlich generiertes System, das dem abzubildenden realen System in den für die vorzunehmende Untersuchung bedeutsamen Eigenschaften möglichst nahekommt[78].

Bei der hier anstehenden Anwendung der Unternehmenswertermittlung ergibt sich daraus folgende Vorgehensweise. Da der Unternehmenswert durch die Zukunftserfolge determiniert ist, muß ein Modell für das Zustandekommen des Zukunftserfolges konzipiert werden. Ein solches Modell basiert auf stochastischen Einflußgrößen, z. B. auf der künftigen Branchennachfrage oder der Lohnentwicklung. Will man bei unterstellter diskreter Wahrscheinlichkeitsverteilung all die Unternehmensgegenwartswerte berechnen, die sich aus der Kombination aller denkbaren Ausprägungen sämtlicher Einflußgrößen bilden, so erreicht man schnell die Grenzen einer wirtschaftlichen Berechnung und gelegentlich, selbst bei EDV-Unterstützung, die Kapazitätsbeschränkungen.

Die Simulation bietet hingegen die Möglichkeit, eine genügend große Anzahl an Stichproben der Einflußgrößen zufallsbestimmt gemäß ihren mutmaßlichen vorgegebenen Wahrscheinlichkeitsverteilungen zu bestimmen und daraus die Unternehmensgegenwartswerte abzuleiten[79]. Dieser Weg gewährleistet die notwendige Wirtschaftlichkeit in der rechnerischen Auswertung eines komplexen Modells, ohne daß die Isomorphie zwischen Modell und Realität allzusehr verletzt wird.

Als Ergebnis liefert diese Vorgehensweise eine Verteilung der zu erwartenden unterschiedlichen Unternehmensbarwerte, anhand derer der Entscheidungsträger gemäß seiner Risikoneigung die Auswahl zu treffen hat.

bb) Berücksichtigung des Risikos

Gegenüber den klassischen Verfahren der Unternehmensbewertung besitzt die Verwendung der Simulation den Vorteil, die Mehrwertigkeit des Unternehmenserfolgswertes offen zu dokumentieren[80]; der Entscheidungsträger hat nach der ihm vorliegenden Bandbreite an möglichen Unternehmenswerten seine Entscheidung zu treffen. Die genaue Auswirkung des Risikos auf die Entscheidung wird durch die Berechnungsmethode der Simulation selbst nicht näher festgelegt; ihre Ver-

---

ren: An Operational Model; *W.-R. Bretzke:* Das Prognoseproblem, S. 189 ff. mit Verweisen insbes. auf S. 189, Fn. 161; *W. Ballwieser:* Komplexitätsreduktion, S. 40 ff. mit weiteren Verweisen, insbes. S. 45, Fn. 90; *O. L. Adelberger:* Simulfin; *U. Schreiber:* Unternehmensbewertung, S. 85 ff.

[78] Vgl. hierzu die Definition bei *P. Mertens:* Simulation, S. 1.

[79] Zur Anwendung der Simulation auf die Unternehmensbewertung vgl. auch Beispiele bei *A. G. Coenenberg:* Monte-Carlo-Simulation, S. 799 ff. bzw. *W.-R. Bretzke:* Das Prognoseproblem, S. 189 f.

[80] So auch *W.-R. Bretzke:* Das Prognoseproblem, S. 206; *A. G. Coenenberg:* Monte-Carlo-Simulation, S. 803 f.

fechter in der Literatur verweisen ganz allgemein auf die Notwendigkeit einer anschließenden Risikoanalyse, ohne dies inhaltlich näher zu fixieren[81]. Als Risikoanalyse wären etwa ein intuitives Entscheidungsverfahren, bei dem der Entscheidungsträger zwar keine explizite Risikoumrechnung durchführt, jedoch seine Entscheidung im Angesicht und Bewußtsein der ihm vorliegenden Barwertverteilung trifft, ebenso denkbar wie z. B. die Vorgabe maximaler Streuungswerte als Risikoobergrenze[82].

Kritisch anzumerken ist bei dem Verfahren der Simulation, daß das Risiko zwar tendenziell durch die Wiedergabe mehrwertiger Unternehmenswerte offengelegt wird, die konkrete Wirkung des Risikos auf die Entscheidung jedoch noch zu wenig spezifiziert ist[83]. Der oben ersatzweise beschriebene Rückgriff auf die Vorgabe von Risikogrenzwerten bzw. die intuitiven Entscheidungen kann letztlich unter analytischen Gesichtspunkten nicht voll befriedigen. Denn kritische Grenzwerte bleiben willkürlich und müssen nicht unabhängig von dem zu beurteilenden Entscheidungsobjekt sein. Eine Aufteilung des Risikos zwischen den zwei Parteien ist bei diesem Verfahren nicht vorgesehen; der Käufer übernimmt das volle Zukunftsrisiko der Unternehmung allein.

Bei der Verwendung der so ermittelten Berechnungsergebnisse ist die Qualität der zugrundeliegenden Datenbasis mit zu beachten. Denn die hohen Anforderungen an den Umfang und die Genauigkeit der Informationen sowie der Komplexitätsgrad des Modells können die vorhandenen oder leicht beschaffbaren Schätzungen über die Zukunftsdaten und künftigen Einflußwirkungen leicht überfordern[84]. Hieraus ergibt sich, daß die simulativ errechnete Verteilung an Unternehmensbarwerten selbst auch wieder insofern risikobehaftet ist, als zu vermutende Modelleingangsfehler erhebliche Verzerrungen der Modellergebnisse bewirkt haben könnten. Auch dieser Risikoaspekt muß dem Benutzer offengelegt werden.

[81] So etwa *A. G. Coenenberg:* Monte-Carlo-Simulation, S. 804.

[82] Vgl. Kapitel 3, A. II.

[83] Gl. A. *H. Laux:* Unternehmensbewertung, S. 527.

[84] Vgl. zu den einzelnen Problembereichen *W. Ballwieser:* Komplexitätsreduktion, S. 48 ff.

B. Risikoaufteilung durch bedingte Abgeltungskonditionen

I. Darstellung des Verfahrens

1. Ausgangspunkt der Modellerstellung

Wird der Wert eines Unternehmens unter rein monetären Gesichtspunkten durch die künftig dem Unternehmenseigner zufließenden Zahlungen von diesem Unternehmen determiniert[85], so ist die Unternehmensbewertung aufgrund der Ungewißheit der Zukunftsentwicklungen zwangsläufig risikobehaftet. Mit den bisher dargestellten Unternehmensbewertungsverfahren wurde im allgemeinen versucht, die monetären Größen durch Korrekturwerte zum Zwecke der Risikoberücksichtigung zu verändern. Das Risiko sollte durch monetäre Ausgleiche kompensiert werden.

Der folgende Vorschlag ist im Gegensatz hierzu vom Ansatz her andersartig. Es wird versucht, die Risikowirkungen ausgewogener oder den Wünschen der Transaktionspartner besser angepaßt im Wege veränderter Unternehmensveräußerungsvereinbarungen aufzuteilen.

Nun mag eingewandt werden, daß eine andere Verteilung des Risikos unter den Transaktionspartnern den Bedarf an Risikokompensationen bei den monetären Zielgrößen in keiner Weise mindere. Um diesbezüglich zu einer Klärung zu gelangen, ist es notwendig, die typische Situation der am Unternehmenskauf Beteiligten noch einmal in groben Zügen aufzugreifen[86]. Der Unternehmensverkäufer kennt in aller Regel das nahe Umfeld seiner Unternehmung, sprich Absatz- und Beschaffungsmärkte, Versorgung mit qualifiziertem Personal, rechtliche Restriktionen, Stand und Entwicklung der Technologien u. ä. sehr genau. Insofern kann er wohl am ehesten die aus all diesen Umständen in der Zukunft für die Unternehmung zu erwartenden positiven und negativen Einflüsse auf die relevanten Zielgrößen abschätzen und prognostizieren[87]. Als versierter Kaufmann wird er im Zweifel geneigt sein, diesen seinen Informationsvorsprung bei den Verkaufsverhandlungen zu seinen Gunsten auszunutzen. Konkret wird er bemüht sein, zu erwartende positive Entwicklungen möglichen Kaufinteressenten gegenüber deutlich herauszustellen und angemessen in den Unternehmensbewertungskalkül einfließen zu lassen und umgekehrt drohende Gefahren für den künftigen Geschäftsbetrieb nur vage anzudeuten oder sogar zu verschweigen[88].

---

[85] Vgl. 3. Kapitel, B. und die dort angegebene Literatur.

[86] Vgl. hierzu ausführlich das 2. Kapitel.

[87] Auch Prölss sieht einen Informationsvorsprung des Verkäufers gegenüber dem Käufer. Vgl. *J. Prölss:* Die Haftung, S. 340.

[88] Dieses Problem sieht ganz offensichtlich auch *A. Moxter:* Unternehmensbewertung 1983, S. 99 f.

Trotz der aus diesem Verhalten des Verkäufers in extremen Fällen gegebenenfalls drohenden rechtlichen Sanktionen[89] wird ein kritischer Kaufinteressent sich bewußt machen, daß die ihm von der Verkäuferseite bereitgestellten Informationen tendenziell „verkäuferfreundlich", d. h. zu positiv dargestellt sind und allein zur Kompensation dieses Effektes Zugeständnisse im Rahmen der Verhandlungen zu verlangen sind. Dieses Ausgleichsbedürfnis ist völlig unabhängig von dem oben beschriebenen zusätzlichen Bedarf an Risikoausgleich für den Risikoträger.

Da ein potentieller Käufer prinzipiell der Informationsstrategie des Verkäufers zum großen Teil ausgeliefert ist — auch die Unterstützung von Sachverständigen oder Unternehmensmaklern kann diesen Tatbestand nicht beseitigen — wird der Kaufinteressent dieses in seinem Kalkül berücksichtigen. Deshalb wird er in aller Regel von einer für seinen Standpunkt besonders vorsichtigen Zukunftsschätzung für die Unternehmung ausgehen.

Dieses bedeutet, daß asymmetrische Zukunftserwartungen und Risikoeinschätzungen zwischen Käufer und Verkäufer anzunehmen sind. Unter dieser Bedingung ist die Aufteilung des Risikos auf Käufer und Verkäufer nicht mehr vorteilhaftigkeitsneutral; die Art der Aufteilung selbst muß also in die Betrachtung einbezogen werden.

2. *Die prinzipielle Vorgehensweise*

Im Standardfall der Unternehmensbewertung und -preisbestimmung (Barwert der künftigen Entnahmemöglichkeiten) wurde eine einseitige Risikoübernahme durch den Käufer festgestellt[90]. Jede Abweichung des Unternehmenserfolges von den erwarteten Werten wirkt sich allein und in vollem Umfang zugunsten und zu Lasten des neuen Eigentümers aus; der Verkäufer bleibt von all dem ausgeschlossen.

Rein verfahrenstechnisch ließ sich eine Alternative hierzu wie folgt konzipieren: Der Verkäufer verzichtet z. T. oder vollständig auf eine Barabgeltung seiner Unternehmung[91] und akzeptiert stattdessen eine an den Unternehmenserfolg gekoppelte periodische Zahlung über einen vereinbarten begrenzten Zeitraum[92]. Somit ist ein Teil der Abgeltung

[89] Vgl. zu den Folgen von Informationsfehlern der Verkäufer vor dem Verkauf *P. Hommelhoff:* Die Sachmängelhaftung, speziell S. 69 ff.

[90] Vgl. 4. Kapitel, A.

[91] Diesbezüglich interessant ist der Hinweis, daß in praxi der Kaufpreis i. d. R. kaum bar bezahlt wird. Vgl. *K. Wessing:* Vertragsklauseln, S. 465.

[92] Vgl. diesen Gedanken auch bei *K. Quack:* Der Unternehmenskauf, S. 359. Vgl. weiterhin *R. Nonnenmacher:* Anteilsbewertung, S. 158 ff., der Kaufpreisalternativen in Ratenform diskutiert, mit Hinweisen auf die ertragsteuerlichen Wirkungen dieser Alternativen.

oder die Abgeltung insgesamt hinsichtlich ihrer Höhe stochastisch. Also trägt der Verkäufer einen mehr oder minder großen Teil des Risikos aus der Weiterführung der Unternehmung. Analog wird der Käufer von seiner Risikolast teilweise befreit. Fällt der Unternehmenserfolg schlechter aus als erwartet, so zahlt der Nacheigentümer ein geringeres Periodenentgelt an den Veräußerer.

Dieses ist die Grobstruktur des möglichen Modells zur alternativen Risikoaufteilung anhand bedingter Abgeltungskonditionen. Bezüglich der Art und der Zusammensetzung des Risikos scheint eine weitere Analyse notwendig.

3. Die unterschiedlichen Risikobestandteile und deren zweckgerechte Verteilung auf die Vertragsparteien

Wenn bereits festgestellt wurde, daß aufgrund der Abhängigkeit des Unternehmenswertes von Zukunftsparametern, für deren Ausprägungen allenfalls Schätzungen existieren, die Ermittlung eines Unternehmensbarpreises ein nicht unerhebliches Risiko impliziert, so ist dieses Risikokonglomerat hinsichtlich seiner zweckadäquaten Aufteilung im Rahmen des vorher beschriebenen Grobmodells weiter zu differenzieren. Bezüglich der Frage nach der zweckmäßigen Aufteilung des Risikos läßt es sich, wie bereits herausgearbeitet, in zwei Komponenten aufteilen[93].

Zum einen gibt es das allgemeine Existenzrisiko einer Unternehmung unter der Bedingung, daß sie vom bisherigen Eigentümer mit den im wesentlichen unveränderten Potentialen weitergeführt wird. Hiervon zu trennen ist der Risikoaspekt, der aus der Unternehmensveräußerung zusätzlich resultiert. Aus dem Wechsel des Eigentümers, der Geschäftsleitung, der Firma, der Kapitalausstattung oder ähnlicher Tatbestände ergibt sich ohne Zweifel im allgemeinen eine bedeutende Veränderung wichtiger Einflußgrößen des Unternehmenswertes. Der hieraus zu errechnende Unternehmenswert unterscheidet sich deshalb von dem Wert, der sich im Falle des Weiterverbleibs der Unternehmung in Verkäuferhand ergäbe[94].

Systematisch sind dem Verkäufer alle Chancen wie auch Gefahren zuzurechnen und beim Entgelt zu berücksichtigen, die sich aus der betrachteten Unternehmung als solcher in der Zukunft mutmaßlich bilden dürften, abstrahiert von allen Strukturbrüchen und möglichen Käuferaktivitäten[95].

---

[93] Vgl. 3. Kapitel, C. und D.

[94] So auch *F. G. Douglas:* How to Profitably, S. 6.

Die sich darüber hinaus nach einem Unternehmenserwerb einstellenden Risikokomponenten — seien es positive oder negative — beruhen auf den besonderen Leistungen bzw. Fehlern des Käufers oder stellen unvorhersehbare Zufallswirkungen dar. Erstere Kategorie ist dem Käufer und Neuunternehmer zuzurechnen[96]. Denn verbessert der Käufer das Ertragspotential der Unternehmung etwa durch Erweiterung der Kapitalbasis, das Einbringen spezieller technischer Kenntnisse oder absatzfördernder Geschäftskontakte, so dürften dem Verkäufer wohl kaum auch die Früchte dieser Maßnahmen zustehen. Auch gemäß diesem Differenzierungsbedarf ist ein Abgeltungsmodell zu konzipieren.

4. Die konkrete Ausgestaltung des Modells

Es soll versucht werden, alternativ zum Unternehmensbarverkauf ein Verfahren zur bedingten Abgeltung des Unternehmenswertes abzuleiten, bei dem der Verkäufer an den von ihm selbst noch in Gang gesetzten Aktivitäten, deren Chancen und Gefahren für einen begrenzten Zeitraum in der Zukunft beteiligt bleibt. Das Kriterium der Risikoaufteilung sei dabei der Kausalzusammenhang; der Verkäufer erhält ein Äquivalent für die Zielbeiträge, die das Unternehmen aufgrund der vergangenen und gegenwärtigen Vorausleistungen des Verkäufers erbringt. Der Käufer hingegen kann die Früchte seiner eigenen Bemühungen um den Erfolg des Unternehmens weitgehend für sich allein in Anspruch nehmen[97].

Nach dieser allgemeinen Abgrenzung stellt sich die Frage, in welcher Weise die den jeweiligen Vertragsparteien zustehenden Erfolgskomponenten ganz konkret und operational zu ermitteln sind.

Führen wir uns die Problematik an einem Beispiel vor Augen: Der bilanzielle Jahreserfolg der ersten fünf Jahre nach der Veräußerung betrage 100 000 DM. Der Verkäufer dieser Unternehmung solle laut Vereinbarung über fünf Jahre am Gewinn und damit auch Risiko in einem Verhältnis von 50 Prozent nach dem Kausalprinzip beteiligt bleiben. Stehen dem Verkäufer 50 000 DM aus dem Unternehmen zu oder mehr oder weniger? Entspricht die in der Bilanz ausgewiesene Erfolgsgröße von insgesamt 100 000 DM überhaupt dem in dieser Periode tatsächlich erzielten betriebswirtschaftlichen Gewinn[98]? Wäre

---

[95] Dies ist analog zum Stichtagsprinzip zu sehen. Vgl. dazu *A. Moxter:* Unternehmensbewertung 1983, S. 168 ff. mit ausführlichen weiterführenden Verweisen auf die Rechtsprechung.

[96] Beachte auch hierzu die von der Rechtsprechung entwickelte sog. Wurzeltheorie. Vgl. BGH, U. v. 17. 1. 1973.

[97] Vgl. zu den Auswirkungen unterschiedlicher Unternehmensführungsfähigkeiten auf den Unternehmenserfolg *WP-Handbuch 1981,* S. 1285.

[98] Der Begriff eines „betriebswirtschaftlichen Gewinns" im Sinne eines reinen Erfolgsindikators ist in der Literatur so wenig eindeutig definiert, wie

dieser Gewinn gegebenenfalls überhaupt voll ausschüttungsfähig, ohne die Existenz auf Dauer zu gefährden?

Diese Fragen sind nur recht schwer zu beantworten, ganz sicher jedoch einigermaßen seriös nur unter Zurhilfenahme sehr viel detaillierterer Informationen und präziser Vereinbarungen. Es soll in der weiteren Arbeit versucht werden, anhand bestimmter Einflußgrößen die nach dem Kausalprinzip jeder Vertragspartei zustehenden Anteile des zukünftigen Periodenerfolges sichtbar werden zu lassen. Mit Hilfe dieser Variablen bieten sich den Verhandlungsparteien Möglichkeiten der alternativen Verteilung einerseits von Barentgelt gegenüber laufendem Entgelt und andererseits des künftigen Risikos zwischen den Partnern. Es sind also hinsichtlich dieses Aufteilungserfordernisses geeignete Variablen zu bestimmen.

Im weiteren ist zunächst zu untersuchen, welche Eigenarten die Unternehmensvariablen, an die die Auszahlungsansprüche des Verkäufers gekoppelt werden sollen, vorzugsweise besitzen sollten. Anschließend muß überprüft werden, inwieweit bestimmte Variable diesen Anforderungen genügen.

II. Anforderungen an die Variablen

1. *Meßbarkeit*

Eine elementare Voraussetzung besteht darin, daß jede benutzte Variable meßbar sein sollte. Die Ausprägung einer Variablen sollte bezüglich einer Maßgröße quantifizierbar sein. Nur so ist gewährleistet, daß sich unterschiedliche Unternehmensentwicklungen auch entsprechend auf die Höhe der Auszahlungsansprüche des Verkäufers auswirken.

Als Maßgröße werden im allgemeinen monetäre Einheiten zweckmäßig sein, da wichtige Zielgrößen monetäre Art sind (etwa Gewinn, Umsatz, Kosten, Deckungsbeiträge, Entnahmen u. ä.) und weiterhin wichtige Hilfsgrößen, etwa diejenigen des Rechnungswesens oder auch einige der Marktforschung in Geldeinheiten ausgedrückt werden. Jedoch ist rein analytisch nichts gegen nichtmonetäre kardinal meßbare Einheiten der Variablen einzuwenden.

---

er sich in der Praxis aufgrund der zeitlichen Interdependenzen überhaupt ermitteln läßt. Der tatsächliche betriebswirtschaftliche Gewinn ließe sich also allenfalls nach der Beendigung des Unternehmens unter Verwendung geeigneter Konventionen über die periodische Aufwands- und Ertragsverteilung zeitanteilig bestimmen. Vgl. dazu auch *A. Moxter:* Betriebswirtschaftliche Gewinnermittlung, speziell S. 2 ff. u. 43 ff.

Daß der Bilanzerfolg nicht den objektiven ökonomischen Jahreserfolg wiedergeben kann, legt Rückle mit dem Hinweis auf die unumgängliche Zukunftsbezogenheit der Bilanz dar. Vgl. *D. Rückle:* Besteuerung, S. 108 f.

So können zum Beispiel in Branchen preislich reglementierter Märkte (Speditionswesen, Rohstahlerzeugung u. ä.) unter bestimmten Bedingungen Mengenkontingente oder Kartellquoten Verwendung finden[99].

An rein qualitativ faßbare Variablen gekoppelte Vertragsvereinbarungen sind zwar prinzipiell ebenfalls möglich; da sie die Unternehmenssituation jedoch nur sehr viel weniger differenziert abbilden können, erscheinen sie allenfalls für Spezialfälle konkret brauchbar.

2. *Eindeutige Determiniertheit*

Weiterhin müssen die Variablen bezüglich der Bestimmung im Einzelfall hinreichend determiniert sein, um mögliche Unstimmigkeiten bei der Ermittlung der Variablen im vorhinein auszuschließen. Unter diesem Gesichtspunkt erscheint es am zweckmäßigsten, die Herleitung der zu verwendenden Variablen gleich bei der Vertragsvereinbarung konkret festzulegen.

Jedoch können auch diese Vorbeugemaßnahmen unter Umständen unterlaufen werden, wenn auf die Ausprägung einer Variablen Einfluß genommen werden kann. Man denke zum Beispiel an die Manipulationsmöglichkeiten bei der Ermittlung der vertikalen Bilanzrelationen durch Bilanzverkürzungen bzw. -verlängerungen zum Abschlußstichtag[100]. Diese Art der Variablen, die zwar formal determiniert sind, inhaltlich jedoch manipulierbar bleiben, ist tendenziell ungeeignet, als Indikator für bedingte Auszahlungsvereinbarungen verwandt zu werden.

3. *Nachprüfbarkeit*

Eng mit der Determiniertheit hängt die Nachprüfbarkeit einer Variablen zusammen. Diesem Erfordernis kommt besondere Bedeutung zu.

Vergegenwärtigt man sich die Situation einer Unternehmensveräußerung, so ist festzustellen, daß sich das Objekt der Transaktion und damit faktisch die alleinige Quelle aller relevanten Variablen im Handlungs-

---

[99] Man beachte die Umstände des Verkaufs der Theodor Wuppermann GmbH in jüngster Zeit, die die eigentümlichen Wirkungen reglementierter Märkte auf die Unternehmenspreisbildung verdeutlichen. So versuchten u. a. die durch die Quotenregelungen des Stahlmarktes besonders hart getroffenen Klöckner-Werke durch den Erwerb dieses mittelständischen Unternehmens zusätzliche Absatzquoten zu erhalten, um Stahlprodukte ihrer eigenen Fertigungsstätten in vermehrtem Umfang verkaufen zu können. Die Folge wäre eine weitgehende Stillegung der zu erwerbenden Unternehmung gewesen. Denn diesem Kaufinteressenten ging es beim Unternehmenskauf allein um die Übernahme der Wuppermannschen Verkaufsquoten; die „Rest-Unternehmung" wäre für die Klöckner-Werke völlig ohne Bedeutung gewesen. Siehe hierzu *H. Uebbing:* Der Skandal, S. 11.

[100] Zur Kritik vergleiche auch *U. Leffson:* Bilanzanalyse, S. 79 ff.

bereich des Neueigentümers befindet. Einschränkungen sind allenfalls in den Fällen zu machen, in denen der Verkäufer als Konkurrent, Lieferant, Kunde u. ä. des veräußerten Unternehmens auftritt und aus dieser Funktion einen nicht unmaßgeblichen Einfluß auf die Unternehmung ausüben kann[101].

Insofern kommt dem Käufer im allgemeinen die Aufgabe und damit das Recht zu, die Ausprägungen der Variablen in den jeweiligen Perioden zu ermitteln oder doch wenigstens die Daten zur Ermittlung derselben zur Verfügung zu stellen. Um der Willkür des Käufers nicht ausgeliefert zu sein, muß dem Verkäufer die Möglichkeit zustehen, die Herleitung der jeweiligen Variablenausprägungen nachzuvollziehen und nachzuprüfen[102]. Diese Nachprüfbarkeit setzt aber voraus, daß die notwendigen Daten über die Unternehmung dem Verkäufer zugänglich gemacht werden, bzw. gemacht werden dürfen[103]. Dem stehen aber gegebenenfalls Datenschutzgesichtspunkte des Käufers gegenüber. Dabei kann es sich um objektive Datenschutzerfordernisse etwa in Form von Vertrauensverpflichtungen gegenüber Dritten handeln. Weiterhin sind subjektive Datenschutzgesichtspunkte denkbar, die darin bestehen können, daß der Neuunternehmer gegenüber jeglicher Art von Publizität geschützt werden möchte.

Soweit die zur Disposition stehenden Variablen nicht mit vorgenannten Datenschutzerfordernissen in Konflikt stehen, können diese unter dem hier vorliegenden Kriterium Verwendung finden. Unterliegen die Variablen jedoch einer höheren Diskretion, so ist zunächst zu prüfen, inwieweit gegebenenfalls zur Verschwiegenheit verpflichtete Sachverständige die Kontrollfunktion des Verkäufers übernehmen können. Scheidet auch diese Lösung aus, so ist eine bestimmte Variable unter dem Gesichtspunkt der Nachprüfbarkeit negativ zu beurteilen.

4. *Zieladäquanz*

a) Zieladäquanz im allgemeinen

Die zu verwendenden Variablen sollten in einem inneren Zusammenhang zu den relevanten Zielgrößen der Entscheidungsträger stehen. Steigt z. B. der Zielbeitrag der Unternehmung im Vorjahresvergleich, so sollte dies an den Variablen in entsprechendem Ausmaß erkennbar sein.

---

[101] *K. Wessing:* Vertragsklauseln, S. 469, verweist darauf, daß typische Verträge jedoch Wettbewerbsverbote über wenigstens fünf Jahre beinhalten.

[102] Vgl. zum Nachprüfbarkeitsproblem *A. Moxter:* Unternehmensbewertung 1983, S. 99.

[103] Ganz offensichtlich ist eine Überprüfung der Bewertungsgrundlagen vor dem Verkauf in der Praxis eher die Ausnahme. So etwa *K. Quack:* Der Unternehmenskauf, S. 354 f.

Im allgemeinen ist eine vollständige funktionelle Korrelation zwischen nur einer Variablen und einer Zielgröße schon kaum gegeben. Noch komplexer stellt sich das Problem der Übereinstimmung von Variablen und Zielgrößenausprägungen bei mehreren zu berücksichtigenden Zielgrößen. In solchen Fällen bietet sich allenfalls die Verwendung eines zieladäquaten Variablensets an, aus dem eine künstliche Super-Variable gebildet wird. Dabei wären die unterschiedlichen Einzelzielgrößen entsprechend ihren jeweiligen Bedeutungen zu gewichten.

Es bleibt zudem die Frage, ob sich allgemein eine Zielgröße oder eine Zielgrößenkombination finden läßt, die als Indikator für die laufenden Abgeltungszahlungen des Käufers an den Verkäufer geeignet erscheint. Wie eingehende Situations- und Zielanalysen bestätigen, ergibt sich der jeweils situationsabhängige Käufer- und Verkäuferunternehmenswert unter Heranziehung mehrerer monetärer und nichtmonetärer Zielgrößen[104].

Für das vorliegende Modell erscheint jedoch mit Einschränkungen nur eine mit einer monetären Jahreserfolgsgröße in Beziehung stehende Variable geeignet zu sein. Denn einerseits ist auch die resultierende Variable, nämlich die Abgeltungszahlung, eine monetäre Größe und andererseits dürften die monetären Ziele wohl in keinem Zielbündel eines Entscheidungsträgers fehlen; dieser Bereich dürfte deshalb besonders konfliktär und damit regelungsbedürftig sein.

Aus den vorgenannten Gründen erscheinen im allgemeinen auf monetäre Zielgrößen bezogene Variable besonders geeignet; darüber hinaus könnten u. U. bestimmte Arten von Mengengrößen ebenfalls gut brauchbar sein.

b) Zieladäquanz unter Berücksichtigung des Moral-Hazard-Effektes

Bei der Beurteilung der Zieladäquanz einer Variablen ist der sogenannte Moral-Hazard-Effekt von Bedeutung. Dieser besagt, daß sich c. p. durch Übertragen des Risikos oder eines Teils desselben auf Dritte das Verhalten eines Entscheidungsträgers verändert und als Folge hiervon die Struktur der erwarteten Merkmalsausprägungen verschlechtert[105]. An einem Beispiel aus dem Versicherungsbereich verdeutlicht, bedeutet der Moral-Hazard-Effekt, daß der Dritten zugefügte Schaden im Privatbereich unter Haftpflichtversicherten signifikant höher ist als unter Nichtversicherten. Die Ursache für dieses Phänomen dürfte im weniger sorgfältigen Verhalten, aber auch im Fingieren von Schadensfällen der Versicherten zu suchen sein.

---

104 Vgl. 2. Kapitel, A. I.

105 Vgl. *Ch. Seidl:* Moral-Hazard, S. 425 ff., insbes. S. 431.

Bezogen auf den vorliegenden Fall der Unternehmenspreisermittlung ist aus Verkäufersicht zu beachten, daß die zur Kaufpreisabgeltung zu verwendenden Variablen so gewählt werden, daß einer möglichen Verhaltensänderung des Käufers mit negativen Folgen auf die Höhe der Abgeltungszahlungen und der Risikoabwälzung auf die Verkäuferpartei möglichst vorgebeugt wird.

Insofern kann eine Variable nur dann in diesem Sinn zieladäquat genannt werden, wenn auch bei ihrer Verwendung als Abgeltungsindikator trotz der veränderten Risikoaufteilung von Seiten des Käufers als Verwalter auch der Verkäuferinteressen die gleiche Sorgfalt bei der Geschäftsführung erwartet werden kann, wie wenn der Käufer allein die Auswirkungen seines Verhaltens als Unternehmer zu tragen hätte.

Suboptimales ökonomisches Verhalten der Geschäftsleitung darf nicht durch ungeeignete Variablenwahl für die Erreichung der Individualziele des Käufers förderlich werden. Dieses im Einzelfall ex ante abzuschätzen ist sicherlich nicht immer leicht, jedoch nichtsdestoweniger unerläßlich.

5. Praktikabilität

Eine weitere Beurteilung der in Frage kommenden Variablen muß anhand ihrer Praktikabilität vorgenommen werden. Es ist also jeweils zu untersuchen, ob die theoretisch vorgeschlagenen Variablentypen in einer bestimmten Situation und mit den zur Verfügung stehenden Instrumenten überhaupt und gegebenenfalls unter Überwindung welcher Schwierigkeiten ermittelt werden können oder ob eine einfache Bestimmung der Größen möglich ist. So lassen sich z. B. detailliert Bilanzkennzahlen nur dann sinnvollerweise ermitteln, wenn ein entsprechend differenziertes Zahlenmaterial aus dem Rechnungswesen verfügbar ist.

6. Wirtschaftlichkeit

Das verwendete Verfahren zur Ermittlung der jeweiligen Variablen muß auch Wirtschaftlichkeitserfordernissen genügen[106].

Betrachtet man systematisch die zwei Möglichkeiten der Unternehmensveräußerung in Form des Barkaufs oder Kaufs gegen bedingte Abgeltungen, so ergibt sich folgender grundlegender Wirtschaftlichkeitskalkül:

$$K_B \gtreqless K_A = K_{AE} + \sum_{t=1}^{n} f_t \tag{20}$$

K_B = Kosten der Unternehmenspreisermittlung bei Barverkauf

K_A = Kosten der Unternehmenspreisermittlung bei Kauf gegen bedingte Abgeltungen

---

[106] Dieses Erfordernis bei der Unternehmensbewertung sieht auch *A. Moxter:* Wirtschaftsprüfer, S. 415.

K_{AE} = einmalige Kosten der Unternehmenspreisermittlung bei Kauf gegen bedingte Abgeltungen

f_t = laufende Kosten der Unternehmenspreisermittlung in Periode t bei Kauf gegen bedingte Abgeltungen

Die Unternehmensveräußerung gegen einen Barpreis ist mit den einmaligen Kosten der Unternehmenspreisermittlung verbunden; hierunter sind im wesentlichen die Informationsbeschaffungskosten, die Berechnungskosten und weitere Nebenkosten zu verstehen. Dem stehen bei der Alternative des Kaufs gegen bedingte Abgeltungen zunächst die einmaligen Kosten in Form der Kosten für die Informationsbeschaffung, die Berechnung und die Erstellung eines geeigneten Abgeltungskonzepts gegenüber. Darüber hinaus sind bei dieser Alternative die periodenweise anfallenden laufenden Kosten zu beachten. Denn bis zum Ende des Zeitraums, über den Abgeltungszahlungen zu leisten sind, muß in jeder Periode der jeweilige Istwert der abgeltungsrelevanten Unternehmensvariablen bestimmt werden. Die Kosten der Ermittlung und ggf. Überprüfung derselben sind unter diese Kostenkategorie zu subsumieren.

Der oben angestellte reine Kostenvergleich zwischen den beiden Abgeltungsalternativen ist wie folgt zu erweitern: Die Entscheidungsträger müssen abwägen, ob die kostenträchtigere Alternative — in der Regel dürfte dies wohl der Kauf gegen bedingte Abgeltungskonditionen sein — von ihnen um so viel höher eingeschätzt wird, daß sie die Mehrkosten zu tragen bereit sind. Bei der Alternative des Kaufs gegen bedingte Abgeltungskonditionen sind dabei die Kostenberechnungen für die verschiedenen zur Disposition stehenden Variablen durchzuführen. Die Beurteilung der Variablen unter Wirtschaftlichkeitsgesichtspunkten erfolgt also in zweistufiger Form.

Aufgrund der ex ante Betrachtung dieses Kalküls können in der Praxis wohl nur Schätzungen oder Erfahrungswerte für die einzelnen Kostengrößen angesetzt werden. Insofern relativiert sich die Variablenselektion zu einer Grobauswahl.

III. Überprüfung der Eignung ausgewählter Variabler

1. *Der unkorrigierte Handelsbilanzgewinn*

a) Darstellung

Eine erste Möglichkeit der inhaltlichen Ausfüllung des Modells bietet die Verwendung des handelsbilanziellen Jahreserfolges als Variable, die als Indikator für die Höhe der laufenden Zahlungen des Unternehmenserwerbers an den -veräußerer zu benutzen ist.

Bekanntlich ergibt sich der handelsbilanzielle Gewinn/Verlust einer bestimmten Periode durch den Vergleich des Vermögens am Ende der Periode mit dem zu Beginn der Periode, korrigiert um die zwischenzeitlichen Entnahmen bzw. Einlagen des Unternehmers[107]. Dabei sind die jeweiligen Vermögensermittlungen — und damit implizit auch die Aufwands- und Ertragsverrechnungen — nach den Vorschriften des Handelsrechts, speziell nach §§ 38 ff. HGB mit Rückgriff auf die Grundsätze ordnungsmäßiger Buchführung durchzuführen.

b) Eignung des Vorschlags

Relativ unproblematisch erscheint die vorgeschlagene Variable hinsichtlich der notwendigen Meßbarkeit, Wirtschaftlichkeit, Praktikabilität und bedingt hinsichtlich der Nachprüfbarkeit und Zieladäquanz. Das handelsbilanzielle Ergebnis ist kardinal meßbar in monetären Einheiten und läßt sich wirtschaftlich ermitteln, da im allgemeinen Kaufleute einen handelsrechtlichen Jahresabschluß ohnehin erstellen müssen[108]. Praktikabilitätsprobleme treten insofern nicht auf, als die Variable Handelsbilanzgewinn wegen der gesetzlichen Verpflichtung ohne Veränderungsrechnungen dem Jahresabschluß entnommen werden kann.

Die Nachprüfbarkeit ist in den Fällen in besonderem Ausmaß gewährleistet, in denen der Jahresabschluß durch sachverständige Dritte geprüft werden muß bzw. geprüft wird. Aber auch wenn keine Prüfungen durch sachverständige Dritte durchgeführt werden, dürfte im allgemeinen noch eine hinreichende Nachprüfbarkeit gegeben sein[109]. Objektive Geheimhaltungserfordernisse hinsichtlich der Informationen, die im Jahresabschluß enthalten sind, existieren wohl nur zum Teil[110]. So bleibt allein die Frage, inwieweit sich der Käufer scheuen könnte, auch noch längere Zeit nach der Unternehmensübernahme dem Verkäufer als einem außenstehenden Dritten den Erfolg seiner Unternehmenstätigkeit offenzulegen. Der Käufer muß sich ganz grundsätzlich — unabhängig von einzelnen Variablen — zum Zeitpunkt des Erwerbs darüber im klaren sein, wo seine Bereitschaft zur Offenlegung von Unternehmensinterna in der Zukunft ihre Grenzen findet. Bedingte Abgeltungsverfahren ohne irgendeine Nachprüfbarkeit via Datenein-

---

[107] Zur Systematik der handelsrechtlichen Gewinnermittlung vgl. *E. Wenger:* Unternehmenserhaltung, speziell S. 162 ff.

[108] Vgl. §§ 39 ff. HGB.

[109] Zu Offenlegungsproblemen im Rahmen der Unternehmensbewertung vgl. *A. Moxter:* Unternehmensbewertung 1983, S. 76.

[110] Problematisch scheint die Herausgabe von Jahresabschlußdaten allerdings insbes. dann, wenn damit zu rechnen ist, daß diese Kunden, Lieferanten und speziell Konkurrenten zugänglich gemacht werden können. Gl. A. *K. Quack:* Der Unternehmenskauf, S. 353.

sicht sind wenigstens unseriös und dürften von der Verkäuferseite nicht akzeptiert werden.

Um dieses Problem zu lösen, bietet sich als Ausweg die Einschaltung sachverständiger Dritter, etwa der Wirtschaftsprüfer, zum Zwecke der Nachprüfung an[111].

Hinsichtlich der allgemeinen Zieladäquanz kann der Jahreserfolg insgesamt als durchaus brauchbare und wohl auch zweckgerechte Zwischenzielgröße angesehen werden. Allerdings ist zu beachten, daß durch Bilanzpolitik Manipulationsmöglichkeiten gegeben sind. (Hierauf wird im weiteren noch näher eingegangen.) Schließlich besteht das Problem, daß zwischen den handelsrechtlich ausgewiesenen Erfolgsgrößen und den vom Entscheidungsträger entnehmbaren Zahlungen zeitliche Diskrepanzen bestehen können. Allerdings dürften Unternehmungen mit höheren handelsbilanziellen Ergebnissen zumindest tendenziell bessere Voraussetzungen zur Abführung finanzieller Mittel an den Unternehmenseigner bieten.

Wie oben bereits hergeleitet wurde, läßt sich im allgemeinen eine Dominanz der ertrags- oder gewinnorientierten bzw. auszahlungsorientierten Zielsetzungen in den Zielbündeln der Entscheidungsträger unterstellen[112]. Aus Verkäufersicht ist die Verwendung des handelsbilanziellen Ergebnisses als Abgeltungsvariable insofern geeignet, als der Verkäufer auf diesem Wege an den Erfolgspotentialen seiner Unternehmung auch in Zukunft partizipieren kann.

Für den Käufer ist diese Variable von Vorteil, da auf diesem Wege eine sehr direkte Risikoüberwälzung möglich ist. Er hat genau dann eine hohe Zahlung zu leisten, wenn der Jahreserfolg gut ausfällt, wenn sich also das Buchvermögen c. p. in besonderem Umfang erhöht hat und er somit c. p. auch günstigere Voraussetzungen zur Abführung eines größeren Betrages aus dem Unternehmen an den Verkäufer vorfindet[113]. Der Käufer hat dann lediglich bei seinen Finanzdispositionen den durch eine höhere Abgeltungsrate bedingten zusätzlichen Finanzbedarf zu antizipieren. Fällt jedoch der handelsbilanzielle Jahreserfolg schlechter aus als erwartet, so bleibt dem Unternehmensneubesitzer der Vorteil, nun weniger hohe oder eventuell gar keine zusätzlichen Periodenzahlungen an den Veräußerer abführen zu müssen.

---

[111] So auch sinngemäß *Th. Schildbach:* Der Wirtschaftsprüfer, S. 200. Quack sieht jedoch hierin nur bedingt einen Lösungsweg. Vgl. *K. Quack:* Der Unternehmenskauf, S. 353 f.

[112] Vgl. Kapitel 2, A.

[113] Zu relativieren ist diese Aussage speziell unter der Annahme hoher Inflationsraten, die zu Scheingewinnausschüttungen und damit zu Belastungen der Finanzlage führen. Vgl. *A. Moxter:* Betriebswirtschaftliche Gewinnermittlung, S. 218.

Es ist weiter zu prüfen, ob sich durch die Verwendung der Variablen und dem damit verbundenen Risikoübergang vom Käufer zum Verkäufer das Entscheidungsverhalten des Neuunternehmers so verändert, daß sich hinsichtlich der Höhe des ausgewiesenen Jahreserfolges und somit der Zahlungen an den Verkäufer signifikante Wirkungen ergeben. Die Beantwortung dieser Frage hängt sicher nicht zuletzt von der Höhe der vereinbarten Abgeltungsquote des bilanziellen Ergebnisses ab. Unterstellt man den extremen und wohl auch unrealistischen Fall, daß die Auszahlung einen Großteil (etwa 90 %) des Jahreserfolges ausmachen soll, so ist nicht auszuschließen, daß der neue Unternehmenseigentümer die Geschäftsführung weniger sorgfältig und gewissenhaft, dafür aber vielleicht risikofreudiger ausführt. Denn praktisch sind in dieser Situation weder Motivation zu besserer Arbeit noch Sanktionen gegenüber einer Mißwirtschaft gegeben. In diesem extrem konstruierten Fall ist eine Wirkung des Moral Hazard wahrscheinlich[114]. Ansonsten jedoch kann aufgrund der noch merklichen Eigenbeteiligung an Gewinn und Verlust eine Verhaltensänderung des Käufers nicht unterstellt werden.

Am wenigsten scheint die ausreichende Determiniertheit der hier vorgeschlagenen Variablen erfüllt zu sein. Die Indikatorgröße „handelsrechtlicher Bilanzgewinn" wird durch das betriebliche Geschehen während der Abrechnungsperiode bzw. die Lage am Bilanzstichtag nicht eindeutig determiniert. So sind dem Bilanzierenden explizite handelsrechtliche Bilanzansatzwahlrechte und Bewertungswahlrechte gegeben[115]. Darüber hinaus sind die nicht expliziten handelsrechtlichen Bewertungswahlrechte zu beachten, die zwar nicht willkürlich dem Bilanzierenden als Wahlrecht im engeren Sinn zustehen, jedoch unter bestimmten Bedingungen deren Charakter in der praktischen Auswirkung besitzen[116]. Schließlich sind als Manipulationsquellen die aufgrund der umgekehrten Maßgeblichkeit[117] übergreifenden steuerlichen Bilanzierungs- und Bewertungswahlrechte zu konstatieren[118]; als Beispiele seien hier die Vereinfachungsvorschrift für geringwertige Wirtschaftsgüter oder die sogenannte 6b-Abschreibung genannt.

---

[114] Vgl. auch die inhaltlich analoge Argumentation allerdings hinsichtlich Haftungsfragen bei *K. Prölss:* Die Haftung, S. 340.

[115] Vgl. *G. Wöhe:* Bilanzpolitik, speziell S. 479 ff. u. 594 ff.

[116] So kann der Bilanzierende bei der Bewertung bestimmter Güter des Vorratvermögens durch die Bereitstellung bzw. Vernichtung geeigneter Lagerbehälter direkt Einfluß auf die zu unterstellende Verbrauchsfolgefiktion und damit die Höhe des Vorratswertes nehmen. Vgl. dazu näher *J. Wolf:* Handels- und Steuerbilanz, S. 94.

[117] Vgl. *K. Tipke:* Steuerrecht, S. 230.

[118] Zur Maßgeblichkeit vgl. ausführlich *D. Rückle:* Normative Theorie, S. 189 ff.

All diese Ausgestaltungswahlrechte sprengen die eindeutige Beziehung zwischen dem „tatsächlichen“ objektiven Jahreserfolg und seinem handelsbilanziellen Ausweis. Aus diesem Grunde kann das handelsbilanzielle Jahresergebnis unter Gesichtspunkten des Verkäuferschutzes nicht ohne Einschränkung zur Verwendung als Auszahlungsindikator empfohlen werden. Denn durch geschicktes Ausnutzen dieser Spielräume ist es dem Käufer im Einzelfall möglich, ein tatsächlich gutes Jahresergebnis in einem niedrigeren Ausweis darzustellen, um dem Verkäufer so ihm an sich zustehende Zahlungen vorenthalten zu können.

2. *Der unkorrigierte Steuerbilanzgewinn*

a) Darstellung

Aus der Kritik an der Verwendung des handelsrechtlichen Periodenerfolges als Abgeltungsindikators ergibt sich die Diskussion des nach steuerrechtlichen Gesichtspunkten erstellten Jahresabschlusses als Schlüsselgröße. Speziell unter dem Gesichtspunkt einer eindeutigeren Determiniertheit der Variablenausprägung ist dieser Vorschlag zu sehen, da steuerrechtliche Normierungen neben anderem auch insbesondere nach dem Erfordernis der Typisierung und damit der relativen Gleichbehandlung und Manipulationsbegrenzung gebildet sind[119].

Im einzelnen hebt sich die steuerliche Bilanzierung von der handelsrechtlichen durch tendenziell geringere Bewertungs- und Bilanzansatzwahlrechte des Bilanzierenden ab. Dabei erfolgt die Einengung jeweils prinzipiell in Richtung auf die rechnerische Erhöhung der Aktiva bzw. Senkung der Passiva gegenüber entsprechenden Handelsbilanzwerten[120]. Dies sei näher verdeutlicht.

Als Beispiel für die unterschiedlichen Bilanzansatzregelungen auf der Aktivseite diene die Bestimmung des § 5 Abs. 2 EStG im Vergleich zur handelsrechtlichen Festlegung des § 153 Abs. 3 AktG. Nach diesen Vorschriften besteht steuerrechtlich die Pflicht zum Bilanzansatz von entgeltlich erworbenen immateriellen Wirtschaftsgütern des Anlagevermögens. Demgegenüber bietet die vergleichbare handelsrechtliche Regelung nach überwiegender Meinung ein Bilanzansatzwahlrecht[121].

---

119 Vgl. *U. Leffson:* Bilanzanalyse, S. 104 f.

120 Als klassische Ausnahme muß hier die sogenannte Preissteigerungsrücklage gemäß § 74 EStDV i. V. m. § 51 Abs. 1 Ziffer 2 b EStG angesehen werden, die ausnahmsweise gemäß Abschnitt 228 Absatz 5 EStR steuerlich in Ansatz gebracht werden kann, ohne gleichzeitig auch handelsbilanziell erfaßt zu werden. Vgl. hierzu auch *D. Börner, N. Krawitz:* Steuerbilanzpolitik, S. 193 und *D. Rückle:* Normative Theorie, S. 192, speziell Fn. 405, der auf weitere analoge Regelungen hinweist.

121 Ohne im einzelnen auf die ausgedehnte Diskussion in der Literatur einzugehen, ob die Formulierung des § 153 Abs. 3 AktG vor dem Hintergrund

Allerdings bedingt die allgemeingültige Anwendung der zunächst speziellen Aktienrechtsregelung auch für andere Unternehmensformen die Qualifizierung dieser Vorschrift als Ausdruck der GoB im Sinne des § 38 Abs. 1 HGB. Da mittlerweile anerkannt ist, daß alle Rechnungslegungsvorschriften des Aktiengesetzes, die nicht ganz offensichtlich den speziellen Erfordernissen der Aktiengesellschaft bzw. KGaA dienen, als Ausdruck allgemeiner GoB zu verstehen sind[122], umfaßt der Geltungsbereich des § 153 Abs. 3 AktG ganz offensichtlich alle Unternehmensformen. Denn besondere aktienrechtliche Erfordernisse lassen sich bei dieser Vorschrift nicht erkennen[123]. Somit ist auch für Unternehmen, die nicht in der Form der Aktiengesellschaft oder KGaA geführt werden, handelsrechtlich ein Bilanzansatzwahlrecht hinsichtlich der derivativen immateriellen Vermögensgegenstände zu konstatieren.

Als Beispiel für die strengeren Bewertungsvorschriften des Steuerrechts bezüglich bilanzieller Aktiva diene die Regelung hinsichtlich der Bewertung des derivativen Firmenwertes[124]. Steuerrechtlich kann diese Kategorie von Aktiva gemäß § 6 Abs. 1 Nr. 2 EStG im allgemeinen nicht planmäßig abgeschrieben werden. Das Handelsrecht sieht hingegen vor, daß der derivate Firmenwert über maximal fünf Perioden als Aufwand verrechnet wird. Diese Vorgehensweise regelt der § 153 Abs. 5 Satz 3 AktG, der als Grundsatz ordnungsmäßiger Buchführung auch über das Aktienrecht hinaus Gültigkeit besitzt.

Allerdings ist einzuräumen, daß unter gewissen Bedingungen auch steuerlich planmäßige Abschreibungen möglich sind. Dabei handelt es sich um den speziellen Bereich des sogenannten Praxiswertes[125]. Hier-

---

der sonstigen handelsbilanziellen Regelungen tatsächlich ein echtes Wahlrecht oder aber eine implizite Bilanzansatzpflicht enthält, kann an dieser Stelle in Anlehnung an die Mehrheitsmeinung von einem Wahlrecht ausgegangen werden. Vgl. zur Diskussion vor allem pro Bilanzansatzwahlrecht: *H. Adler, W. Düring, K. Schmaltz:* Rechnungslegung, Tz. 117 zu § 153; *IdW:* Stellungnahme NA 1/1968, S. 72 f.; *K.-H. Husemann:* Grundsätze, S. 258; *E. Heinen:* Handelsbilanzen, S. 161; *B. Kropff:* Aktiengesetz, S. 208 sowie *E. Hirte:* Die Behandlung, S. 2361 f., der die künftige Rechtslage unter Beachtung des Regierungsentwurfs zum Bilanzrichtlinie-Gesetz diskutiert, und contra Bilanzansatzwahlrecht: *A. Moxter:* Bilanzlehre, S. 435 f.; *P. Scherpf:* Rechnungslegung, Tz. 142; *K.-H. Maul:* Immaterielle Anlagewerte, S. 21; *H. Schmidt:* Bilanzierung, S. 190.

[122] Vgl. *H. Schmidt:* Bilanzierung, S. 160 f.

[123] So auch *A. Steinbach:* Die Rechnungslegungsvorschriften, S. 129. Im Ergebnis gleicher Ansicht *B. Kropff:* Aktiengesetz, S. 244, der erklärt, daß der § 153 Abs. 3 AktG eine Regelung „im Sinne bewährter kaufmännischer Übung" darstelle.

[124] Vgl. hierzu näher *G. Wöhe:* Zur Bilanzierung, S. 89 ff.

[125] Vgl. hierzu insbesondere *W. Goetzke:* Bewertung, S. 522 ff. und *derselbe:* Thesen, S. 185 ff.; *W. König:* Fallstudie, S. 189 ff.; *W. Goetzke:* Diskussionsergebnisse, S. 197 f.; *P. Scherpf:* Der Praxiswert, S. 291 ff.; *P. Knief:* Neuere Ansätze, S. 21 ff.

unter ist der Firmenwert zu verstehen, der den Unternehmungen von Freiberuflern innewohnt. Unter dem Gesichtspunkt der besonderes engen Beziehung zwischen Schaffenskraft, Fähigkeit und Ansehen des Inhabers einerseits und Wert des Unternehmens andererseits wird für den Bereich der freien Berufe eine Abschreibung gemäß § 7 EStG als zulässig angesehen. Denn man nimmt an, daß sich nach der Übernahme die möglicherweise positiven Ausstrahlungen des Verkäufers einer Praxis im Zeitablauf recht schnell abbauen[126]. Somit steht dem steuerlichen Verbot einer planmäßigen Abschreibung bei der Bewertung des derivativen Firmenwertes von Unternehmungen, die nicht freiberufliche Unternehmungen sind[127], das handelsrechtliche Gebot zur Aufwandsverteilung über maximal fünf Perioden gegenüber.

Bezüglich der Passiva bestehen hinsichtlich des Ansatzes von Rückstellungen für unterlassene Instandhaltung unterschiedliche Regelungen. So darf gemäß § 152 Absatz 7 Satz 2 AktG eine Rückstellung gebildet werden, wenn die Instandhaltungsaufwendungen innerhalb des folgenden Jahres durchgeführt werden und im vorhergehenden Jahr unterlassen worden sind. Steuerlich hingegen setzt eine Passivierung derartiger Aufwendungen die Durchführung der Instandhaltung innerhalb der ersten drei Monate des Folgejahres voraus, wenn die Unternehmung nicht vertraglich zu dieser Maßnahme verpflichtet ist[128].

Nachträgliche Aufwendungen für eine Instandhaltung, die nicht aufgrund von vertraglichen Verpflichtungen und während der drei letzten Quartale des Folgejahres durchgeführt wird, sind steuerrechtlich und handelsrechtlich unterschiedlich zu bilanzieren.

Schließlich sei stellvertretend für unterschiedliche Bewertungsvorschriften passiver Bilanzpositionen die Regelung hinsichtlich der Bewertung von Pensionsrückstellungen genannt; es ist speziell auf die unterschiedlich anzusetzenden Bewertungszinsfüße einzugehen. Steuerrechtlich sind die künftigen Pensionsverpflichtungen einer Unternehmung gemäß § 6 a Absatz 3 EStG grundsätzlich mit einem Zinssatz von 6 Prozent zu diskontieren[129]; von diesem Zinsfuß kann allenfalls auf-

[126] Vgl. die diesbezügliche Rechtsprechung: U. d. RFH v. 30. 1. 1929; U. d. RFH v. 28. 7. 1938; U. d. RFH v. 24. 2. 1944; U. d. BFH v. 15. 4. 1958 sowie *F. W. Wagner:* Der Firmenwert, S. 477 f., der die unterschiedliche Behandlung von Praxen und sonstigen Unternehmungen durch die Rechtsprechung herausarbeitet.

[127] Die zumindest theoretische Möglichkeit zur — allerdings außerplanmäßigen — Abschreibung eines Firmenwertes von Unternehmungen, die nicht freiberufliche Unternehmungen sind, besteht im Rahmen der Teilwertabschreibung. Vgl. dazu näher *K. Maassen:* Die neuen Thesen, S. 465 ff.; *A. Moxter:* Die Geschäftswertbilanzierung, S. 744 f.

[128] Vgl. EStR Abschnitt 31 a Absatz 6 sowie *WP-Handbuch 1981*, S. 763.

[129] Vgl. zur Kritik an der Verwendung des steuerrechtlich vorgegebenen Zinssatzes *D. Kleylein:* Bewertung, S. 853 ff., speziell S. 859.

grund der Maßgeblichkeit der Handelsbilanz nach oben abgewichen werden, eine Abweichung nach unten hingegen ist in jedem Falle unzulässig. Handelsrechtlich ist der Zinssatz gemäß den Gegebenheiten im Einzelfall zu bestimmen; im allgemeinen wird eine Bandbreite von 3 bis 6 Prozent als zulässig angesehen[130]. Insofern bietet das Handelsrecht unter bestimmten Bedingungen die Möglichkeit, diese Passivposition im Vergleich zum Steuerrecht wertmäßig höher anzusetzen.

Überblicksartig stellen sich die vier Bereiche, in denen das Steuerrecht enger gefaßt ist, wie folgt dar:

Tabelle 10

Unterschiedliche Bilanzierung und Bewertung in Handels- und Steuerrecht anhand ausgewählter Beispiele

	Bilanzansatzregelungen	Bewertungsregelungen
Aktiva	Derivative immaterielle Werte HR: Wahlrecht StR: Aktivierungspflicht	Planmäßige Abschreibung des derivativen Firmenwertes HR: Gebot StR: allg. Verbot
Passiva	Rückstellungen für unterlassene Instandhaltung, die in den letzten drei Quartalen des Folgejahres nachgeholt werden HR: Wahlrecht StR: Passivierungsverbot	Bewertung von Pensionsrückstellungen HR: Zinssatz i. a. zwischen 3 % und 6 % StR: Zinssatz mindestens 6 %

Im Rahmen der hier aufgezeigten vier Bereiche, nämlich der Bilanzansatz- bzw. Bewertungswahlrechte, jeweils auf der Aktiv- und auf der Passivseite, bieten die steuerrechtlichen Regelungen zum Teil weniger Bilanzierungsspielräume als die handelsrechtlichen. Die Auswirkungen dieser enger gefaßten Vorschriften auf die Verwendbarkeit eines nach steuerrechtlichen Gesichtspunkten erstellten Jahresergebnisses zum Zwecke der Ermittlung von laufenden bedingten Unternehmenskaufpreiszahlungen sind im weiteren zu analysieren.

---

[130] Vgl. *WP-Handbuch 1981*, S. 759 f.

b) Eignung dieses Vorschlags

Hinsichtlich der Entscheidungskriterien Meßbarkeit und Praktikabilität sowie hinsichtlich des Einflusses der Moral-Hazard-Effektes auf die Zieladäquanz kann auf die Beurteilung des Abgeltungsindikators „Handelsbilanzergebnis" verwiesen werden[131]. Alle drei Anforderungen sind auch bei Verwendung des unkorrigierten Steuerbilanzgewinnes mindestens in befriedigendem Umfang erfüllt.

Die Nachprüfbarkeit und Wirtschaftlichkeit sind bei diesem Vorschlag differenzierter zu sehen. Im Gegensatz zu den Handelsbilanzen zumindest der Einzelunternehmen und Personengesellschaften unterliegen die Steuerbilanzen aller Unternehmungen einer Überprüfung[132]. Die Tatsache, daß die Finanzbehörden Betriebsprüfungen durchführen, hat für die Verwendung von Steuerbilanzergebnissen als Abgeltungsindikatoren zweierlei Folgen. Zum einen erübrigt sich dadurch eine zusätzliche Prüfung etwa durch einen Abschlußprüfer. Durch diese Kostenersparnis wird die Wirtschaftlichkeit erhöht, ohne daß auf eine eingehende Überprüfung der Daten verzichtet wird, aus denen die Höhe der laufenden Abgeltungen zu ermitteln ist.

Durch die Prüfungskompetenz der Finanzbehörden besitzen die im Auftrag des Steuerpflichtigen ermittelten steuerlichen Jahresabschlüsse nur vorläufigen Charakter, solange die entsprechenden Betriebsprüfungen nicht vollzogen sind bzw. nicht feststeht, daß auf die Betriebsprüfung dieser Zeiträume verzichtet wird[133].

Hieraus ergibt sich, daß auch die an solch vorläufige Jahreserfolge gekoppelten Zahlungen zwischen Käufer und Verkäufer einer Unternehmung gegebenenfalls in gewissen Zeiträumen gemäß den Ergebnissen der Betriebsprüfungen korrigiert werden müssen. Hierunter leidet die notwendige eindeutige Determiniertheit der Zahlungen zumindest unter dem zeitlichen Aspekt; für beide Parteien verbleibt über einen längeren Zeitraum ein gewisses Zahlungs- bzw. Rückzahlungsrisiko gegenüber dem Vertragspartner.

---

131 Vgl. 4. Kapitel, B. III. 1. b.

132 Zur Zeit gilt auch für die Handelsbilanzen der Gesellschaften mit beschränkter Haftung noch keine Prüfungspflicht. Eine solche ist jedoch für den Großteil der Unternehmen in der Rechtsform der GmbH im Rahmen der EG-Harmonisierung angekündigt. Vgl. § 236 Absatz 2 und die §§ 274 ff. des RegEHGB. Von den Pflichtprüfungen gemäß Publizitätsgesetz (vgl. § 6 PublG), die praktisch nur für Großunternehmen gelten, sei hier ebenso abstrahiert, wie von den speziellen Prüfungsnormen. die für bestimmte Branchen gelten (etwa für das Kreditgewerbe § 27 ff. KWG).

133 Hinsichtlich der Tendenz der Betriebsprüfer, Änderungen des Prüfungsobjektes zu Lasten des Steuerpflichtigen durchzuführen, die die Vorläufigkeit der zunächst erstellten Jahresabschlüsse unterstreicht, siehe die Ausführungen bei *D. Rückle:* Normative Theorie, S. 301 ff., insbes. S. 302, Fn. 611.

Andererseits bietet dieser Vorschlag gegenüber der Verwendung handelsrechtlicher Erfolgsgrößen eine Verbesserung der Determiniertheit der Abgeltungszahlungen. Denn die nach steuerlichen Regelungen erstellten Bilanzen unterliegen engeren Festlegungen und bieten insofern potentiell weniger manipulierte Bilanzergebnisse. Jedoch muß einschränkend festgehalten werden, daß auch die steuerrechtliche Bilanzierung noch erhebliche Spielräume beläßt, die ein noch höheres Ausmaß an Determiniertheit wünschenswert machen. Insbesondere beachtenswert sind in diesem Zusammenhang die sogenannten Steuerbegünstigungen im Rahmen der Bilanzierung. Hierunter sind die Bilanzierungsnormen zu verstehen, durch die willentlich die periodengerechte Gewinnermittlung zugunsten staatlicher Wirtschaftslenkungsfunktionen verletzt wird[134].

Hinsichtlich der allgemeinen Zieladäquanz muß eine nähere Untersuchung erfolgen. Aus Käufersicht ergibt sich gegenüber dem handelsbilanziellen Jahresergebnis eine Verschlechterung der Position: Erzielt der Unternehmenserwerber mit der Unternehmung einen relativ hohen steuerlichen Gewinn, so hat er nicht nur c. p. hohe Zahlungen an den Verkäufer zu leisten, sondern darüber hinaus auch hohe Ertragsteuern abzuführen. Denn die Zahlungen an den Unternehmensverkäufer können in aller Regel nur zum sehr geringen Teil steuermindernd angesetzt werden. Da der Handelsbilanzgewinn, etwa aufgrund entsprechender Bilanzpolitik, durchaus deutlich unter dem steuerlichen Ergebnis liegen kann, ergibt sich bei der Verwendung des handelsbilanziellen Jahresergebnisses für den Käufer nicht notwendigerweise eine derartige Kumulierung an Auszahlungen.

Um zu erläutern, welche Auswirkungen die steuerliche Behandlung laufender Unternehmensabgeltungen für den Erwerber haben kann, ist ein kurzer ertragsteuerlicher Exkurs vonnöten.

Exkurs: Die ertragsteuerliche Behandlung laufender Abgeltungen für den Käufer

Laufende Abgeltungszahlungen für ein Unternehmen ziehen durchaus eine unterschiedliche Besteuerung in Abhängigkeit von der Klassifizierung der getroffenen Kaufvereinbarung nach sich. Denn die Abgeltungen können zum einen als Rentenzahlungen, zum anderen als Ratenzahlungen angesehen werden[135]. Die hier diskutierten Modelle der laufenden Zahlungen in Abhängigkeit von einem Erfolgsindikator sind

[134] Vgl. hierzu *D. Börner, N. Krawitz:* Steuerbilanzpolitik, S. 53 ff. und speziell zur Beurteilung *D. Rückle:* Normative Theorie, S. 385 ff.

[135] Vgl. dazu *F. W. Wagner:* Der Einfluß der Einkommensteuer, S. 1640; *R. Nonnenmacher:* Anteilsbewertung, S. 158 - 170.

wohl grundsätzlich als Ratenzahlungen zu betrachten. Denn die Zwecke der speziellen Risikoaufteilung und, in Ansätzen, die der Finanzierungshilfe für den Käufer stehen gegenüber möglichen Versorgungsinteressen des Verkäufers eindeutig im Vordergrund[136].

Ratenzahlungsvereinbarungen wirken sich auf die Bilanzierung eines Unternehmenskäufers insofern aus, als im allgemeinen die Aktivierung aller Einzelwirtschaftsgüter des Betriebes zum jeweiligen Teilwert und gegebenenfalls die Aktivierung eines derivativen Geschäftswertes sowie die Passivierung der übernommenen Lasten[137] zu erfolgen hat. Erfolgsrechnerisch ergibt sich daraus in jeder Periode laufend ein Ertragsbestandteil in Höhe der Minderung der Ratenschuld um eine Aufwandskomponente in Höhe der periodischen Zahlung[138]. Somit verbleibt per Saldo allenfalls ein Aufwand in Höhe des Zinsanteils der Ratenzahlung[139]. Der Tilgungsanteil ist somit aus schon versteuerten Beträgen zu finanzieren und kann insofern zu einer erheblichen Liquiditätsbelastung für den Käufer führen. Eine aus Käufersicht wünschenswerte zeitliche Verteilung der beiden Zahlungskomponenten Ertragsteuern und Veräußerungsraten durch eine Emanzipation von Handels- und Steuerbilanz, wie sie bei dem ersten Vorschlag möglich ist, scheidet hier also aus.

3. *Der um bestimmte Störgrößen bereinigte Steuerbilanzgewinn*

a) Grundsätzliches

Aus der Kritik, daß auch der steuerliche Jahresgewinn eine noch nicht hinreichend determinierte Ausgangsbasis zur Ableitung von Kaufpreiszahlungen bildet, ergibt sich die Fortentwicklung in Form der Aussonderung der das Jahresergebnis verzerrenden Störgrößen. Aufgrund der den Bilanzen als Erfolgsindikator konstruktionsgemäß anhaftenden

---

[136] Vgl. zur Unterscheidung von Renten- und Ratenzahlungen *E. Kobs:* Veräußerung, S. 69 ff. und die dort angegebene Rechtsprechung speziell U. d. BFH v. 20. 1. 1959 und in Folge U. d. BFH v. 23. 1. 1964.

[137] Die Probleme der richtigen Schätzung laufender Zahlungen und der ggf. später notwendigen Anpassung derselben seien dabei noch außer Acht gelassen. Vgl. hierzu *G. Rose:* Ertragsteuern, S. 109.

[138] Vgl. zum Verfahren *E. Biergans, A. Frhr. von Stotzingen:* Raten, S. 105 ff.

[139] Neben der oben geschilderten Behandlung der Raten existiert die Möglichkeit, die laufenden Zahlungen in voller Höhe zu Lasten der Rentenverpflichtung zu verbuchen. Diese Methode ist aus der Sicht des Käufers finanziell noch weniger empfehlenswert, da so bis zum völligen Verzehr der Passivposition nicht einmal der Zinsanteil aufwandswirksam verrechnet werden kann und somit c. p. die Steuerlast noch höher ausfällt. Diese Analyse geht davon aus, daß mit dem Unternehmen ein nachhaltiger Gewinn erzielt werden kann.
Vgl. *A. K. Haas:* Rente, S. 1140.

Aussagemängel[140] kann auf diese Art nur eine relative Verbesserung in Aussicht gestellt werden. Insofern können durch diesen Vorschlag nicht alle denkbaren Verzerrungen gegenüber dem periodengerechten Gewinn bereinigt werden. Vielmehr sollen folgende, nach dem Grundsatz der Materiality ausgewählten Störfaktoren näher untersucht und, soweit dies notwendig ist, eliminiert werden.

b) Mögliche Korrekturen im Bereich des Bilanzansatzes

Als erste sind die steuerlichen Regelungen zu diskutieren, die aus wirtschaftspolitischen Gründen die Bildung von Passiva zulassen und bei Inanspruchnahme zu handelsrechtlichen Passivposten im Sinne des § 152 Abs. 3 AktG führen. Bei diesen Sonderposten mit Rücklageanteil handelt es sich um aus steuerlichen Gründen gebildete passivische Ausgleichspositionen, die die Verschiebung von Ertragsteuerzahlungen auf spätere Perioden in der Handelsbilanz abbilden[141].

Die Steuerstundung wird dem Steuerpflichtigen zur Vermeidung von unbilligen Härten gewährt. Man denke hierbei insbesondere an die Möglichkeit der Rücklagenbildung gemäß § 6 b EStG, die Mobilitätsnachteile bestimmter Anlagegüter beseitigen soll[142]. Ähnliche Zwecke verfolgt die Regelung zur Bildung von Rücklagen zur Ersatzbeschaffung im Sinne des Abschnitts 35 Abs. 4 EStR, die die Besteuerung ungeplant freigesetzter stiller Reserven vermeiden soll.

Es ist zu beurteilen, inwieweit die Bildung solcher Passivpositionen dem niedriger ausgewiesenen steuerlichen Jahresgewinn wieder hinzuzurechnen ist, um damit auch den Veräußerer an dem höheren Jahreserfolg partizipieren zu lassen. Gegen diese Hinzurechnung könnte man vorbringen, daß, sofern die freigesetzten Anlagewerte betriebsnotwendig sind und somit auf absehbare Zeit wiederbeschafft werden müssen, die so bewirkte Gewinnerhöhung nicht ausgeschüttet werden kann[143] und dem Unternehmensinhaber zumindest auf mittlere Sicht keine zusätzlichen Entnahmen zuläßt.

Dem ist jedoch entgegenzuhalten, daß selbstverständlich auch langlebige Anlagegüter Vermögensgegenstände darstellen, auch wenn sie über sehr lange Zeiträume finanzielle Mittel binden. Für Bewertungszwecke lassen sich allein aus langen Kapitalbindungsfristen keine Wertminderungen ableiten. Es ist schließlich zu beachten, daß im Falle

---

[140] Eine Bilanz ist als Erfolgsindikator nur begrenzt verwendbar. Vgl. hierzu auch *A. Moxter:* Gefahren, S. 1031.

[141] Vgl. *H. Adler, W. Düring, K. Schmaltz:* Rechnungslegung, Tz. 67 ff. zu § 152.

[142] Vgl. *G. Wöhe:* Rücklage, S. 1154 f.

[143] Vgl. *K. Tipke:* Steuerrecht, S. 262 f. mit Verweis auf die Gesetzesbegründung des § 6 b EStG.

eines Unternehmensnachbaus alle Anlagegüter zu Anschaffungskosten beschafft werden müssen. Insofern sind für die Sonderposten mit Rücklageanteil entsprechend gewinnerhöhende Korrekturen notwendig. Denn die Bildung dieser Passivpositionen ist rein steuerpolitisch begründet und erfolgt nicht zu Wertanpassungszwecken.

Als weiteres wichtiges Bilanzansatzwahlrecht ist die Einbeziehung der Pensionsverpflichtungen zu analysieren[144]. Hierbei kann eine Verfälschung des Jahresergebnisses in der Form eintreten, daß tatsächlich rechtsverbindlich erteilte Pensionszusagen nicht passiviert werden. Aus der Ausübung dieses Bilanzierungswahlrechtes durch den Unternehmenskäufer droht dem Verkäufer jedoch insofern keine Gefahr der ungerechtfertigten Übervorteilung, als c. p. nur eine Erhöhung des Gewinnausweises gegenüber dem periodengerechten Jahreserfolg denkbar ist; somit kann sich nur eine bessere finanzielle Abgeltung des Verkäufers durch eine mögliche Manipulation dieses Bilanzpostens ergeben. Im Zweifel wird das Eigeninteresse des Käufers dem entgegenstehen. Dieses Wahlrecht kann somit bei dem anstehenden Problem weitgehend unbeachtet bleiben.

Schließlich bleibt der wichtige Bereich der Einbeziehung originärer immaterieller Werte zu diskutieren[145]. Gemäß § 5 Abs. 2 EStG ist auch steuerlich eine Aktivierung selbst geschaffener immaterieller Werte untersagt. Gerade diese Art der Güter kann aber in speziellen Branchen von hoher Bedeutung sein, so daß das Bilanzierungsverbot zu erheblichen Erfolgsverzerrungen führen kann. Man denke etwa an die noch stark steigende Bedeutung von Software-Entwicklungen oder aber Patenten, die ebenfalls zu dieser Kategorie zählen können. Insofern ergibt das Steuerbilanzergebnis bei Unternehmungen, die in wesentlichem Umfang immaterielle Güter selbst erstellen, ein in Höhe der diesbezüglichen Aufwendungen zu negatives Bild der Ertragslage. Zwar wird dieser Effekt im Laufe der Zeit dadurch ein wenig kompensiert, daß aufgrund des Aktivierungsverbotes keine entsprechenden Abschreibungen im steuerlichen Jahresabschluß aufgeführt sind. Jedoch ist diese Kompensation nicht immer in vollem Umfang wirksam, da die Erfolgsbeteiligung des Verkäufers möglicherweise nur für einen kürzeren Zeitraum als die Abschreibungsdauer der betreffenden immateriellen Güter vereinbart wird.

Die Möglichkeit einer Verzerrung erscheint so groß, daß die Durchführung einer Korrektur im Einzelfall zu prüfen und zu erwägen ist[146].

---

[144] Vgl. hierzu die Regelung des § 6 a EStG; zur Bedeutung der Versorgungsverpflichtungen im Rahmen der Unternehmensbewertung vgl. *H.-G. Lemitz:* Bewertung.

[145] Vgl. *B. Großfeld:* Bilanzrecht, S. 302.

Soll eine Korrektur des Steuerbilanzergebnisses um die Aufwendungen für selbsterstellte immaterielle Güter erfolgen, so ergeben sich wohl insbesondere zwei Problembereiche. Einmal muß der Begriff des immateriellen Gutes von allgemeinen, potentiell werterhöhenden immateriellen Vorteilen abgegrenzt werden. Als Abgrenzungskriterium diene dabei die Verkehrsfähigkeit und eigenständige Verwertbarkeit und damit Bewertbarkeit[147]. Auf diesem Wege bleiben nicht selbständig übertrag- und veräußerbare Werte, wie etwa der Wert einer Organisation, der gute Ruf einer Unternehmung, der Bekanntheitsgrad bestimmter Produkte usw. ausgegrenzt[148].

Weiterhin ist es nötig festzulegen, nach welcher Methode die Höhe der gegebenenfalls zum Gewinn hinzuzurechnenden Aufwendungen für selbsterstellte immaterielle Werte zu bestimmen ist. Damit sind die Probleme der Kostenerfassung und vor allem der sachgerechten Kostenverrechnung angesprochen[149]. Die Kostenerfassung stellt für einen Außenstehenden in der Regel einen wenig zugänglichen Bereich dar, so daß dort tendenziell eingehendere Prüfungen vonnöten sind.

Um die Manipulierbarkeit der Kalkulation weitgehend einzuschränken, erscheint es sinnvoll, als Wertansatz für die immateriellen Güter deren eindeutig zurechenbare Einzelkosten ergänzt um einen normierten Gemeinkostenzuschlag anzusetzen. Die Höhe des Zuschlags ist anhand von Erfahrungssätzen zu schätzen.

c) Mögliche Korrekturen im Bereich der Bewertung

Zur Verbesserung des steuerlichen Jahresergebnisses als Erfolgsindikator sind im Bereich der Bewertung insbesondere die vom Gesetzgeber aus politischen Gründen bewußt zur Verringerung des ausgewiesenen Erfolges angelegten Vorschriften zu analysieren. Dabei handelt es sich im Bereich des Anlagevermögens zum einen um die sogenannten Sonderabschreibungen, die neben der normalen AfA zusätzlich verrechnet werden. Zum anderen sind hierzu die erhöhten Absetzungen zu rechnen, die anstatt der normalen AfA angesetzt werden[150]. Diese beiden

---

[146] Im Ergebnis ebenfalls für die Berücksichtigung immaterieller Werte *P. Henssler:* Die Bewertung, S. 334.

[147] Dies entspricht sinngemäß der definitorischen Abgrenzung im Handels- und Steuerrecht bzgl. der entgeltlich erworbenen immateriellen Werte i. S. d. § 153 Abs. 3 AktG bzw. § 5 Abs. 2 EStG. Vgl. hierzu auch *B. Großfeld:* Bilanzrecht, S. 125 ff., speziell S. 127.

[148] Vgl. auch die umfassendere Begriffsdefinition im Rahmen von Unternehmensbewertungsproblem bei *Th. Baldus:* Die immateriellen Werte, S. 1381 ff.

[149] Vgl. zum grundlegenden Problem der Kostenverrechnung *M. Schweitzer, G. O. Hettich, H.-U. Küpper:* Systeme, S. 160 ff.

[150] Zur Systematik dieser Festlegung vgl. *D. Börner, N. Krawitz:* Steuerbilanzpolitik, S. 146 ff. u. *B. Knobbe-Keuk:* Bilanz- und Unternehmenssteuerrecht, S. 136 f.

Kategorien von Sonderabschreibungen im weiteren Sinne ermöglichen teilweise erhebliche Unterbewertungen[151]. Um diese auszugleichen, muß der steuerliche Jahresgewinn um die Differenz zwischen den Sonderabschreibungen im weiteren Sinne und den normalen Abschreibungen erhöht werden.

Um eine derartige Rückrechnung durchführen zu können, muß die Vergleichsbasis der sogenannten normalen Abschreibung festgelegt werden. Hierbei können insofern Probleme entstehen, als im Bereich der Bewertung zur Ermittlung des periodengerechten Jahreserfolges bereits verschiedene alternative Regelungen bestehen, die allerdings nur wesentlich geringere Spielräume zulassen. So kann zur Abschreibung im Rahmen des normalen Werteverzehrs von beweglichen Anlagen auf die lineare AfA im Sinne des § 7 Abs. 1 EStG ebenso wie auf die degressive AfA im Sinne des § 7 Abs. 2 EStG zurückgegriffen werden. Zum Zwecke einer eindeutigen Regelung sollte deshalb bei Hinzurechnungen zum steuerlichen Jahreserfolg im vorhinein die jeweilige Vergleichsgröße im Bereich der normalen Bewertung einvernehmlich zwischen beiden Parteien festgelegt werden. Hierbei mag man sich an den jeweils üblichen Verfahren orientieren.

d) Eignung des Vorschlags

Nachdem zunächst die Verwendbarkeit des unkorrigierten steuerlichen Jahreserfolges als Indikatorgröße beurteilt worden ist, müßten an dieser Stelle insbesondere die Wirkungen der diskutierten Korrekturgrößen erörtert werden, die die vorgenannte Erfolgsgröße modifizieren.

Hinsichtlich der Meßbarkeit, eindeutigen Determiniertheit und des Einflusses des Moral-Hazard-Effektes auf die Zieladäquanz ergeben sich nur wenige Veränderungen. Denn die meisten Korrekturgrößen können wertmäßig aus der Bilanz bzw. Buchführung abgeleitet werden und lassen sich so mit dem ausgewiesenen Jahreserfolg verrechnen; zugleich sind die Größen weitgehend eindeutig determiniert, zumindest wenn im vorhinein potentielle Problembereiche durch Festlegung beseitigt werden. Man denke dabei an Kalkulationsschemata zur Berechnung der zuzurechnenden Herstellungskosten selbsterstellter immaterieller Güter oder die Bestimmung des Abschreibungsverfahrens, das dem tatsächlichen Werteverzehr als am ehesten entsprechend angesehen wird und insofern als normale Abschreibung zu verwenden ist. Die Beurteilung hinsichtlich der Zieladäquanz unter Berücksichtigung des Moral-

[151] Vgl. als deutliches Beispiel für die mögliche Höhe der Verzerrungen den § 14 BerlinFG, der eine Abschreibung in Höhe von 75 Prozent der Anschaffungs- bzw. Herstellungskosten während der ersten 5 Jahre zuläßt.

Hazard-Effektes erfährt durch die diskutierten Korrekturgrößen keine grundsätzliche Veränderung. Unterstellt man eine angemessene Beteiligung des Käufers am Restrisiko, so bleibt die Gefahr recht gering, daß der Unternehmenserwerber zu wenig bestrebt ist, möglichst hohe Unternehmensgewinne zu erzielen. Da durch die Hinzufügung der Korrekturgrößen der bilanzpolitische Spielraum tendenziell eingeengt wird, besteht für den Unternehmenserwerber zumindest aus nichtsteuerlichen Gründen ein wesentlich geringerer Anreiz, zum Zwecke der Bilanzgewinnverkürzung betriebliche Maßnahmen einzuleiten. Unter diesem Gesichtspunkt gibt der Moral-Hazard-Effekt einen positiven Einfluß auf die Zieladäquanz dieses Abgeltungsindikators.

Bezüglich der Praktikabilität und der Wirtschaftlichkeit ergeben sich leichte Modifizierungen. Denn ganz offensichtlich wächst die Komplexität durch die Hinzufügung bestimmter Korrekturen zum steuerlichen Jahresabschluß. Damit einher geht ein gewisser Verlust an Praktikabilität und, in Grenzen, eine Steigerung der Berechnungskosten. Letztere sind aber wohl so lange als marginal einzuschätzen, als die Korrekturrechnungen nicht durch einen externen Gutachter ermittelt werden müssen. Dies drüfte jedoch nur in speziellen und besonders komplizierten Fällen gegeben sein.

Die allgemeine Zieladäquanz des zu bestimmenden Indikators schließlich erfährt durch die angebrachten Korrekturen eine deutliche Verbesserung. Durch die Bereinigung wesentlicher Verzerrungen des ausgewiesenen steuerlichen Jahresergebnisses, die sich aus anderen Bilanzierungszwecken als dem der möglichst periodengerechten Erfolgsermittlung ergeben, wird eine verbesserte Wiedergabe des tatsächlichen ökonomischen Periodenerfolges bewirkt; eine von einem derartigen Indikator abhängige Abgeltung wird weniger von den Nebenzwecken des Bilanzsteuerrechts überlagert und ist wesentlich unabhängiger von der steuerlichen Bilanzpolitik des Unternehmensinhabers; damit gewinnt diese Variable an Objektivität.

Hiervon unberührt bleibt die Erkenntnis, daß auch nach Bereinigung wesentlicher Störgrößen noch weitere — allerdings wohl weniger bedeutsame — bilanzielle Verzerrungen existieren. Dabei ist vor allem an die Bilanzierungsvereinfachungen wie z. B. die Möglichkeit zur Sofortabschreibung von geringwertigen Wirtschaftsgütern des Anlagevermögens bzw. bestimmte Bewertungsverfahren für das Umlaufvermögen zu denken[152]. Der hieraus zunächst resultierende Wiedergabefehler schwächt sich im Zeitablauf ab. Denn unterstellt man in Zukunft etwa gleichbleibende Anschaffungen und Verbräuche bzw. Abgänge der geringwertigen Wirtschaftsgüter und des Umlaufvermögens, so

[152] Vgl. § 6 Abs. 2 EStG bzw. Abschnitt 36 Abs. 2 u. 4 EStR.

kompensieren sich auf längere Sicht zumindest teilweise Unterbewertungen aufgrund von Nichtaktivierung bzw. unterlassenen Werterhöhungen einerseits sowie unterbliebene oder zu geringe Abschreibungen und buchmäßige Verbräuche andererseits.

Die Nachprüfbarkeit dieser vorgeschlagenen Variablen ist z. T. erschwert. Denn die zu korrigierenden Einflußgrößen sind durchaus nicht immer ohne weiteres aus den Bilanzen erkenntlich. So ist z. B. der Verrechnungszins zur Ermittlung der Pensionsverpflichtungen ebensowenig aus der Bilanzangabe ersichtlich wie die Höhe der Aufwendungen für selbstgeschaffene immaterielle Güter. Andererseits sind z. B. die 6b-Rücklagen als gesonderte Positionen erkennbar.

Die relevanten Einflußgrößen, die sich nicht ohne weiteres aus den Bilanzen ableiten lassen, werden unter Umständen in den Bilanzerläuterungen erörtert. Bilanzerläuterungen sind nur für Unternehmen, die dem Aktiengesetz unterliegen, verpflichtend[153], jedoch werden sie bei den übrigen Unternehmungen nicht selten freiwillig erstellt, etwa zur Argumentation gegenüber Finanzbehörden.

Bieten auch die gegebenenfalls vorliegenden Bilanzerläuterungen keine ausreichenden Informationen, so muß in Abhängigkeit der im Einzelfall beachtenswerten Korrekturgrößen eine weitergehende Überprüfung etwa der Buchführung oder der Kostenrechnung erfolgen.

Die Komplexität der Materie, die den Verkäufer überfordern könnte, aber u. U. auch Geheimhaltungserfordernisse des Käufers einer Unternehmung können die Einschaltung eines Sachkundigen, etwa eines Steuerberaters oder eines Wirtschaftsprüfers, unumgänglich machen. Hieraus folgt wiederum eine Kostenerhöhung und damit Verschlechterung der Wirtschaftlichkeit dieses vorgeschlagenen Indikators.

4. *Der Cash Flow*

a) Darstellung

Die Verwendung des Cash Flow als Bezugsgröße für Abgeltungszahlungen eines Unternehmensverkaufs impliziert einen anderen Ansatz als die vorher diskutierten bilanzorientierten Variablen[154]. Bei diesem Vorschlag werden in Abhängigkeit von der Definition im Einzelfall mehr oder minder Liquiditätsaspekte mit berücksichtigt; so wird der Cash Flow grundsätzlich sowohl als Erfolgs- als auch als Finanzindikator erörtert[155]. Nicht zuletzt aufgrund dieser Doppelfunktion existie-

---

[153] Vgl. §§ 148 und 160 AktG zum Geschäftsbericht als Bilanzerläuterung.

[154] Vgl. zur Bedeutung des Cash Flow bei Unternehmensbewertungen *S. P. Pratt:* Valuing, S. 32; *F. G. Douglas:* How to Profitably, S. 7 u. 86.

[155] Vgl. zu dieser Doppelfunktion insbes. *U. Leffson:* Cash Flow, S. 108 ff.; *derselbe:* Bilanzanalyse, S. 157 f.; *A. Heigl:* Überlegungen, S. 148.

ren unterschiedliche Versionen zur Bestimmung des Cash Flow[156]. Es ist von daher auch nicht ganz leicht, die jeweils geeigneteste Definition zu ermitteln. An dieser Stelle soll die Bestimmung eines möglichst aussagefähigen Erfolgsindikators im Vordergrund stehen. Deshalb wird der Cash Flow im einzelnen wie folgt definiert[157]:

	Handelsbilanzgewinn
+/–	**Veränderung der Rücklagen**
+/–	**bilanzielle Abschreibungen/Zuschreibungen**
+/–	**Veränderungen der langfristigen Rückstellungen**
=	**Cash Flow**

Dieser Definitionsvorschlag ist nur eine von verschiedenen Möglichkeiten. Neben dieser indirekten Ermittlungsmethode läßt sich der Cash Flow auch aus den Ertragseinnahmen und Aufwandsausgaben erweitert um diejenigen Einnahmen und Ausgaben, die in früheren oder späteren Perioden erfolgswirksam waren bzw. werden, direkt berechnen[158]. Diese direkte Ermittlung basiert eher auf finanzwirtschaftlichen Größen und soll von daher hier nicht weiter verfolgt werden.

Gelegentlich wird vorgeschlagen, den Cash Flow noch zusätzlich um die Rückrechnung der außerordentlichen Aufwendungen und Erträge zu modifizieren, um einen von Sondereinflüssen bereinigten Erfolg auszuweisen[159]. Diese erweiterte Definition scheint für die vorliegende Zwecksetzung ungeeignet, da die Abgeltungszahlungen von dem gesamten Periodenerfolg abhängen sollen, ganz gleich inwieweit er ordentliche oder außerordentliche Komponenten enthält.

So ergibt sich der Cash Flow als Kennzahl, die auf einer Ertragsgröße (Ergebnis der Handelsbilanz) basiert und um wesentliche Aufwandspositionen erweitert wurde, die nicht, nicht mehr bzw. noch nicht auszahlungswirksam sind. Gleichzeitig wird mit dieser Hinzurechnung bezweckt, daß die als besonders hinsichtlich der Bewertung manipulierbar angesehenen Bilanzpositionen keine verzerrende Wirkung auf den Erfolgsausweis übertragen[160]. Da jedoch nicht nur in Höhe einer ver-

---

[156] Vgl. die Vorschläge bei *R. Buchner:* Finanzanalyse, S. 79; *R. Köhler:* Cash Flow, S. 356; *W. Juesten:* Cash-flow, S. 62; *U. Leffson:* Bilanzanalyse, S. 158 f.; *L. Lachnit:* Wesen, S. 59; *D. Münch:* Der betriebswirtschaftliche Erkenntnisgehalt, S. 1301; *G. Vogler, H. Mattes:* Theorie, S. 57 ff.; *A. Heigl:* Überlegungen, S. 139 f.; *M. J. Gombola, E. Ketz:* A Note, S. 107 und *W. R. V. Archer:* Programme, S. 36 f.

[157] Vgl. *U. Leffson:* Bilanzanalyse, S. 158 f.; *R. Köhler:* Cash Flow, S. 356; *R. Buchner:* Finanzanalyse, S. 79 u. 99 f.

[158] Vgl. zur direkten Berechnung des Cash Flow *W. Busse von Colbe:* Cash-Flow, Sp. 246 f.

[159] So etwa *W. Juesten:* Cash-flow, S. 62 f.

[160] Vgl. *B.-J. Böning:* Zum Aussagewert, S. 438; *A. Harrmann:* Die betriebswirtschaftliche Bedeutung, S. 2327 f.

muteten Unterbewertung der Aktiva und Überbewertung der Passiva Korrekturen vorgenommen werden, sondern die betreffenden Bilanzposten in Höhe der Nettoveränderung in der jeweiligen Periode korrigiert werden, kann ein direkter Vergleich des Cash Flow mit dem handelsbilanziellen Jahresabschluß nicht erfolgen. Diese Bruttogröße Cash Flow kann deshalb nur als eine Art Umsatzüberschuß interpretiert werden[161], deren absolute Höhe nicht nur von dem wirtschaftlichen Erfolg einer Unternehmung abhängt. Vielmehr beeinflussen auch die jeweilige Art der Tätigkeit und der Branche und der davon abhängige jeweils notwendige Kapitalverzehr im Anlagevermögen oder die üblichen Rückstellungsmöglichkeiten u. ä. den Cash Flow[162]. Insofern ist erklärlich, daß der Cash Flow nur hinsichtlich diesbezüglich strukturgleicher Unternehmenssituationen auch vergleichbare Erfolgsaussagen zuläßt[163]. Eine vergleichende Erfolgsbeurteilung zwischen verschiedenen Unternehmungen läßt sich deshalb anhand des Cash Flow nur unter speziellen Bedingungen sinnvoll durchführen[164]. Inwieweit für das vorliegende Erfordernis der Erfolgsbeurteilung ein und derselben Unternehmung im Zeitablauf der Cash Flow von Vorteil sein kann, soll in der folgenden Würdigung erörtert werden.

b) Eignung des Vorschlags

Die notwendige Meßbarkeit und eindeutige Determiniertheit sind bei diesem Vorschlag gegeben; die einzelnen Komponenten zur Berechnung des Cash Flow lassen sich dem Jahresabschluß entnehmen und die Indikatorgröße Cash Flow ist nach vorheriger definitorischer Festlegung inhaltlich hinreichend deutlich bestimmt.

Die Praktikabilität und Wirtschaftlichkeit können als allgemein zufriedenstellend beurteilt werden. Denn zur Ermittlung des Cash Flow müssen zwar ergänzende Rechnungen auf der Basis des Jahresabschlusses durchgeführt werden, diese scheinen jedoch nicht übermäßig kompliziert und aufwendig zu sein.

Hinsichtlich der Nachprüfbarkeit der vorgeschlagenen Kennzahl können sich teilweise Probleme auftun. Wird unterstellt, daß dem Verkäufer zur Überprüfung der Cash-Flow-Berechnungen nur die Unterlagen des Jahresabschlusses vorliegen, so kann es z. B. schwerfallen, den Umfang der langfristigen Rückstellungen zu ermitteln, wenn die

---

161 Vgl. zu dieser Interpretation auch *K. Achtermeyer:* Was bringt die Cash-Flow-Analyse?, S. 1089. Gegen eine Interpretation des Cash Flow als Jahreserfolgsgröße wendet sich mit detaillierter Begründung *A. Harrmann:* Die betriebswirtschaftliche Bedeutung, S. 2328.

162 Vgl. *R. Köhler:* Ermittlungsziele, S. 392.

163 Vgl. hierzu *R. Köhler:* Ermittlungsziele, S. 392.

164 Ebenso *G. A. Coenenberg:* Jahresabschluß, S. 440.

entsprechende Bilanzposition nicht nach Fristigkeiten klassifiziert ist[165]. Ähnliche Überprüfungsschwierigkeiten können sich bei der exakten Bestimmung der Wertberichtigungen ergeben; denn ein gesonderter Ausweis der Veränderungen der Einzelwertberichtigungen zu Forderungen in der GuV ist nur in Ausnahmefällen zu erwarten[166].

Unter dem Gesichtspunkt des Moral Hazard ist zu untersuchen, ob eine Verhaltensänderung des Käufers aufgrund einer getroffenen Abgeltungsvereinbarung unter Verwendung des Cash Flow als Abgeltungsindikator zu erwarten ist. Mögliche Verhaltensänderungen bei der Verwendung des Handelsbilanzgewinns wurden zuvor bereits erörtert, so daß an dieser Stelle allein die Auswirkungen der den Bilanzgewinn ergänzenden Größen des Cash Flow zu diskutieren sind[167]. Es stellt sich also die Frage, ob und ggf. in welchem Umfang autonome Maßnahmen des Geschäftsinhabers zu erwarten sind, die c. p. zu verminderten Abschreibungen respektive erhöhten Zuschreibungen, zu Nettoabnahmen der Rückstellungen bzw. der Wertberichtigungen auf Forderungen führen und zum Ausgleich analoge Erhöhungen anderer Aufwandsarten zulassen, die bei der Berechnung des Cash Flow nicht zum Handelsbilanzergebnis hinzuzufügen sind.

Auf dem Wege der künstlichen Aufwandsverlagerung aus den drei oben genannten Aufwandsarten in übrige Aufwandskategorien läßt sich bei gleicher Ausgangssituation eine Verringerung des vertraglich fixierten Cash Flow erreichen.

Im konkreten sind wohl nur Verhaltensänderungen zur Beeinflussung der Höhe der Abschreibungen zu vermuten; Maßnahmen zu Aufwandsverlagerungen von Rückstellungen oder Wertberichtigungen auf andere Positionen sind kaum denkbar. So birgt die Verwendung des Cash Flow als Abgeltungsindikator für den Verkäufer die Gefahr, daß der Betriebsnachfolger durch eine Desinvestitionsstrategie den Faktor Kapital durch Arbeit und damit die Aufwandsposition Abschreibung durch Personalaufwand tendenziell substituiert, soweit dies im Rahmen des Betriebsablaufs möglich ist, um die Cash-Flow-Kennziffer c. p. zu reduzieren[168]. Analoges gilt für Aufwandsverlagerungen von Abschreibungen zu Miet-

---

165 Vgl. ebenso *D. Münch:* Der betriebswirtschaftliche Erkenntnisgehalt, S. 1302.

166 Selbst nach dem aktienrechtlichen Gliederungsschema der GuV werden Aufwendungen aus Wertberichtigungen zu Forderungen mit weiteren Aufwandsarten zu einer Position zusammengefaßt.

167 Vgl. den Moral-Hazard-Effekt bei Verwendung des Handelsbilanzergebnisses im 4. Kapitel, B. III. 1. b.

168 Vgl. zur Strukturabhängigkeit der Cash-Flow-Kennziffer *D.-J. Böning:* Zum Aussagewert, S. 439; *D. Münch:* Der betriebswirtschaftliche Erkenntnisgehalt, S. 1304 f.

aufwand durch verstärktes Leasing[169]. Unter dem Aspekt des Moral-Hazard-Effektes ist der Cash Flow als Indikator nur eingeschränkt zu empfehlen.

Schließlich ist die allgemeine Zieladäquanz dieser Kennzahl zu untersuchen. Es stellt sich die Frage, inwiefern der Cash Flow ein geeigneter Indikator sowohl der nachhaltigen Ertragskraft als auch der davon abhängigen Ausschüttungsmöglichkeiten darstellt. Wie zuvor bereits angedeutet, läßt der Cash Flow als Erfolgsindikator nur relative Aussagen zu, da dem Bilanzgewinn — wenn auch periodenbezogen nicht auszahlungswirksame — Aufwandskategorien hinzugerechnet werden[170]. Der Cash Flow kann daher nur unter einschränkenden Prämissen als Erfolgsindikator benutzt werden. Dabei verlangt diese Kennzahl eine differenzierte Interpretation, die bei einer pauschalen rechnerischen Anwendung, wie sie diesem Abgeltungsmodell zugrunde liegt, kaum gegeben sein dürfte[171].

Es bleibt zu überprüfen, ob der Cash Flow, wenn schon nicht in jedem Falle als exakter Erfolgsindikator, so doch zumindest als Indikator für die Höhe der ausschüttungsfähigen Beträge einer Unternehmung brauchbar ist. Denn ein c. p. größerer Finanzierungsspielraum einer Unternehmung läßt höhere Abzahlungen an den Verkäufer eher verkraften, als wenn diese völlig unabhängig von der Finanzlage abzuführen sind; aus der Sicht des Käufers ist die zumindest periphere Einbeziehung finanzieller Kriterien bei der Bestimmung des Abgeltungsindikators angebracht.

Für die Qualität des Cash Flow — in der vorliegenden Definition — als geeigneten Finanzindikators spricht, daß mit den Abschreibungen, Zuführungen zu langfristigen Rückstellungen und zu Wertberichtigungen auf Forderungen drei vom Volumen her sehr bedeutende Aufwandskategorien berücksichtigt werden, die vorerst keine Auszahlungen nach sich ziehen. Einschränkend ist jedoch anzumerken, daß zwar formal dem Unternehmen auf dem Wege der Umsatzerlöse in der jeweils laufenden Periode sukzessive ein Nettoüberschuß in Höhe des Cash Flow zufließt[172], andererseits aber die Höhe der hieraus finanzierten laufenden Zahlungsverpflichtungen der Unternehmung dem entgegenzusetzen ist. Weiterhin muß an der vorliegenden, aber auch den sonst üblichen Definitionen des Cash Flow bemängelt werden, daß nicht alle zunächst auszahlungsunwirksamen Aufwendungen Eingang finden; so führen

---

169 Vgl. *D. Münch:* Der betriebswirtschaftliche Erkenntnisgehalt, S. 1305.

170 Vgl. *R. Köhler:* Ermittlungsziele, S. 391.

171 Zur Kritik bzw. Einschränkung in der Anwendung des Cash Flow als Erfolgsindikator vgl. *U. Leffson:* Cash Flow, insbes. S. 123 ff.; *D.-J. Böning:* Zum Aussagewert, S. 437 f.

172 Vgl. *L. Lachnit:* Wesen, S. 73.

auch Pauschalwertberichtigungen, systematische Unterbewertungen im Umlaufvermögen oder kurzfristige Rückstellungen erst allenfalls nach einem mehr oder minder langen Zeitraum zu Auszahlungen oder Einzahlungsausfällen[173]. Der Cash Flow kann auf dem Weg zu einer unter finanzwirtschaftlichen Gesichtspunkten akzeptablen Einzahlungs-/Auszahlungsrechnung nur als ein Kompromiß angesehen werden. Denn der relativ einfachen Ermittlung stehen die oben näher beschriebenen Aussagemängel gegenüber.

5. *Der Umsatz*

a) Darstellung

Im folgenden soll untersucht werden, inwieweit bei Unternehmensveräußerungen der Umsatz als Abgeltungsindikator geeignet ist. Insbesondere in den USA hat der Umsatz für die Bemessung eines Unternehmenskaufpreises große Bedeutung[174]. Auch in Deutschland werden Kaufpreise in Abhängigkeit von Umsätzen vereinbart[175].

Als erstes ist der hier zu verwendende Begriff des Umsatzes zu definieren. Den Ausgangspunkt bildet der jeweilige Nettojahresumsatz der zu untersuchenden Unternehmung, da die Höhe der anteiligen Umsatzsteuer gesetzlichen Veränderungen unterliegt und insofern als systematische Störgröße anzusehen ist. Ergänzend muß für Spezialfälle der Vorbehalt gemacht werden, ggf. auch andere Verbrauchsteuern aus dem Umsatz zu eliminieren. Dies gilt insbesondere für Branchen, in denen der Verbrauchsteueranteil an den Produktpreisen relativ hoch ist wie etwa im Tabakwaren- oder Mineralölbereich. In diesen Fällen können Steueränderungen, die sich letztlich dem Einfluß des Unternehmensinhabers entziehen, erhebliche Wirkungen auf die Höhe der Bruttoumsätze ausüben. Derartige Umsatzveränderungen stehen natürlich in keinerlei Zusammenhang mit dem Erfolg eines Unternehmens und sind von daher zu bereinigen.

b) Eignung des Vorschlags

Die Beurteilungskriterien Meßbarkeit, eindeutige Determiniertheit, Nachprüfbarkeit, Praktikabilität und Wirtschaftlichkeit sind bei der Verwendung von Umsatzindikatoren als mindestens befriedigend erfüllt anzusehen. Die benötigten Umsatzzahlen können ohne Schwierigkeiten gemessen werden. Durch die Erfassung der Umsatzerlöse in den Umsatz-

---

[173] Vgl. *D. Münch:* Der betriebswirtschaftliche Erkenntnisgehalt, S. 1302.

[174] Vgl. etwa *S. P. Pratt:* Valuing, S. 32.

[175] Vgl. U. d. BFH v. 17. 12. 1964; *E. Biergans, A. Frhr. von Stotzingen:* Raten, S. 97 u. Beispiele auf S. 102 f.; *H. Münstermann:* Wert, S. 129 ff. mit weiteren Verweisen; *R. Buchner:* Finanzanalyse, S. 323 f.; *W. Jung:* Praxis, S. 208 f.

steuererklärungen sind die Nettoumsätze eindeutig determiniert; gleichzeitig sichert die Kontrolle der Steuererklärungen durch die Finanzbehörden dem Verkäufer eine besonders gut überprüfte Datenbasis. Diesem müssen allerdings Einsichtsmöglichkeiten in Steuerbescheide und vor allem in die diesbezüglichen Berichte der steuerlichen Betriebsprüfung zugestanden werden. Manipulationsspielräume bei der Zusammensetzung der Angaben bleiben auf diese Art ebenso ausgeschlossen wie mangelnde Überprüfbarkeit der Variablenberechnung. Allerdings ist zu beachten, daß bei dieser Vorgehensweise die Überprüfung der Umsätze nur indirekt erfolgt, da der Berechtigte die Prüfungshandlungen nicht selbst durchführt. Insofern bestimmt die Qualität der fiskalischen Prüfungen die Kontrollwirksamkeit für den Verkäufer. Weiterhin ist die Datenbeschaffung und Berechnung der Umsätze nahezu kostenfrei und somit sehr wirtschaftlich.

Die oben beschriebene besonders leichte Ermittlung des Abgeltungsindikators Nettoumsatzerlöse wird zum Teil mit Einschränkungen in der Zieladäquanz dieser Variablen für die Vertragsparteien erkauft. Bezüglich der Wirkungen des Moral-Hazard-Effektes auf die Zieladäquanz ist zu befürchten, daß der Unternehmenskäufer die Unternehmenspolitik strukturell ändert. Die Wirkung einer umsatzabhängigen Abgeltung sei am Beispiel eines Monopolisten näher erörtert[176]. Zwar dürfte das Monopol in seiner reinen Ausprägung als Marktform kaum anzutreffen sein, jedoch kann man andererseits davon ausgehen, daß in den in der Praxis häufig vorkommenden gemischten Marktformen für einzelne Unternehmungen durchaus begrenzte monopolistische Bereiche existieren[177]. Insofern lassen sich die Ergebnisse der folgenden Untersuchung auch auf Unternehmungen übertragen, die nicht über ein Angebotsmonopol verfügen.

Im folgenden wird zum einen das Optimalverhalten eines Monopolisten dargestellt, der keine umsatzabhängigen Abgeltungen zu leisten hat. Zum anderen wird die Verhaltensänderung des Käufers untersucht, die sich daraus ergibt, daß der Kaufpreis umsatzabhängig abzugelten ist. In diesem Fall handelt es sich bei der zu maximierenden Zielgröße um den Gewinn nach Abzug der Abgeltungen an den Verkäufer.

---

[176] Vgl. hinsichtlich der Wirkungen umsatzabhängiger Abgaben auf das Optimalverhalten die Analysen zur Umsatzsteuer bei *G. Wöhe:* Steuerlehre, S. 121 ff.; *Th. Siegel:* Steuerwirkungen, S. 90 ff.; *G. Rose:* Absatz, insbes. S. 400 ff. sowie *K. von Wysocki:* Der Einfluß, S. 31 ff., der vorrangig mögliche Einflüsse auf die Produktionsstruktur untersucht. Zu den diesbezüglichen Darstellungen aus finanzwissenschaftlicher Sicht vgl. *H. C. Recktenwald:* Steuerüberwälzungslehre, S. 145 ff. u. *R. A. Musgrave, P. B. Musgrave, L. Kullmer:* Finanzen, S. 103 ff.

[177] Vgl. *E. Gutenberg:* Grundlagen, S. 245 ff.

Das Verhalten eines Unternehmers (Käufer einer Unternehmung) zeigt sich in Abhängigkeit von zusätzlichen umsatzabhängigen Belastungen (hier: Kaufpreisabgeltungen) wie folgt:

U_B = Bruttoumsatz
U_N = Nettoumsatz (Bruttoumsatz abzgl. umsatzabhängiger Abgeltungszahlungen)
w = Abgeltungsquote (Quote des Umsatzes, die dem Verkäufer zusteht): $0 < w < 1$
a, b = Funktionsparameter, jeweils größer als Null
K = Gesamtkosten (ohne bedingte Abgeltungen)
k = variable Kosten (ohne bedingte Abgeltungen)
x = Absatzmenge
x^* = gewinnmaximale Absatzmenge bei Verwendung des Bruttoumsatzes
x^{**} = gewinnmaximale Absatzmenge bei Verwendung des Nettoumsatzes
z = Differenz zwischen x^* und x^{**}
PAF_B = Preis-Absatz-Funktion gemäß dem Bruttoumsatz
PAF_N = Preis-Absatz-Funktion gemäß dem Nettoumsatz
p = Absatzpreis je Produkteinheit

(21) $$U_B(x) = ax - bx^2$$

(22) $$\frac{dU_B}{dx} = a - 2\,bx$$

(23) $$U_N(x) = (1 - w)\,U_B = (ax - bx^2)(1 - w)$$

(24) $$\frac{dU_N}{dx} = a - 2\,bx - w\,(a - 2\,bx)$$

Unterstellt man lineare Kostenfunktionen, so gleichen die Grenzkosten und Grenzerlöse bei Erreichen der gewinnmaximalen Absatzmenge aus. So erhält man aus (22) bzw. (24) folgende Optimalmengen:

(25) $$a - 2\,bx^* = k$$

(26) $$\frac{a - k}{2\,b} = x^*$$

(27) $$a - 2\,bx^{**} - wa + 2\,wbx^{**} = k$$

(28) $$\frac{a - k - wa}{2\,b\,(1 - w)} = x^{**}$$

Die Differenz zwischen x^* und x^{**} wird wie folgt ermittelt:

(29) $$x^* - x^{**} = z$$

(26) und (28) in (29) eingesetzt ergeben:

(30) $$\frac{a-k}{2b} - \frac{a-k-wa}{2b(1-w)} = z$$

(31) $$\frac{wk}{2b(1-w)} = z$$

Da wk, $2b$, $(1-w) > 0$, ist auch $z > 0$ bzw. $x^* > x^{**}$.

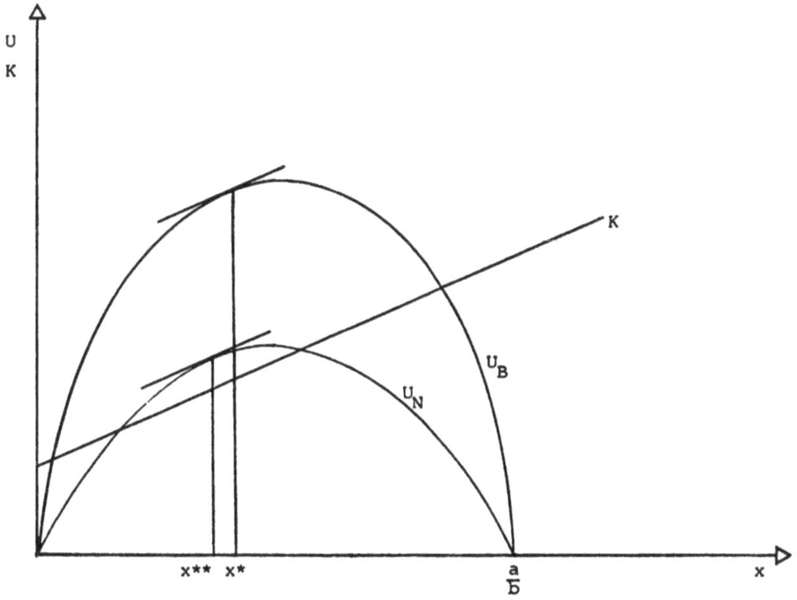

Abb. 10. Die gewinnmaximalen Absatzmengen mit und ohne umsatzabhängige Kaufpreisabgeltung

Ganz offensichtlich entspricht es also dem Interesse des Käufers, etwa durch eine Hochpreispolitik oder ähnliche Maßnahmen einen leicht gesunkenen Bruttogewinn bei vermindertem Absatz zu erzielen, um die hiervon abhängigen Zahlungen an den Verkäufer zu verringern. Diese Politik ist zu erwarten, so lange per Saldo für den Käufer ein Vorteil aus der Differenz zwischen Bruttogewinnverminderung und reduzierter Abgeltungszahlung verbleibt. Durch Abweichen vom Optimum des Bruttogewinns läßt sich also der Gewinn nach Abgeltungszahlungen verbessern. Durch Orientierung am Nettogewinn ergibt sich somit eine Verringerung des Bruttogewinns der Unternehmung, der zur Verteilung zwischen Käufer und Verkäufer zur Verfügung steht. Dieses soll anhand der Verteilung des Deckungsbeitrages zwischen den Vertragsparteien noch weiter konkretisiert werden.

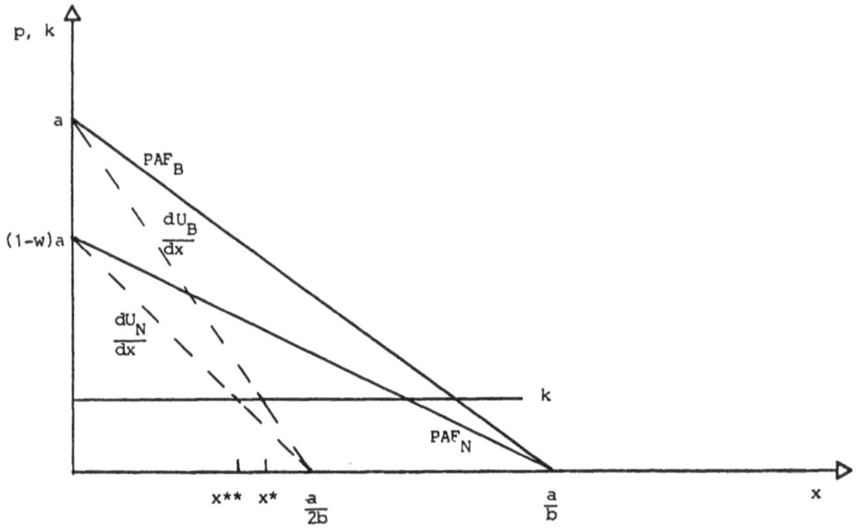

Abb. 11. Preis-Absatz-Funktionen und Grenzumsätze

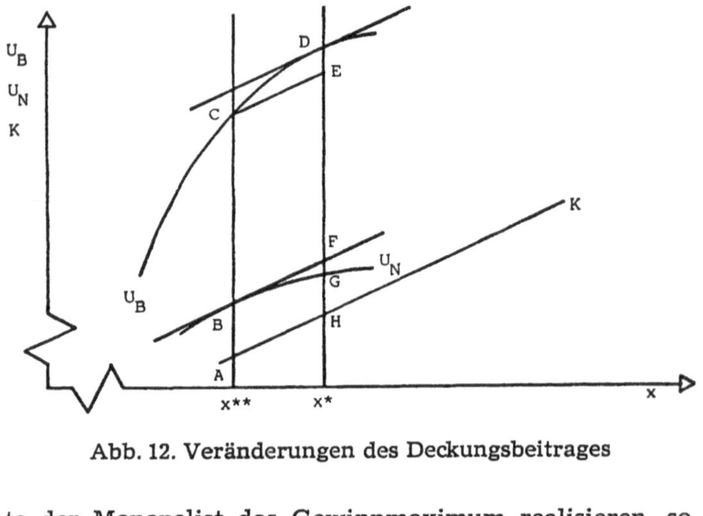

Abb. 12. Veränderungen des Deckungsbeitrages

Möchte der Monopolist das Gewinnmaximum realisieren, so ist die Menge x^* abzusetzen, die einen Deckungsbeitrag in Höhe von *HD* erbringt. Dies ist die Absatzpolitik, die den höchstmöglichen Deckungsbeitrag zur Folge hat. Von diesem steht dem Verkäufer der Teil *DG* und dem Käufer der Teil *GH* zu. Aus der Einzelbetrachtung des Käufers bei umsatzabhängiger Abgeltung ist jedoch eine Absatzmenge in Höhe von nur x^{**} optimal, obwohl bei dieser der gesamte Deckungsbeitrag gegenüber der ersten Situation geringer ausfällt.

Im einzelnen stellt sich die Veränderung des Gesamtdeckungsbeitrages und seine Verteilung auf Käufer und Verkäufer so dar: Der Deckungsbeitrag verringert sich insgesamt von *DH* auf *CA* um *DE*. Die Verminderung *DE* geht allein zu Lasten des Verkäufers; darüber hinaus verliert der Verkäufer an den Käufer den Anteil *FG*. Genau um diesen Betrag verbessert sich nämlich die Situation des Käufers durch die Drosselung des Absatzes — der Deckungsbeitrag nach Abgeltung steigt von *GH* auf *BA*. Aus diesem Grund besteht die Gefahr, daß die Verwendung des Umsatzes als Abgeltungsindikator zu einer Unternehmenspolitik führt, die aus der Sicht der Unternehmung bzw. der Gruppe der Gewinnberechtigten, bestehend aus Käufer und Verkäufer, suboptimal ist.

Es bleibt schließlich zu untersuchen, ob und ggf. inwieweit der Abgeltungsindikator Umsatzerlöse selbst eine geeignete Maßgröße für die Vertragspartner darstellt. Zwar nimmt das Ziel Umsatzmaximierung im Rahmen des ökonomischen Zielbündels eine durchaus bedeutsame Stellung ein, es bleibt aber den gewinn- und auszahlungsorientierten Zielen gegenüber von untergeordneter Bedeutung[178]. Verstärkt gilt diese Aussage sicherlich für die Verkäufer, da die Zielsetzung beim Verkauf auf die Erreichung eines möglichst hohen Kaufpreises — ganz gleich ob Bar- oder Ratenkaufpreis — gerichtet ist[179].

Auch aus Käufersicht erscheint der Indikator Umsatzerlöse nicht unmittelbar zieladäquat. Als Zwischenzielgröße ist der Umsatz nur unter ganz bestimmten Voraussetzungen brauchbar. Denn Perioden, in denen keine oder geringe Unternehmenserfolge erzielt werden, sind nicht notwendigerweise mit niedrigen Umsätzen verbunden und lassen somit nicht zwingend geringere Periodenabgeltungszahlungen erwarten. Die große Schwierigkeit der Verwendung dieses Indikators besteht in der mangelnden Parallelität der Bewegungen des Umsatzes und der entsprechenden Periodenerfolge[180]. Andere erfolgsbestimmende Einflüsse wie etwa Kostenveränderungen werden vernachlässigt. Nur bei unterstellter vollständiger Konkurrenz und dem Vorliegen linearer Kosten entwickeln sich Umsatz und Erfolg gleichförmig.

Hieraus wird jedoch deutlich, unter welchen Prämissen bzw. bei welchen Unternehmungen die Verwendung eines Umsatzindikators besonders angebracht sein kann. In Geschäftszweigen, in denen relativ konstante Deckungs- oder Handelsspannen üblich sind, gewinnt der Umsatz als Indikatorgröße an Aussagekraft. Konkret denke man dabei an

---

[178] Vgl. 2. Kapitel, A. I. 1. a.

[179] Vgl. 2. Kapitel, A. III. 2.

[180] So auch *H. Münstermann:* Wert, S. 130.

Bereiche des Handels mit relativ konstanten Handelsspannen[181] oder an Provisionsgeschäfte wie etwa Versicherungs- oder Finanzierungsvermittlungsunternehmen bzw. das Maklergewerbe. Sind bei einem zu veräußernden Unternehmen diese Voraussetzungen gegeben, so erscheint die Verwendung eines Umsatzindikators zur erfolgsabhängigen laufenden Abgeltung des Unternehmenskaufpreises für Käufer und Verkäufer auch unter diesem Gesichtspunkt geeignet.

[181] Als Gründe mögen formelle oder materielle Bindungen des Handels angesehen werden. So verzeichnet der Handel zwar in jüngster Zeit gegenüber den Herstellern einen deutlichen Machtzuwachs. Jedoch haben es insbesondere einige Markenartikler, hier insbesondere Hersteller sogenannter Nobelmarken, geschafft, sich trotz Aufhebung der Preisbindung der zweiten Hand praktisch einen sehr großen Einfluß auf die Endpreiskalkulation zu sichern. Dies trägt maßgeblich dazu bei, die Höhe der Handelsspannen von Schwankungen freizuhalten.

Fünftes Kapitel

Abschließende Zusammenfassung

Wird wie in dieser Arbeit die Unternehmensbewertung zum Zwecke freiwilliger Unternehmensveräußerungen durchgeführt, so muß ohne Frage auf die individuelle Entscheidungssituation des potentiellen Käufers und Verkäufers eingegangen werden. Vermeintlich objektive Bewertungsansätze sind bei entscheidungsorientierten Unternehmensbewertungen abzulehnen; auf typisierende Annahmen über die Situation des Entscheidungsträgers darf nur insoweit zurückgegriffen werden, als die individuellen Daten des Einzelfalls weder verfügbar sind, noch wirtschaftlich beschafft werden können.

Bei der Entscheidungsfeldanalyse tritt das Problem auf, die relevanten Ziele zu bestimmen; insbesondere die Bedeutung nichtmonetärer Ziele dürfte im jeweiligen Einzelfall unterschiedlich hoch anzusetzen sein, so daß eine diesbezüglich detaillierte Untersuchung erfolgen muß. Eine vollständige Vernachlässigung nichtmonetärer Ziele, von der in der älteren Literatur teilweise ausgegangen wird, erscheint für die hier zu diskutierenden Unternehmensbewertungsanlässe kaum vertretbar.

Die Analyse der monetären Ziele ergibt, daß der Entscheidungsträger im allgemeinen die miteinander konkurrierenden Kapitalanlagen (darunter auch Unternehmungen) gemäß den mit ihnen verbundenen Nettozahlungen beurteilt; dabei werden frühere Zahlungen gegenüber späteren tendenziell höher eingeschätzt.

Bei derartigen Zielvorgaben eignen sich allein investitionstheoretische Ansätze der Unternehmensbewertung, um die Vorteilhaftigkeit einer Unternehmenskaufs- bzw. -verkaufsalternative zu bestimmen. Unter diesem Gesichtspunkt wird heute schon vielfach die Ertragswertmethode auf Basis von Zahlungsströmen als geeignetes Verfahren propagiert, zumindest soweit die Berechnung auf sicheren Daten beruht.

Nicht vergangene, sondern zukünftige Entwicklungen bestimmen den Wert eines Unternehmens; das hieraus resultierende Risiko erfordert eine adäquate Berücksichtigung im Bewertungsverfahren. Die Art, wie im Rahmen der klassischen Verfahren der Unternehmensbewertung dem Risiko Rechnung getragen wird, führt zu gravierenden analytischen

Problemen und läßt zudem nur eine recht einseitige Verteilung des Risikos, nämlich in vollem Umfang zu Lasten der Käuferpartei, zu.

Die modernen Ansätze der Unternehmensbewertung stellen die Mehrwertigkeit der künftigen Entwicklungen und damit des Unternehmenswertes besonders heraus. Im Gegensatz zu den klassischen Verfahren wird hierbei das Risiko nicht so sehr dadurch zu kompensieren versucht, daß der bei Sicherheit anzuwendende Investitionskalkül modifiziert wird. Vielmehr wird gemäß der modernen Unternehmensbewertungstheorie die Entscheidung über die Vorteilhaftigkeit einer Unternehmensinvestition bzw. -desinvestition anhand der ganzen Breite der Informationen getroffen. Wie für den jeweiligen Entscheidungsträger ein einheitlicher Maßstab zur Entscheidung zwischen verschiedenen Handlungsalternativen, die jeweils durch eine Bandbreite an Zahlungsströmen und zugehörige Wahrscheinlichkeiten charakterisiert sind, gefunden werden kann, bleibt weitgehend ungelöst. Der mögliche Rückgriff auf Nutzenfunktionen bietet nur begrenzt Abhilfe, da eine konsistente und im Zeitablauf konstante Nutzenfunktion eines Entscheidungsträgers nur schwer ermittelbar sein dürfte.

In dieser Arbeit wird ein anderer Ansatz zur Überwindung des Risikoproblems vorgeschlagen. Statt Gegenleistungen unerwünschter Risikowirkungen zu ermitteln, wird versucht, durch die Konstruktion laufender, von bestimmten Zielindikatoren abhängiger Kaufpreisabgeltungen eine zweckgerechtere Aufteilung des Risikos zu erreichen. Ziel dieser Methode ist es, den Verkäufer über einen bestimmten Zeitraum an den Erfolgen der Unternehmung weiterhin partizipieren zu lassen. Denn die Entwicklung der Unternehmung im Zeitraum direkt nach der Veräußerung ist noch zum Großteil von Maßnahmen des Verkäufers bestimmt. Anderseits soll dem Käufer mit dieser Abgeltungsvereinbarung ein Teil des Risikos aus dem Unternehmenskauf abgenommen werden.

Das vorgeschlagene Abgeltungsverfahren erweist sich in Abhängigkeit von den hier untersuchten möglichen Indikatorgrößen unterschiedlich geeignet. Zwar kann keine der Varianten eine differenzierte Aufteilung des Erfolges auf Käufer und Verkäufer jeweils nach der Verursachung gewährleisten. Denn die Erfolgswirkungen ergeben sich im allgemeinen aus einem Bündel von nicht voneinander trennbaren Einzelursachen. Jedoch wird zumindest eine tendenziell leistungsadäquate Aufteilung des von beiden Parteien Erwirtschafteten sichergestellt.

Andererseits wird der Käufer bei diesem Abgeltungsverfahren von dem Problem befreit, einen häufig recht hohen Barkaufpreis für einen Gegenwert zahlen zu müssen, der hauptsächlich in recht vagen Zukunftsprognosen begründet liegt, die dem Käufer als einem Unternehmensfremden nicht auf Anhieb voll plausibel erscheinen müssen.

Die folgende Zusammenstellung gibt einen Überblick darüber, in welchem Umfang die einzelnen untersuchten Abgeltungsindikatoren den zuvor herausgearbeiteten Anforderungen genügen:

Tabelle 11

Vergeichende Beurteilung verschiedener Abgeltungsindikationen

Indikatoren / Anforderungen	Handelsbilanzgewinn	Steuerbilanzgewinn	kor. Steuerbilanzgewinn	Cash Flow	Umsatz
Meßbarkeit	++	++	++	++	++
eindeutige Determiniertheit	–	–/0	0	+	++
Nachprüfbarkeit	+	+	0	–	++
allgemeine Zieladäquanz	+/0	+/0	+/++	+	0
Zieladäquanz (Moral Hazard)	+	+	+	–	–
Praktikabilität	+	+	0	0	+/++
Wirtschaftlichkeit	++	++	+/0	+/0	++

++ = in vollem Umfang erfüllt
\+ = befriedigend erfüllt
0 = mäßig erfüllt
– = nicht oder nur gering erfüllt

Bei der Analyse der einzelnen Indikatoren zeigte sich, daß Abgeltungszahlungen in Abhängigkeit vom Handelsbilanz- und Steuerbilanzergebnis sowie vom Umsatz relativ leicht und ohne hohen Aufwand ermittelt werden können; modifizierte Steuerbilanzergebnisse und Ermittlungen des Cash Flow erfordern hingegen weitergehende Berechnungen, die die Komplexität erhöhen und zusätzliche Aufwendungen verursachen. Andererseits bietet die Verwendung des korrigierten

Steuerbilanzergebnisses ein besonders hohes Maß an Zieladäquanz. Mit Abstrichen erscheint der Cash Flow ähnlich gut geeignet für die notwendige Erfolgsanalyse einer bestimmten Unternehmung im Zeitablauf. Man muß sich allerdings der besonderen Gefahr dieser Größe bewußt sein. Denn als absolute Maßgröße ist der Cash Flow ungeeignet; dieser Indikator läßt allenfalls relative Erfolgsbeurteilungen zu.

Die Kopplung der Abgeltungszahlungen an den Umsatz ist vor allem in Branchen erwägenswert, die aufgrund der Markt- und Kostenstruktur durch relativ konstante Umsatz-Gewinn-Relationen gekennzeichnet sind. Von der Verwendung unkorrigierter Handelsbilanz- bzw. Steuerbilanzergebnisse ist im allgemeinen abzuraten, da der Käufer für die Erstellung des Jahresabschlusses verantwortlich ist und er infolgedessen durch Ausnutzen der bilanzpolitischen Spielräume den Erfolgsausweis nachhaltig beeinflussen kann.

Setzt man den in dieser Arbeit unterbreiteten Vorschlag, konkretisiert durch die oben diskutierten Indikatoren, den bisherigen Methoden der Risikokompensation bei der Unternehmenspreisermittlung gegenüber, so zeigt sich folgendes Bild. Den Kaufpreis teilweise oder vollständig in Raten zu entrichten, die von einer als geeignet erscheinenden Unternehmensvariablen abhängen, macht die Ermittlung eines angemessenen Wertausgleichs für das Zukunftsrisiko weitgehend überflüssig. Dadurch erübrigt sich insbesondere der Rückgriff auf individuelle Nutzenvorstellungen bzw. -funktionen der Entscheidungsträger.

Darüber hinaus führen falsche Schätzungen der Zukunftsentwicklungen nicht zu einschneidenden Benachteiligungen einer Vertragspartei. Insoweit ist es bei den Verhandlungen weitgehend entbehrlich, die jeweils eigene Zukunftserwartung plausibel zu machen und die Prognose des Verhandlungspartners als zu optimistisch respektive pessimistisch hinzustellen. Vielmehr haben bei diesem Verfahren beide Seiten ein Interesse an einer realistischen Zukunftsprognose der Unternehmung, die sich auf eine sorgfältig ausgewertete Informationsbasis zum Zeitpunkt des Vertragsabschlusses gründet. In Abhängigkeit von dieser Prognose können die jeweiligen Finanzpläne der Käufer- und Verkäuferpartei entwickelt werden.

Als Schwäche des hier vorgestellten Abgeltungsverfahrens kann es sich erweisen, daß durch die über einen gewissen Zeitraum zu entrichtenden Kaufpreiszahlungen eine recht enge Bindung zwischen Käufer und Verkäufer unumgänglich wird; so hat der Neuunternehmer eine Zeitlang die Überprüfung wichtiger Unternehmensvariabler durch den Veräußerer selbst oder mindestens durch einen gemeinschaftlich bestellten Sachverständigen zu dulden. Andererseits bleibt der Unternehmensverkäufer finanziell vom Werdegang des Unternehmens betroffen bis hin zu der Möglichkeit des vollständigen Ausfalls weiterer Abgeltungszahlungen aufgrund verschlechterter Unternehmensentwicklungen oder gar infolge eines Konkurses. Diese Veräußerungsmethode setzt also ein Mindestmaß an Kooperationsbereitschaft mit dem jeweiligen Vertragspartner voraus.

Weiterhin kann die Ermittlung eines geeigneten Abgeltungsindikators zum Problem werden. Wie die Einzelanalyse der unterschiedlichen Indikatoren zeigte, ist deren Eignung zum Großteil situationsabhängig, so daß zu Beginn einer Veräußerung eine detaillierte Einzelfallanalyse notwendig erscheint. In einer allgemeinen Abhandlung können nur typisierte Vorteilhaftigkeitsbeurteilungen durchgeführt werden. Deshalb ist zu überprüfen, inwieweit im jeweiligen Einzelfall andere Prioritäten hinsichtlich der zu verwendenden Indikatoren zu beachten sind.

Als Modifikation des hier vorgeschlagenen Abgeltungsverfahrens ist es durchaus erwägenswert, Kombinationen verschiedener hier vorgeschlagener Einzelindikatoren zu verwenden. Auf diesem Wege ließen sich unter Umständen allzu einseitige Eigenschaften der Einzelindikatoren überwinden.

Literaturverzeichnis

Achtermeyer, Klaus: Was bringt die Cash-Flow-Analyse?, in: DB, 26. Jg. (1973), S. 1081 - 1089, (Was bringt die Cash-Flow-Analyse?).

Adelberger, Otto L.: SIMULFIN. Die Finanzwirtschaft der Unternehmung als Simulationsexperiment, Bd. 4, Teil I der Schriftenreihe Informatik und Operations Research, Darmstadt 1976, (SIMULFIN).

Adler, Hans; *Düring*, Walter; *Schmaltz*, Kurt: Rechnungslegung und Prüfung der Aktiengesellschaft. Handkommentar, Bd. 1: Rechnungslegung, 4. Aufl., völlig neu bearbeitet von K. Schmaltz u. a., Stuttgart 1968, (Rechnungslegung).

Anders, Helmut: Gewinnsteuern bei der Ertragswertermittlung von Unternehmen, in: WPg, 6. Jg. (1953), S. 151 - 153, (Gewinnsteuern).

Andrä, Bernd Olaf: Die Zielhierarchie des Betriebes, Bern u. Frankfurt a. M. 1975, (Die Zielhierarchie).

Arbeitskreis „Unternehmensbewertung im Rahmen der unternehmerischen Zielsetzung“: Unternehmungsbewertung als Grundlage unternehmerischer Entscheidungen, Teil I: Grundsatzfragen, in: ZfbF, 28. Jg. (1976), S. 99 - 121, (Unternehmungsbewertung).

Archer, W. R. V.: The R. T. Z. Financial Modelling Programme, in: Long Range Planning, Vol. 3 (1971), S. 32 - 38, (Programme).

Graf von Armansperg, Wolfgang: Die Abschreibungsgesellschaft. Entstehung — Ausgestaltung — Einschränkung, Heft 5 der Münchener Schriften zum internationalen Steuerrecht, München 1983, (Die Abschreibungsgesellschaft).

Baldus, Theodor: Die immateriellen Werte bei der Unternehmensbewertung, in: DB, 17. Jg. (1964), S. 1381 - 1383, (Die immateriellen Werte).

Ballwieser, Wolfgang: Möglichkeiten der Komplexitätsreduktion bei einer prognose-orientierten Unternehmensbewertung, in: ZfbF, 32. Jg. (1980), S. 50 - 73, (Möglichkeiten).

— Die Wahl des Kalkulationszinsfußes bei der Unternehmensbewertung unter Berücksichtigung von Risiko und Geldentwertung, in: BFuP, 33. Jg. (1981), S. 97 - 114, (Die Wahl).

— Unternehmensbewertung und Komplexitätsreduktion, Wiesbaden 1983, (Komplexitätsreduktion).

Bamberg, Günter; *Baur*, Franz: Statistik, München u. Wien 1980, (Statistik).

Barthel, Eckhardt; *Dikau*, Joachim: Mitbestimmung in der Wirtschaft, Berlin 1980, (Mitbestimmung).

Bartke, Günther: Erkenntnisobjekt und Zwecke der Unternehmungsbewertung, in: BFuP, 12. Jg. (1960), S. 266 - 279, (Erkenntnisobjekt).

— Zur Bedeutung des Liquidationswertes als Wertuntergrenze — ein Beitrag zur realitätsnäheren Weiterentwicklung der Lehre von der Unternehmensbewertung, in: BFuP, 33. Jg. (1981), S. 393 - 406, (Zur Bedeutung).

Bauer, Jörg: Latente Ertragsteuerbelastung und Anteilsbewertung nach dem Stuttgarter Verfahren, in: DB, 33. Jg. (1980), S. 320 - 323 u. 370 - 375, (Latente Ertragsteuerbelastung).

Bellinger, Bernhard: Eine Wende in der Unternehmensbewertung?, in: WPg, 33. Jg. (1980), S. 575 - 585, (Eine Wende).

Bergner, Heinz: Die Planung des Zukunftserfolges bei der Bewertung der Unternehmung als Ganzem, in: Betriebswirtschaftliche Planung in industriellen Unternehmungen, Festgabe für Th. Beste, Hrsg.: J. Ries u. G. v. Kortzfleisch, Berlin 1959, S. 175 - 209, (Planung).

Beuthien, Volker: Sozialplan und Unternehmensverschuldung. Gedanken im Anschluß an die Entscheidung des Großen Senats des BAG vom 13. 12. 1978, Düsseldorf u. Frankfurt 1980, (Sozialplan).

Bidlingmaier, Johannes: Zielkonflikte und Zielkompromisse im unternehmerischen Entscheidungsfeld, Bd. 11 der Studienreihe Betrieb und Markt, Hrsg.: K. Ch. Behrens, Wiesbaden 1968, (Zielkonflikte).

— Unternehmerziele und Unternehmensstrategien, Bd. 8 der Studienreihe Betrieb und Markt, Hrsg.: K. Ch. Behrens, Wiesbaden 1973, (Unternehmerziele).

Biergans, Enno; *Frhr. von Stotzingen*, Albrecht: Raten, Renten, andere wiederkehrende Zahlungen in der Einkommensteuer, München 1978, (Raten).

Bloech, Jürgen: Standort, betrieblicher, in: Handwörterbuch der Produktionswirtschaft, Hrsg.: W. Kern, Stuttgart 1979, Sp. 1875 - 1885, (Standort).

Bodarwé, Ernst: Die Ertragsteuern bei der Bewertung von Unternehmungen und Unternehmensanteilen, in: WPg, 15. Jg. (1962), S. 281 - 287, (Die Ertragsteuern).

— Unternehmungsbewertung: Substanz und Finanzierung, in: DB, 31. Jg. (1978), S. 2373 - 2377, (Unternehmungsbewertung).

Böning, D.-J.: Zum Aussagewert von Cash-flow-Kennziffern, in: DB, 26. Jg. (1973), S. 437 - 440, (Zum Aussagewert).

Börner, Dietrich: Unternehmensbewertung, in: HdWW, Bd. 8, Hrsg.: W. Albers u. a., zugleich Neuauflage des HdS, Stuttgart u. a. 1980, S. 111 - 123, (Unternehmensbewertung).

Börner, Dietrich; *Krawitz*, Norbert: Steuerbilanzpolitik. Eine entscheidungsorientierte Analyse der Wahlrechte zur steuerlichen Gewinnermittlung. Darstellung, Kontrollfragen, Fallstudien und Musterlösungen, Herne u. Berlin 1977, (Steuerbilanzpolitik).

Bretzke, Wolf-Rüdiger: Das Prognoseproblem bei der Unternehmungsbewertung, Bd. 1 der Schriftenreihe des Seminars für Allgemeine Betriebswirtschaftslehre und für Wirtschaftsprüfung der Universität zu Köln, Hrsg.: G. Sieben, Düsseldorf 1975, (Das Prognoseproblem).

— Funktionen und Folgen der Verwendung objektivistischer Wertkonventionen bei der Unternehmungsbewertung, in: WPg, 28. Jg. (1975), S. 125 - 131, (Funktionen).

— Wertbegriff, Aufgabenstellung und formale Logik einer entscheidungsorientierten Unternehmungsbewertung, in: ZfB, 25. Jg. (1975), S. 497 - 502, (Wertbegriff).

— Zur Berücksichtigung des Risikos bei der Unternehmungsbewertung, in: ZfbF, 28. Jg. (1976), S. 153 - 165, (Zur Berücksichtigung).

— Zur Problematik des Objektivierungsanspruchs in der Unternehmungsbewertungslehre — Ein Nachtrag zu einem Methodenstreit —, in: BFuP, 28. Jg. (1976), S. 543 - 553, (Zur Problematik).

— Die Nutzung von Prognoseverfahren und die Berücksichtigung des Risikos in der Praxis der Unternehmungsbewertung, in: Moderne Unternehmungsbewertung und Grundsätze ihrer ordnungsmäßigen Durchführung, Bericht der 1. Kölner BFuP-Tagung am 18. und 19. November 1976 in Köln, Bd. 1 der Gebera-Schriften, Hrsg.: W. Goetzke u. G. Sieben, Köln 1977, S. 201 - 219, (Die Nutzung).

Briese, Ulrich: Körperschaftsteuerliches Anrechnungsverfahren und „moderne" Unternehmensbewertung, in: WPg, 30. Jg. (1977), S. 399 - 405, (Anrechnungsverfahren).

Brockhoff, Klaus: Prognoseverfahren für die Unternehmensplanung, Bd. 1 der Schriftenreihe Die Wirtschaftswissenschaften — neue Reihe, Hrsg.: E. Gutenberg, Wiesbaden 1977, (Prognoseverfahren).

Bröhl, Karl: Der Kalkulationszinsfuß — Ein Beitrag zur Gesamtbewertung von Unternehmungen, Diss. Köln 1966, (Der Kalkulationszinsfuß).

Brunner, Eduard M.: Simulationsmodell zur Unternehmungsbewertung unter spezieller Berücksichtigung des Aquisitionsentscheides im Konzern, Bd. 20 der Schriftenreihe des Instituts für betriebswirtschaftliche Forschung an der Universität Zürich, Hrsg.: E. Rühli, Bern u. Stuttgart 1977, (Simulationsmodell).

Buchner, Robert: Grundzüge der Finanzanalyse, München 1981, (Finanzanalyse).

Busse von Colbe, Walther: Der Zukunftserfolg. Die Ermittlung des künftigen Unternehmungserfolges und seine Bedeutung für die Bewertung von Industrieunternehmen, Wiesbaden 1957, (Zukunftserfolg).

— Cash-Flow, in: HWF, Hrsg.: H. E. Büschgen, Stuttgart 1976, Sp. 240 - 251, (Cash-Flow).

— Gesamtwert der Unternehmung, in: HWR, 2., völlig neu gestaltete Aufl., Hrsg.: E. Kosiol u. a., Stuttgart 1981, Sp. 595 - 606, (Gesamtwert).

— Die Resonanz betriebswirtschaftlicher Erkenntnisse zur Unternehmensbewertung in der zivilrechtlichen und steuerlichen Rechtsprechung, in: StbJb 1981/82, Hrsg.: i. A. d. Fachinstituts der Steuerberater v. R. Curtius-Hartung u. a., Köln 1982, S. 257 - 274, (Die Resonanz).

Clemm, Hermann: Die Auswirkungen der Körperschaftsteuer-Reform auf die Bewertung von Anteilen an Kapitalgesellschaften unter besonderer Berücksichtigung des Bewertungsgesetzes und der VStR, in: DStR, 17. Jg. (1979), S. 462 - 468, (KSt-Reform).

Coenenberg, Adolf Gerhard: Unternehmungsbewertung mit Hilfe der Monte-Carlo-Simulation, in: ZfB, 40. Jg. (1970), S. 793 - 804, (Monte-Carlo-Simulation).

— Unternehmensbewertung aus der Sicht der Hochschule, in: 50 Jahre Wirtschaftsprüferberuf, Bericht über die Jubiläumsfachtagung 1981 in Berlin, Düsseldorf 1981, S. 221 - 245, (Unternehmensbewertung aus der Sicht der Hochschule).

— Jahresabschluß und Jahresabschlußanalyse. Betriebswirtschaftliche, handels- und steuerrechtliche Grundlagen, unter Mitarbeit von E. Brandi, G. Eifler, F. Schmidt, 6., überarbeitete Aufl., München 1982, (Jahresabschluß).

Coenenberg, Adolf Gerhard; *Sieben*, Günter: Unternehmungsbewertung, in: HWB, Bd. 1/3, 4., völlig neu gestaltete Aufl., Hrsg.: E. Grochla, W. Wittmann, Stuttgart 1976, Sp. 4062 - 4080, (Unternehmungsbewertung).

Creifelds, Carl (Hrsg.): Direktionsrecht, in: Rechtswörterbuch, 6., neubearbeitete Aufl., München 1981, (Direktionsrecht).

Czeranowsky, G.; *Stutz*, H.: Ergebnisse einer empirischen Untersuchung über Unternehmensziele, in: Zielprogramm und Entscheidungsprozeß in der Unternehmung, Bd. 11 der Schriften zur Unternehmensführung, Hrsg.: H. Jacob, Wiesbaden 1970, S. 121 - 124, (Ergebnisse).

Degener, Thomas; *Große-Hokamp*, Dieter: Besteuerung und Unternehmenspolitik bei mittelständischen Unternehmen, in: DB, 35. Jg. (1982), S. 1237, (Besteuerung).

Diez, Werner: Der Kapitalisierungsfaktor als Bestandteil der Ertragswertrechnung von Unternehmen und Unternehmensanteilen, in: WPg, 8. Jg. (1955), S. 2 - 5, (Der Kapitalisierungsfaktor).

Dörner, Wolfgang: Der Wirtschaftsprüfer als unparteiischer Gutachter bei der Bewertung von Unternehmungen, in: BFuP, 28. Jg. (1976), S. 505 - 516, (Der Wirtschaftsprüfer).

— Zur Auswirkung des Körperschaftsteuerreformgesetzes 1977 auf die Unternehmensbewertung, in: WPg, 30. Jg. (1977), S. 393 - 399, (Auswirkung).

— Die neue UEC-Methode der Unternehmensbewertung — Bemerkungen zum Entwurf einer Empfehlung Nr. 11 —, in: WPg, 30. Jg. (1977), S. 657 - 663, (Die neue UEC-Methode).

— Überlegungen zu Theorie und Praxis der subjektiven Unternehmensbewertung — die Funktionen des Wirtschaftsprüfers als Gutachter —, in: WPg, 34. Jg. (1981), S. 202 - 208, (Überlegungen).

Donaldson, Gordon: New Framework for Corporate Debt Policy, in: HBR, Vol. 40 (1962), March - April, S. 117 - 131, (New Framework).

Douglas, F. Gordon: How to Profitably Sell or Buy a Company or Business, New York u. a. 1981, (How to Profitably).

Drukarczyk, Jochen: Unternehmensbewertung und Normalisierung der Kapitalstruktur, in: WPg, 29. Jg. (1976), S. 72 - 79, (Unternehmensbewertung).

Dunst, Klaus H.: Portfolio Management. Konzeption für die strategische Unternehmensplanung, Berlin u. New York 1979, (Portfolio).

Egger, Anton: Probleme der Unternehmensbewertung, in: JfB, 27. Jg. (1977), S. 56 - 61, (Probleme).

— Stand und Entwicklungstendenzen der Unternehmensbewertung, in: Unternehmensbewertung, Bd. 5 der Schriftenreihe Betriebswirtschaftliche und juristische Beiträge, Hrsg.: J. Aicher u. a., Wien 1981, S. 1 - 22, (Entwicklungstendenzen).

Eggesiecker, Fritz: Betriebliches Zielstreben und seine Darstellung in mathematischen Entscheidungsmodellen unter besonderer Berücksichtigung der Behandlung von Zielinterdependenzen in linearen Entscheidungsmodellen und der Entscheidungen über Entscheidungsregeln, Bonn 1971, (Betriebliches Zielstreben).

Elmendorff, Wilhelm; *Thoennes*, Horst: Einfluß der Finanzierung auf den Unternehmenswert, in: Aktuelle Fragen zur Unternehmensfinanzierung und Unternehmensbewertung, K. Schmaltz zum 70. Geburtstag, Hrsg.: K.-H. Forster, P. Schuhmacher, Stuttgart 1970, S. 35 - 53, (Einfluß).

Engel, Dieter; *Giese*, Rolf: Die Bedeutung des Verkehrswertes einer Unternehmung im Rahmen einer zweckbezogenen (entscheidungsorientierten) Unternehmensbewertung, in: WPg, 36. Jg. (1983), S. 269 - 276, (Die Bedeutung).

Engeleiter, Hans-Joachim: Unternehmensbewertung, Stuttgart 1970, (Unternehmensbewertung).

Engels, Wolfram: Betriebswirtschaftliche Bewertungslehre im Licht der Entscheidungstheorie, Bd. 18 der Beiträge zur betriebswirtschaftlichen Forschung, Hrsg.: E. Gutenberg u. a., Köln u. Opladen 1962, (Bewertungslehre).

— Die gewinnabhängigen Steuern, in: WPg, 15. Jg. (1962), S. 553 - 559, (Die gewinnabhängigen Steuern).

Fisher, Irving: Die Zinstheorie, The Theory of Interest, deutsch v. H. Schulz, Jena 1932, (Zinstheorie).

Forster, Karl-Heinz: Zur Ermittlung der angemessenen Abfindung nach § 305 AktG. Anmerkung zum Beschluß des OLG Celle vom 4. 4. 1979, in: AG, 25. Jg. (1980), S. 45 - 47, (Zur Ermittlung).

Fricke, Friedrich: Besonderheiten bei der Bewertung von Versicherungsunternehmen, in: WPg, 29. Jg. (1976), S. 442 - 452, (Besonderheiten).

Friederich, Franz-Josef: Steuern bei der Bewertung von Unternehmen, in: Wirtschaftsprüfer im Dienst der Wirtschaft, Festschrift für E. Knorr, Hrsg.: E. Pougin, K. v. Wysocki, Düsseldorf 1968, S. 285 - 301, (Steuern).

Gelhausen, Fritz: Höhe und Verlauf degressiver Abschreibungen, in: WPg, 6. Jg. (1953), S. 178 - 181, (Höhe und Verlauf).

Gmelin, Hans-Jörg: Die Bewertung von Unternehmungen und Unternehmensanteilen im Rahmen von Verschmelzungen, in: Die Verschmelzung von Unternehmungen, Hrsg.: Deutsche Gesellschaft für Betriebswirtschaft, Berlin 1970, S. 33 - 53, (Die Bewertung).

Göppl, Herrmann: Unternehmungsbewertung und Capital-Asset-Pricing-Theorie, in: WPg, 33. Jg. (1980), S. 237 - 245, (Unternehmungsbewertung).

Goetzke, Wolfgang: Bewertung freiberuflicher Praxen, in: BFuP, 28. Jg. (1976), S. 525 - 542, (Bewertung).

— Funktionsspezifische Unternehmungsbewertung: Einigung im Streit um objektive oder subjektive Wertansätze in Sicht, in: WPg, 29. Jg. (1976), S. 175 - 178, (Funktionsspezifische Unternehmungsbewertung).

— Thesen zur Bewertung von Freiberuflerpraxen, in: Moderne Unternehmungsbewertung und Grundsätze ihrer ordnungsmäßigen Durchführung,

Bericht von der 1. Kölner BFuP-Tagung am 18. und 19. November 1976 in Köln, Bd. 1 der Gebera-Schriften, Hrsg.: W. Goetzke u. G. Sieben, Köln 1977, S. 185 - 188, (Thesen).

— Diskussionsergebnisse der Arbeitsgruppe „Die Bewertung von Freiberuflerpraxen", in: Moderne Unternehmungsbewertung und Grundsätze ihrer ordnungsmäßigen Durchführung, Bericht von der 1. Kölner BFuP-Tagung am 18. und 19. November 1976 in Köln, Bd. 1 der Gebera-Schriften, Hrsg.: W. Goetzke u. G. Sieben, Köln 1977, S. 197 - 198, (Diskussionsergebnisse).

Gombola, Michael J.; *Ketz*, Edward: A Note on Cash Flow on Classification Patterns of Financial Ratios, in: The Accounting Review, Vol. 58 (1983), S. 105 - 114, (A Note).

Gratz, Kurt: Unternehmensbewertung bei progressiver Einkommensbesteuerung, in: ZfbF, 33. Jg. (1981), S. 981 - 991, (Unternehmensbewertung).

Großfeld, Bernhard: Bilanzrecht, Heidelberg u. Karlsruhe 1978, (Bilanzrecht).

— Bewertung von Anteilen an Unternehmen, in: JZ, 36. Jg. (1981), S. 769 - 775, (Bewertung).

— Unternehmensbewertung als Rechtsproblem, in: JZ, 36. Jg. (1981), S. 642 - 647, (Rechtsproblem).

— Die Abfindung bei der Ausschließung aus einer Personengesellschaft — Stellungnahme zu Wagner / Nonnenmacher, ZGR 1981, 674 ff. —, in: ZGR, 11. Jg. (1982), S. 141 - 144, (Die Abfindung).

— Elemente der Unternehmensbewertung, in: Freiheit und Verantwortung im Recht, Festschrift für A. Meier-Hayoz, Hrsg.: P. Forstmoser, W. R. Schluep, Bern 1982, S. 193 - 202, (Elemente).

— Unternehmensbewertung im Gesellschaftsrecht. Zur Barabfindung ausscheidender Personengesellschafter und Aktionäre, Köln 1983, (Unternehmensbewertung).

Gutenberg, Erich: Grundlagen der Betriebswirtschaftslehre, Bd. 2: Der Absatz, 16. Aufl., Berlin u. a., 1979, (Grundlagen).

Guthardt, Evelyn; *König*, Elke: Körperschaftsteuerliche Auswirkungen auf Ausgleichszahlungen und Abfindungen an Minderheitsaktionäre nach dem KStG 1977, in: BFuP, 29. Jg. (1977), S. 311 - 325, (Körperschaftsteuerliche Auswirkungen).

Haas, Albert K.: Stichwort: Rente, in: Handwörterbuch des Steuerrechts und der Steuerwissenschaften, Hrsg.: G. Strickrodt u. a., Bd. 2, 2., neubearbeitete u. erweiterte Aufl., München u. Bonn 1981, (Rente).

Hadding, Walther: Vertragsfreiheit, in: HdWW, Bd. 8, Hrsg.: W. Albers u. a., zugleich Neuauflage des HdS, Stuttgart u. a. 1980, S. 340 - 345, (Vertragsfreiheit).

Hahn, Oswald: Finanzwirtschaft, 2., überarbeitete u. erweiterte Aufl., München 1983, (Finanzwirtschaft).

Häussler, Wolfgang: Neue staatliche Finanzierungshilfen für Unternehmen, zwei Bände, Loseblatt-Sammlung, Kissing u. a., Stand 8/83 (21. Aktualisierung), (Finanzierungshilfen).

Hagest, Karl: Die Ermittlung des Wertes von Unternehmungen, in: WPg, 3. Jg. (1950), S. 193 - 197, (Die Ermittlung).

Handwerkskammer Düsseldorf (Hrsg): Betriebsnachfolge — ein Problem für das Handwerk? Eine Untersuchung bei 1300 Betriebsinhabern über 60 Jahre im Bezirk Düsseldorf, Bd. 1/83 der Reihe Information/Dokumentation, Düsseldorf 1983, (Betriebsnachfolge).

Harrmann, Alfred: Die betriebswirtschaftliche Bedeutung des Cash Flow, in: DB, 31. Jg. (1978), S. 2326 - 2329, (Die betriebswirtschaftliche Bedeutung).

Hartmann, Bernhard: Die Ermittlung des Firmenwertes nach dem Bundesentschädigungsgesetz in der Fassung vom 29. 6. 1956, Wiesbaden 1958, (Die Ermittlung).

— Neuere Tendenzen der Unternehmensbewertung — Zur Diskussion um einen „objektivierten" Unternehmenswert, in: ZfbF, 33. Jg. (1981), S. 1090 - 1099, (Neuere Tendenzen).

Haugen, Robert A.; *Senbet*, Lemma W.: The Insignificance of Bankruptcy Costs to the Theory of Optimal Capital Structure, in: JoF, Vol. 33 (1978), S. 383 - 393, (The Insignificance).

Hauschildt, Jürgen: Entscheidungsziele. Zielbildung in innovativen Entscheidungsprozessen: theoretische Ansätze und empirische Prüfung, Bd. 9 der Schriftenreihe Empirische Theorie der Unternehmung, Hrsg.: E. Witte, Tübingen 1977, (Entscheidungsziele).

— Zielsysteme, in: HdO, 2., völlig neu gestaltete Aufl., Hrsg.: E. Grochla, Stuttgart 1980, Sp. 2419 - 2430, (Zielsysteme).

Hauschildt, Jürgen; *Hamel*, Winfried: Empirische Forschung zur Zielbildung in Organisationen — auf dem Wege in eine methodische Sackgasse?, in: Hamburger Jahrbuch für Wirtschaftspolitik, 23. Jg. (1978), S. 237 - 250, (Empirische Forschung).

Hax, Herbert: Der Einfluß der Investitions- und Ausschüttungspolitik auf den Zukunftserfolgswert der Unternehmung, in: Betriebswirtschaftliche Information, Entscheidung und Kontrolle, Festschrift für H. Münstermann, Hrsg.: W. Busse von Colbe u. G. Sieben, Wiesbaden 1969, S. 359 - 380, (Der Einfluß).

— Investitionstheorie, 4., durchgesehene Aufl., Würzburg u. Wien 1979, (Investitionstheorie).

Hax, Karl: Die Gesamtbewertung der Unternehmungen, in: Betriebswirtschaftliche Beiträge, 2. Lfg., Hrsg.: E. Schmalenbach, Bremen-Horn u. a. 1948, S. 36 - 42, (Die Gesamtbewertung).

Heigl, Anton: Der Ertragswert der Unternehmung bei Geldwertveränderungen, in: WPg, 20. Jg. (1967), S. 34 - 39, (Ertragswert).

— Überlegungen zu Cash-Flow-Ziffern als Mittel externer Unternehmungsbeurteilung, in: Österreichisches Bank-Archiv, 15. Jg. (1967), S. 138 - 156, (Überlegungen).

Heinen, Edmund: Die Zielfunktion der Unternehmung, in: Zur Theorie der Unternehmung, Festschrift für E. Gutenberg, Hrsg.: H. Koch, Wiesbaden 1962, S. 11 - 71, (Die Zielfunktion).

— Zielanalyse als Grundlage rationaler Unternehmungspolitik, in: Zielprogramm und Entscheidungsprozeß in der Unternehmung, Bd. 11 der Schriften zur Unternehmensführung, Hrsg.: H. Jacob, Wiesbaden 1970, S. 7 - 26, (Zielanalyse).

— Grundlagen betriebswirtschaftlicher Entscheidungen. Das Zielsystem der Unternehmung, Bd. 1 der Schriftenreihe Die Betriebswirtschaft in Forschung und Praxis, Hrsg.: E. Heinen, 3., durchgesehene Aufl., Wiesbaden 1976, (Grundlagen).

— Einführung in die Betriebswirtschaftslehre, 8., durchgesehene Aufl., Wiesbaden 1982, (Einführung).

— Handelsbilanzen, 10., verbesserte und erweiterte Aufl., Wiesbaden 1982, (Handelsbilanzen).

Helbling, Carl: Unternehmungsbewertung und Steuern. Mit besonderer Berücksichtigung der Verhältnisse in der Schweiz und in der Bundesrepublik Deutschland, 4., neubearbeitete Aufl. 1982, (Unternehmungsbewertung).

Henseler, Edmund: Unternehmensanalyse, Grundlagen der Beurteilung von Unternehmen, Stuttgart u. a. 1979, (Unternehmensanalyse).

Henssler, Paul: Die Bewertung von Unternehmen — Methoden, Aufbau des Gutachtens, Probleme —, in: Steuer-Kongreß-Report 1976, S. 327 - 343, (Die Bewertung).

Hintner, Otto: Unternehmungsbewertung und Bewertungsgesetz, in: Zur Besteuerung der Unternehmung, Festschrift für P. Scherpf, Hrsg.: O. Hintner u. H. Linhardt, Berlin 1968, S. 205 - 222, (Unternehmungsbewertung).

Hirshleifer, Jack: On the Theory of Optimal Investment Decisions, in: The Journal of Political Economy, Vol. 66 (1958), S. 329 - 352, (On the Theory).

Hirte, Erich: Die Behandlung immaterieller Wirtschaftsgüter im Regierungsentwurf eines Bilanzrichtlinie-Gesetzes, in: DB, 35. Jg. (1982), S. 2361 - 2362, (Die Behandlung).

Hoffmann, Werner: Simultane Optimierung von Konsum, Investition und Finanzierung im Fisher-Modell, Thun u. Frankfurt a. M. 1980, (Simultane Optimierung).

Hommelhoff, Peter: Die Sachmängelhaftung beim Unternehmenskauf, Bd. 13 der Abhandlungen zum deutschen und europäischen Handels- und Wirtschaftsrecht, Hrsg.: G. Hueck u. a., Köln u. a. 1975, (Die Sachmängelhaftung).

Husemann, Karl-Heinz: Grundsätze ordnungsmäßiger Buchführung für Anlagegegenstände, Düsseldorf 1970, (Grundsätze).

IdW: Stellungnahme NA 1/1968: Zum Ausweis und zur Bewertung von Gegenständen des Anlagevermögens, in: WPg, 21. Jg. (1968), S. 72 - 73, (Stellungnahme NA 1/1968).

IdW: Entwurf einer Verlautbarung des AKU zur Auswirkung des Körperschaftsteuer-Reformgesetzes 1977 auf die Unternehmungsbewertung, in: WPg, 30. Jg. (1977), S. 432, (Auswirkung).

IdW: Vorgehensweise von Wirtschaftsprüfern bei der Bewertung ganzer Unternehmungen, in: WPg, 30. Jg. (1977), S. 679 - 685, (Vorgehensweise).

IdW: Entwurf einer Verlautbarung des Arbeitskreises Unternehmensbewertung; Grundsätze zur Durchführung von Unternehmensbewertungen, in: WPg, 33. Jg. (1980), S. 409 - 421, (Entwurf).

IdW (Hrsg.): WP-Handbuch 1983, Abschnitt 2: Erläuterungen des Geschäftsberichtes sowie des handelsrechtlichen und steuerrechtlichen Jahresabschlusses der Aktiengesellschaft, S. 613 - 813, Verfasser: K.-H. Forster, Abschnitt 9: Die Unternehmensbewertung, S. 1245 - 1369, Verfasser: W. Dörner, Abschnitt 11: Finanzwirtschaft, Preisrecht, Kostenrechnung und Betriebsvergleich, S. 1383 - 1516, Verfasser: H.-J. Kretschmer, (WP-Handbuch 1983).

Jacob, Herbert: Die Methoden zur Ermittlung des Gesamtwertes einer Unternehmung, in: Finanzierungs-Handbuch, Hrsg,: H. Janberg, 2. Aufl., Wiesbaden 1970, S. 621 - 654, (Die Methoden).

Jacobs, Heiner: Die Bedeutung der Unternehmenssubstanz und die Bedeutung der anderweitigen Kapitalanlage- und Kapitalaufnahmemöglichkeiten für den Wert eines Unternehmens, Köln u. a. 1972, (Die Bedeutung).

Jacobs, Otto H.: Entnahmefähiger Gewinn und Unternehmensbewertung in Zeiten steigender Preise, in: Planung und Rechnungswesen in der Betriebswirtschaftslehre, Festgabe für G. v. Kortzfleisch, Hrsg.: H. Bergner, Berlin 1981, S. 379 - 405, (Entnahmefähiger Gewinn).

Jaensch, Günter: Buchbesprechung zu Koppenberg, Hans-Jürgen, Bewertung von Unternehmen, in: ZfbF, 18. Jg. (1966), S. 95 - 96, (Buchbesprechung).

— Ein einfaches Modell der Unternehmungsbewertung ohne Kalkulationszinsfuß, in: ZfbF, 18. Jg. (1966), S. 660 - 679, (Ein einfaches Modell).

Jöckel, Karl-Heinz; *Pflaumer*, Peter: Die Berücksichtigung von Abhängigkeitsstrukturen bei der stochastischen Unternehmensbewertung, in: ZfB, 51. Jg. (1981), S. 1107 - 1125, (Die Berücksichtigung).

Juesten, Wolfgang: Cash-flow und Unternehmensbeurteilung. Ermöglicht die Cash-flow-Rechnung eine Schnell-Analyse?, 4., unveränderte Aufl., Berlin 1980, (Cash-flow).

Jung, Willi: Praxis des Unternehmenskaufs. Eine systematische Darstellung und Durchführung einer Aquisition, Stuttgart 1983, (Praxis).

Käfer, Karl: Substanz und Ertrag bei der Unternehmensbewertung, in: Betriebswirtschaftliche Information, Entscheidung und Kontrolle, Festschrift für H. Münstermann, Hrsg.: W. Busse von Colbe u. G. Sieben, Wiesbaden 1969, S. 295 - 357, (Substanz).

Kiehne, Hans-Erich: Auswirkungen des Körperschaftsteuergesetzes 1977 auf die Unternehmensbewertung und die Ermittlung von Abfindungen — gleichzeitig eine Stellungnahme zu dem Entwurf einer Verlautbarung des Arbeitskreises Unternehmensbewertung im Institut der Wirtschaftsprüfer zu diesem Fragenkreis, in: WPg, 31. Jg. (1978), S. 195 - 201, (Auswirkungen).

Kirsch, Werner: Einführung in die Theorie der Entscheidungsprozesse, Bd. 3: Entscheidungen in Organisationen, 2. Aufl., Wiesbaden 1977, (Entscheidungsprozesse).

Kirschbaum, Adolf: Fremdfinanzierung und Wert einer Unternehmung, Wiesbaden 1967, (Fremdfinanzierung).

Kithrer, Waldemar: Der Einfluß der Führungsorganisation auf den Wert eines Unternehmens, in: WPg, 28. Jg. (1975), S. 410 - 417, (Der Einfluß).

Klemm, Hans-Joachim: Bewertungsanlässe in ihren betriebswirtschaftlichen Auswirkungen auf die Bewertung von Unternehmung und Unternehmungsanteilen durch den gerichtlich bestellten Sachverständigen, Diss., Berlin 1980, (Bewertungsanlässe).

Kleylein, Dieter: Bewertung von betrieblichen Versorgungsplänen bei Unternehmensveräußerungen, in: DB, 34. Jg. (1981), S. 853 - 859, (Bewertung).

Klinger, Karl: Zur Frage des Kapitalisierungszinsfußes bei der Ertragswertberechnung von Unternehmungen, in: DB, 14. Jg. (1961), S. 1137 - 1140 u. 1172 - 1173, (Zur Frage).

Klocke, Herbert: Aktuelle Probleme der Unternehmensbewertung, in: 75 Jahre Süddeutsche Treuhand-Gesellschaft Aktiengesellschaft, München u. a. 1982, S. 137 - 166, (Aktuelle Probleme).

— Unternehmensbewertung und wirtschaftliche Beurteilung des Übernahmekandidaten, in: Handbuch der Unternehmensaquisition, Hrsg.: A. J. Rädler u. R. Pöllath, Sonderband der Schriftenreihe zur Finanzpraxis international operierender Unternehmen, Hrsg.: A. H. Swinne, Frankfurt a. M. 1982, S. 96 - 137, (Beurteilung).

Knief, Peter: Neuere Ansätze zur Bewertung von Wirtschaftsprüfer- und/oder Steuerberaterpraxen, in: DStR, 16. Jg. (1978), S. 21 - 27, (Neuere Ansätze).

Knobbe-Keuk, Brigitte: Bilanz- und Unternehmenssteuerrecht, 4., überarbeitete u. erweiterte Aufl., Köln 1983, (Bilanz- und Unternehmenssteuerrecht).

Kobs, Erwin: Veräußerung und Übertragung von Gewerbebetrieben. Ertrags- und Umsatzbesteuerung bei Betriebsveräußerung im ganzen, Teilbetriebsveräußerung, Umwandlung, Betriebsaufgabe, Verpachtung, Betriebsaufspaltung, unentgeltlicher Betriebsübergang, 8. vollständig überarbeitete Aufl., Herne u. Berlin 1981, (Veräußerung).

Koch, Helmut: Grundlagen der Wirtschaftlichkeitsrechnung, Probleme der betriebswirtschaftlichen Entscheidungslehre, Wiesbaden 1970, (Grundlagen).

— Zur Diskussion über die Theorie der Sekundäranpassung. Die Problematik der Risikonutzentheorie, in: ZfbF, 25. Jg. (1973), S. 773 - 791, (Zur Diskussion).

— Aufbau der Unternehmensplanung, Bd. 2 der Schriftenreihe Die Wirtschaftswissenschaften — neue Reihe, Hrsg.: E. Gutenberg, Wiesbaden 1977, (Aufbau).

— Die Theorie des Gewinn-Vorbehalts als ungewißheitstheoretischer Ansatz, in: ZfbF, 30. Jg. (1978), S. 19 - 38, (Theorie des Gewinn-Vorbehalts).

— Zur Anwendung der Theorie des Gewinn-Vorbehalts, in: ZfbF, 31. Jg. (1979), S. 769 - 784, (Zur Anwendung).

— Zur Bildung operationaler entnahmebezogener Optimalitätskriterien, in: ZfB, 48. Jg. (1978), S. 889 - 911, (Optimalitätskriterien).

Köhler, Richard: Ermittlungsziele und Aussagefähigkeit von Cash Flow-Analysen, in: WPg, 23. Jg. (1970), S. 385 - 392, (Ermittlungsziele).

— Cash Flow, in: HWR, 2., völlig neu gestaltete Aufl., Hrsg.: E. Kosiol u. a., Stuttgart 1981, Sp. 353 - 364, (Cash Flow).

König, Wolfgang: Zur Berücksichtigung von latenten Ertragsteuerschulden bei der Unternehmensbewertung, in: WPg, 28. Jg. (1975), S. 369 - 374, (Zur Berücksichtigung).

— Die Vermittlungsfunktion der Unternehmensbewertung, in: Moderne Unternehmungsbewertung und Grundsätze ihrer ordnungsmäßigen Durchführung, Bericht von der 1. Kölner BFuP-Tagung am 18. und 19. November 1976 in Köln, Bd. 1 der Gebera-Schriften, Hrsg.: W. Goetzke u. G. Sieben, Köln 1977, S. 73 - 89, (Die Vermittlungsfunktion).

— Fallstudie: Bewertung einer Wirtschaftsprüferpraxis, in: Moderne Unternehmungsbewertung und Grundsätze ihrer ordnungsmäßigen Durchführung, Bericht von der 1. Kölner BFuP-Tagung am 18. und 19. November 1976 in Köln, Bd. 1 der Gebera-Schriften, Hrsg.: W. Goetzke u. G. Sieben, Köln 1977, S. 189 - 195, (Fallstudie).

Kolbe, Kurt: Theorie und Praxis des Gesamtwertes und Geschäftswertes der Unternehmung, 3. Aufl., Düsseldorf 1967, (Theorie).

Kotler, Philipp: Marketing-Management. Analyse, Planung und Kontrolle, 4., völlig neubearbeitete Aufl., Stuttgart 1982, (Marketing-Management).

Krag, Joachim: Konfliktbezogene Unternehmungsbewertung. Die Bestimmung eines Unternehmungswertes zur Lösung von Konfliktfällen durch einen neutralen Gutachter, Meisenheim am Glan 1975, (Konfliktbezogene Unternehmungsbewertung).

— Die Berücksichtigung der Ungewißheit in der Unternehmungsbewertung mit Hilfe eines modifizierten Ertragswertkalküls, in: ZfB, 48. Jg. (1978), S. 439 - 451, (Die Berücksichtigung).

— Anmerkungen zu den neuen berufsständischen Empfehlungen zur Bewertung von Unternehmungen, in: WPg, 34. Jg. (1981), S. 285 - 290, (Anmerkungen).

Kraus-Grünewald, Marion: Ertragsermittlung bei Unternehmensbewertung — dargestellt am Beispiel der Brauindustrie, Wiesbaden 1982, (Ertragsermittlung).

Krelle, Wilhelm: Preistheorie, Tübingen 1961, (Preistheorie).

Kromschröder, Bernhard: Unternehmungsbewertung und Risiko — Der Einfluß des Risikos auf den subjektiven Wert von Unternehmensbeteiligungen, Berlin 1979, (Unternehmungsbewertung).

Kropff. Bruno: Aktiengesetz, Kommentar von Geßler, Ernst; Hefermehl, Wolfgang; Eckhardt, Ulrich; Kropff, Bruno, Bd. 3, bearbeitet von B. Kropff, München 1973, (Aktiengesetz).

Küting, Karlheinz: Zur Bedeutung und Analyse von Verbundeffekten im Rahmen der Unternehmungsbewertung, in: BFuP, 33. Jg. (1981), S. 175 - 189, (Zur Bedeutung).

Kunt, Wolfgang: Die Zielkonzeption der mittelständischen Einzelhandelsunternehmer, Sonderheft 24 der Sonderhefte der Mitteilungen des Instituts für Handelsforschung an der Universität zu Köln, Hrsg.: E. Sundhoff, Göttingen 1975, (Die Zielkonzeption).

Kupsch, Peter: Das Risiko im Entscheidungsprozeß, Bd. 14 der Schriftenreihe Die Betriebswirtschaft in Forschung und Praxis, Hrsg.: E. Heinen, Wiesbaden 1973, (Das Risiko).

— Unternehmungsziele, Stuttgart u. New York 1979, (Unternehmungsziele).

Lachnit, Laurenz: Wesen, Ermittlung und Aussage des Cash Flow, in: ZfbF, 25. Jg. (1973), S. 59 - 77, (Wesen).

Lackmann, Fritz: Theorien und Verfahren der Unternehmungsbewertung, Berlin 1955, (Theorien).

Laux, Helmut: Unternehmensbewertung bei Unsicherheit, in: ZfB, 41. Jg. (1971), S. 525 - 540, (Unternehmensbewertung).

— Entscheidungstheorie. Grundlagen, Berlin u. a. 1982, (Entscheidungstheorie).

Lechner, Karl: Die Unternehmenswertermittlung für Zwecke der Bestimmung von Auseinandersetzungsguthaben (Abschichtungsguthaben, Abfindungsguthaben). — Eine empirische Untersuchung mit theoretischen Anmerkungen, in: Unternehmensbewertung, Bd. 5 der Schriftenreihe Betriebswirtschaftliche und juristische Beiträge, Hrsg.: J. Aicher u. a., Wien 1981, S. 23 - 52, (Unternehmenswertermittlung).

Leffson, Ulrich: Cash Flow — weder Erfolgs- noch Finanzierungsindikator!, in: Aktuelle Fragen der Unternehmensfinanzierung und Unternehmensbewertung, Festschrift für Kurt Schmaltz, Hrsg.: K.-H. Forster u. P. Schuhmacher, Stuttgart 1970, S. 108 - 127, (Cash Flow).

— Bilanzanalyse, 2. durchgesehene Auflage, Stuttgart 1977, (Bilanzanalyse).

Lemitz, Horst-Günter: Bewertung von Versorgungsverpflichtungen bei der Veräußerung oder Erwerb von Betrieben, in: BB, 37. Jg. (1982), Beilage 8/1982 zu Heft 18/1982, (Bewertung).

Lerner, Alba P.: The Economics of Control, New York 1946, (The Economics).

Lohr, Helmut H.: Heuristiken als Entscheidungshilfe beim Unternehmenserwerb unter besonderer Berücksichtigung eines intuitiven Zahlengerüsts, Diss., Hohenheim 1981, (Heuristiken).

Loitlsberger, Erich: Die Kalkülauswahl im Entscheidungsprozeß als Rückkoppelungsproblem, in: Analysen zur Unternehmenstheorie, Festschrift für L. L. Illetschko, Hrsg.: K. Lechner, Berlin 1972, S. 195 - 220, (Die Kalkülauswahl).

— Zur Bewertung unrentabler Unternehmungen, in: Der Gesellschafter, 5. Jg. (1976), S. 44 - 50 u. 78 - 83, (Zur Bewertung).

Lutz, Harald: Zum Konsens und Dissens in der Unternehmensbewertung, in: BFuP, 33. Jg. (1981), S. 146 - 155, (Zum Konsens).

Maassen, Kurt: Die neuen Thesen der BFH zur Berechnung des Teilwerts des Geschäftswerts, in: FR, 13. Jg. (1977), S. 465 - 467, (Die neuen Thesen).

Matschke, Manfred Jürgen: Der Entscheidungswert der Unternehmung, Bd. 21 der Reihe Betriebswirtschaftliche Beiträge, Hrsg.: H. Münstermann, Wiesbaden 1975, (Entscheidungswert).

— Die Argumentationsfunktion der Unternehmungsbewertung, in: Moderne Unternehmungsbewertung und Grundsätze ihrer ordnungsmäßigen Durchführung, Bericht von der 1. Kölner BFuP-Tagung am 18. und 19. November 1976 in Köln, Bd. 1 der Gebera-Schriften, Hrsg.: W. Goetzke u. G. Sieben, Köln 1977, S. 91 - 103, (Argumentationsfunktion).

— Podiumsdiskussion über das Thema Grundsätze ordnungsmäßiger Unternehmungsbewertung, in: Moderne Unternehmungsbewertung und Grundsätze ihrer ordnungsmäßigen Durchführung, Bericht von der 1. Kölner BFuP-Tagung am 18. und 19. November 1976 in Köln, Bd. 1 der Gebera-Schriften, Hrsg.: W. Goetzke u. G. Sieben, Köln 1977, S. 257 - 295, (Podiumsdiskussion).

— Funktionale Unternehmungsbewertung, Bd. 2: Der Arbitriumwert der Unternehmung, Bd. 28 der Reihe Betriebswirtschaftliche Beiträge, Hrsg.: H. Münstermann, Köln 1979, (Der Arbitriumwert).

Matschke, Manfred Jürgen; *Mucheyer*, Heinz: Die Nutzung der traditionellen Unternehmungsbewertungsverfahren zur Argumentation in der Preisverhandlung, in: Moderne Unternehmungsbewertung und Grundsätze ihrer ordnungsmäßigen Durchführung, Bericht von der 1. Kölner BFuP-Tagung am 18. und 19. November 1976 in Köln, Bd. 1 der Gebera-Schriften, Hrsg.: W. Goetzke u. G. Sieben, Köln 1977, S. 157 - 183, (Die Nutzung).

Matthes, Gottfried: Vermögensanlagen in der Versicherungswirtschaft, in: Versicherungsenzyklopädie, Bd. 3, Teil C: Versicherungsbetriebslehre, Hrsg.: W. Gosse u. a., Wiesbaden 1976, S. 1489 - 1543, (Vermögensanlagen).

Maul, Karl-Heinz: Immaterielle Anlagewerte im Jahresabschluß der Aktiengesellschaften — Ein Beitrag zur Interpretation des § 153 Abs. 3 AktG, in: ZfbF, 25. Jg. (1973), S. 16 - 28, (Immaterielle Anlagewerte).

— Unternehmensbewertung bei Unsicherheit, in: WPg, 29. Jg. (1976), S. 573 - 579, (Unternehmensbewertung bei Unsicherheit).

— Probleme prognose-orientierter Unternehmensbewertung, in: ZfB, 49. Jg. (1979), S. 107 - 117, (Probleme).

Maus, Nikolaus: Unternehmungsbewertung als Grundlage unternehmerischer Entscheidungen, in: Betriebswirtschaftliche Information, Entscheidung und Kontrolle, Festschrift für H. Münstermann, Hrsg.: W. Busse von Colbe u. G. Sieben, Wiesbaden 1969, (Unternehmungsbewertung).

Meffert, Heribert: Marketing. Eine Einführung in die Absatzpolitik, 6., durchgesehene Aufl., Wiesbaden 1982, (Marketing).

Meilicke, Wienand: Die Barabfindung für den ausgeschlossenen oder ausscheidungsberechtigten Minderheits-Kapitalgesellschafter. Rechtsgrundsätze zur Unternehmensbewertung, Berlin 1975, (Die Barabfindung).

— Rechtsgrundsätze zur Unternehmensbewertung, in: DB, 33. Jg. (1980), S. 2121 - 2123, (Rechtsgrundsätze).

Mellerowicz, Konrad: Der Wert der Unternehmung als Ganzes, Essen 1952, (Der Wert).

— Zur Problematik der Bewertung des Unternehmungsganzen, in: WPg, 6. Jg. (1953), S. 199 - 203, (Zur Problematik).

Mertens, Peter: Simulation, 2., neu bearbeitete Aufl., Stuttgart 1982, (Simulation).

Moxter, Adolf: Lineares Programmieren und betriebswirtschaftliche Kapitaltheorie, in: ZfbF, 15. Jg. (1963), S. 285 - 309, (Lineares Programmieren).

— Grundsätze ordnungsmäßiger Unternehmensbewertung — Bedeutung und Quellen, in: BB, 31. Jg. (1976), S. 989 - 992, (Grundsätze).

— Das „Stuttgarter Verfahren" und die Grundsätze ordnungsmäßiger Unternehmensbewertung, in: DB, 29. Jg. (1976), S. 1585 - 1589, (Das „Stuttgarter Verfahren").

— Grundsätze ordnungsmäßiger Unternehmensbewertung, Wiesbaden 1976, (Unternehmensbewertung 1976).

— Multi-Ertragswert-Methode. Ein Beitrag zur Wiederannäherung von Theorie und Praxis der Unternehmensbewertung, in: Die Unternehmung, 30. Jg. (1976), S. 189 - 201, (Multi-Ertragswert-Methode).

— Die sieben Todsünden des Unternehmensbewerters, in: Moderne Unternehmungsbewertung und Grundsätze ihrer ordnungsmäßigen Durchführung, Bericht von der 1. Kölner BFuP-Tagung am 18. und 19. November 1976 in Köln, Bd. 1 der Gebera-Schriften, Hrsg.: W. Goetzke u. G. Sieben, Köln 1977, S. 253 - 256, (Die sieben Todsünden).

— Über „Subjektivität" und „Objektivität" von Unternehmensbewertungen, in: WISU, 9. Jg. (1978), S. 483 - 486, (Über „Subjektivität").

— Die Geschäftswertbilanzierung in der Rechtsprechung des Bundesfinanzhofs und nach EG-Bilanzrecht, in: BB, 34. Jg. (1979), S. 741 - 747, (Die Geschäftswertbilanzierung).

— Die Bedeutung der Grundsätze ordnungsmäßiger Unternehmensbewertung, in: ZfbF, 32. Jg. (1980), S. 454 - 459, (Die Bedeutung).

— Wirtschaftsprüfer und Unternehmensbewertung, in: Management und Kontrolle, Festgabe für E. Loitlsberger, Hrsg.: G. Seicht, Berlin 1981, S. 409 - 429, (Wirtschaftsprüfer).

— Betriebswirtschaftliche Gewinnermittlung, Tübingen 1982, (Betriebswirtschaftliche Gewinnermittlung).

— Bilanzlehre, 2. Aufl., Wiesbaden 1976, unveränderter Nachdruck 1982, (Bilanzlehre).

— Gefahren des neuen Bilanzrechts, in: BB, 37. Jg. (1982), S. 1030 - 1032, (Gefahren).

— Grundsätze ordnungsmäßiger Unternehmensbewertung, 2. vollständig umgearbeitete Aufl., Wiesbaden 1983, (Unternehmensbewertung 1983).

Müller, Welf: Der Wert der Unternehmung, in: JuS, 14. Jg. (1974), S. 424 - 429, (Der Wert).

Münch, Dieter: Der betriebswirtschaftliche Erkenntnisgehalt der Cash-Flow-Analyse, in: DB, 22. Jg. (1969), S. 1301 - 1306, (Der betriebswirtschaftliche Erkenntnisgehalt).

Münstermann, Hans: Wert und Bewertung der Unternehmung, Bd. 11 der Schriftenreihe Betriebswirtschaftliche Beiträge, Hrsg.: H. Münstermann, Wiesbaden 1966, (Wert).

— Der Zukunftsentnahmewert der Unternehmung und seine Beurteilung durch den Bundesgerichtshof, in: BFuP, 32. Jg. (1980), S. 114 - 124, (Der Zukunftsentnahmewert).

Musgrave, Richard A.; *Musgrave*, Peggy B.; *Kullmer*, Lore: Die öffentlichen Finanzen in Theorie und Praxis, Bd. 3, Tübingen 1977, (Finanzen).

Nonnenmacher, Rolf: Anteilsbewertung bei Personengesellschaften, Königstein 1981, (Anteilsbewertung).

Olbrich, Christian: Zur Unternehmensbewertung bei Inflation, in: WPg, 32. Jg. (1979), S. 583 - 588, (Zur Unternehmensbewertung).

— Unternehmensbewertung. Ein Leitfaden für die Praxis, Herne u. Berlin 1981, (Unternehmensbewertung).

Papperitz, Günter: Grundsätze der Unternehmensbewertung, in: DStR, 15. Jg. (1977), S. 651 - 655, (Grundsätze).

Perridon, Louis; *Steiner*, Manfred: Finanzwirtschaft der Unternehmung, 2., überarbeitete Aufl., München 1980, (Finanzwirtschaft).

Pfohl, Hans-Christian; *Braun*, Günther E.: Entscheidungstheorie. Normative und deskriptive Grundlagen des Entscheidens, Landsberg a. L. 1981, (Entscheidungstheorie).

Philipp, Fritz; *Köth*, Uwe; *Rath*, Klaus: Zur nutzentheoretischen Fundierung der sogenannten Praktiker-Verfahren der Unternehmensbewertung, in: ZfB, 51. Jg. (1981), S. 370 - 387, (Fundierung).

Piltz, Detlev J.: Unternehmensbewertung in der Rechtsprechung zum Gesellschafts-, Familien-, Erb-, Schadens- und Enteignungsrecht, Düsseldorf 1982, (Die Unternehmensbewertung).

Pöllath, Reinhard: Kartellrechtliche Zusammenschlußkontrolle, in: Handbuch der Unternehmensaquisition, Hrsg.: A. J. Rädler u. R. Pöllath, Sonderband der Schriftenreihe zur Finanzpraxis international operierender Unternehmen, Hrsg.: A. H. Swinne, Frankfurt a. M. 1982, S. 172 - 190, (Zusammenschlußkontrolle).

Pohmer, D.; *Schweitzer*, M.: Macht und Mitbestimmung im ökonomischen Entscheidungsprozeß, in: Unternehmensführung, Festschrift für E. Kosiol, Hrsg.: J. Wild, Berlin 1974, S. 75 - 121, (Macht).

Pratt, Shannon P.: Valuing a Business, Homewood 1981, (Valuing).

Prölss, Jürgen: Die Haftung des Verkäufers von Gesellschaftsanteilen für Unternehmensmängel, in: Zeitschrift für Wirtschaftsrecht und Insolvenzpraxis, 2. Jg. (1981), S. 337 - 346, (Die Haftung).

Quack, Karlheinz: Der Unternehmenskauf und seine Probleme, in: ZGR, 11. Jg. (1982), S. 350 - 365, (Der Unternehmenskauf).

Ramge, Martin: Die Ermittlung des Unternehmenswertes. Vergleich der Verfahren des Mittelwerts und der Übergewinnabgeltung unter Bezug auf das Berliner und das Stuttgarter Verfahren, in: DB, (1975), S. 1089 - 1096, (Die Ermittlung).

Recktenwald, Horst Claus: Steuerüberwälzungslehre. Theoretische und empirische Verteilung von Abgaben und Kosten, 2., überarbeitete u. ergänzte Aufl., Berlin 1966, (Steuerüberwälzungslehre).

Reuter, Axel L.: Die Berücksichtigung des Risikos bei der Bewertung von Unternehmen, in: WPg, 23. Jg. (1970), S. 265 - 270, (Die Berücksichtigung).

Reuter, Dieter: Arbeitsvertrag, in: HdWW, zugleich Neuauflage des HdS, Bd. 1, Hrsg.: W. Albers u. a., Stuttgart u. a. 1977, S. 318 - 325, (Arbeitsvertrag).

Ribbert, Bernd: Entscheidungsorientierte Unternehmungsbewertung aus der Sicht des externen Beraters, in: DB, 28. Jg. (1975), S. 1280 - 1282, (Entscheidungsorientierte Unternehmungsbewertung).

Rieger, Wilhelm: Einführung in die Privatwirtschaftslehre, 3. unveränderte Aufl., Erlangen 1964, (Privatwirtschaftslehre).

Rose, Gerd: Absatz und Besteuerung, in: Zur Theorie des Absatzes, Festschrift für E. Gutenberg, Hrsg.: H. Koch, Wiesbaden 1973, S. 381 - 413, (Absatz).

— Betrieb und Steuer. Erstes Buch: Die Ertragsteuern, Loseblattsammlung, Rechtszustand 1. 1. 1978, 5., vollständig überarbeitete Aufl., Wiesbaden 1978, (Ertragsteuern).

Rose, Klaus; *Glittenberg*, Udo: Kapitalbedarf und technischer Fortschritt, in: HWF, Hrsg.: H. Büschgen, Stuttgart 1976, Sp. 999 - 1012, (Kapitalbedarf).

Rudolph, Bernd: Die Kreditvergabeentscheidung der Banken. Der Einfluß von Zinsen und Sicherheiten auf die Kreditgewährung, Bd. 40 der Beiträge zur betriebswirtschaftlichen Forschung, Hrsg.: H. Albach u. a., Opladen 1974, (Kreditvergabeentscheidung).

Rückle, Dieter: Zielfunktion und Rechengrößen der Investitionsrechnung, in: ÖBW, 20. Jg. (1970), S. 39 - 76, (Zielfunktion).

— Besteuerung des periodenrichtigen Erfolges, unsichere Erwartungen und Konkurs, in: JfB, 27. Jg. (1977), S. 102 - 115 u. 129 - 137, (Besteuerung).

— Gestaltung und Prüfung externer Prognosen, in: Management und Kontrolle, Festgabe für E. Loitlsberger, Hrsg.: G. Seicht, Berlin 1981, S. 431 - 468, (Gestaltung).

— Normative Theorie der Steuerbilanzpolitik, Nr. 18 der Veröffentlichungen der Kommission für Sozial- und Wirtschaftswissenschaften, Hrsg.: W. Weber, Wien 1983, (Normative Theorie).

Saelzle, Rainer: Investitionsentscheidungen und Kapitalmarkttheorie, Wiesbaden 1976, (Investitionsentscheidungen).

Scherpf, Peter: Die aktienrechtliche Rechnungslegung und Prüfung, Sonderdruck aus: Handbuch der Aktiengesellschaft, Köln 1967, (Rechnungslegung).

— Der Praxiswert bei freien Berufen, in: Dienstleistungen in Theorie und Praxis, Festschrift für O. Hintner, Hrsg.: H. Linhardt u. a., Stuttgart 1970, S. 291 - 302, (Der Praxiswert).

Schierenbeck, Henner: Beteiligungsentscheidungen. Betriebswirtschaftliche Grundlagen des Erwerbs und der Veräußerung von Unternehmungsbeteiligungen, Bd. 60 der Schriftenreihe Betriebswirtschaftliche Forschungsergebnisse, Hrsg.: E. Kosiol, Berlin 1973, (Beteiligungsentscheidungen).

— Grundzüge der Betriebswirtschaftslehre, 7. erweiterte u. verbesserte Aufl., München u. Wien 1983, (Grundzüge).

Schildbach, Thomas: Die Berücksichtigung der Geldentwertung bei der Unternehmungsbewertung, in: Moderne Unternehmungsbewertung und Grundsätze ihrer ordnungsmäßigen Durchführung, Bericht von der 1. Kölner BFuP-Tagung am 18. und 19. November 1976 in Köln, Bd. 1 der Gebera-Schriften, Hrsg.: W. Goetzke u. G. Sieben, Köln 1977, S. 225 - 235, (Die Berücksichtigung).

— Geldentwertung und Bilanz, Bd. 3 der Schriftenreihe des Seminars für Allgemeine Betriebswirtschaftslehre und Wirtschaftsprüfung der Universität zu Köln, Hrsg.: G. Sieben, Düsseldorf 1979, (Geldentwertung).

— Der Wirtschaftsprüfer als Gutachter in Fragen der Unternehmensbewertung: Möglichkeiten und Grenzen aus der Sicht der Berufspflichten des Wirtschaftsprüfers, in: WPg, 34. Jg. (1981), S. 193 - 201, (Der Wirtschaftsprüfer).

Schmalenbach, Eugen: Die Werte von Anlagen und Unternehmungen in der Schätzungstechnik, in: ZfhF, 12. Jg. (1917/1918), S. 1 - 20, (Die Werte).

— Die Beteiligungsfinanzierung, 9. Aufl., bearbeitet v. R. Bauer, Köln u. Opladen 1966, (Beteiligungsfinanzierung).

Schmidt, Harald: Bilanzierung und Bewertung, Wiesbaden 1978, (Bilanzierung).

Schmidt, Reinhart: Unternehmensbewertung anläßlich des Kaufs von Unternehmen, in: Handbuch Unternehmensführung, Bd. 2, Hrsg.: W. Wilkes u. a., Gernsbach 1979, S. 1445 - 1459, (Unternehmensbewertung).

Schmidt-Sudhoff, Ulrich: Unternehmerziele und unternehmerisches Zielsystem, Bd. 10 der Schriftenreihe Betriebswirtschaftliche Beiträge, Hrsg.: H. Münstermann, Wiesbaden 1967, (Unternehmerziele).

Schneeweiß, Hans: Entscheidungskriterien bei Risiko, Berlin u. a. 1967, (Entscheidungskriterien).

Schneider, Dieter: Ziele, finanzwirtschaftliche, in: HWF, Hrsg.: H. Büschgen, Stuttgart 1976, Sp. 1917 - 1927, (Ziele).

— Investition und Finanzierung. Lehrbuch der Investitions-, Finanzierungs- und Ungewißheitstheorie, 5. neubearbeitete Aufl., Wiesbaden 1980, (Investition).

Schneider, Dieter J. G.: Unternehmungsziele und Unternehmungskooperation. Ein Beitrag zur Erklärung kooperativ bedingter Zielvariationen, Bd. 16 der Studienreihe Betrieb und Markt, Hrsg.: K. Ch. Behrens, Wiesbaden 1973, (Unternehmungsziele).

Schreiber, Ulrich: Unternehmensbewertung auf der Grundlage von Entnahmen und Endvermögen. Ein Beitrag zur Nutzung von Simulationsmodellen bei der Bewertung ganzer Unternehmen, in: DBW, 43. Jg. (1983), S. 79 - 83, (Unternehmensbewertung).

Schulte, Karl-Werner: Wirtschaftlichkeitsrechnung, Würzburg u. Wien 1978, (Wirtschaftlichkeitsrechnung).

Schweitzer, Marcell; *Hettich,* Günter O.; *Küpper,* Hans-Ulrich: Systeme der Kostenrechnung, 3., überarbeitete Aufl., Landsberg 1983, (Systeme).

Schweizer, Peter: Die Berücksichtigung der Gewinnsteuern bei der Unternehmenswertberechnung, in: WPg, 14. Jg. (1961), S. 513 - 517, (Die Berücksichtigung).

Seidl, Christian: Moral Hazard: Die individuelle Maximierung des Erwartungsnutzens als Quelle von Wohlfahrtsminderungen, in: ZfN, 32. Jg. (1972), S. 425 - 448, (Moral Hazard).

Sieben, Günter: Der Substanzwert der Unternehmung, Wiesbaden 1963, (Der Substanzwert).

— Die Bewertung von Unternehmen auf Grund von Erfolgsplänen bei heterogenen Zielen, in: Unternehmerische Planung und Entscheidung, Hrsg.: W. Busse von Colbe u. P. Meyer-Dohm, Bielefeld 1969, S. 71 - 97, (Bewertung).

Sieben, Günter; *Löcherbach,* Gerhard; *Matschke,* Manfred Jürgen: Bewertungstheorie, in: HdB, Bd. 1, Teil 1, 4., völlig neu gestaltete Aufl., Hrsg.: E. Grochla u. W. Wittmann, Stuttgart 1974, Sp. 839 - 851, (Bewertungstheorie).

Sieben, Günter: Der Entscheidungswert in der Funktionenlehre der Unternehmensbewertung, in: BFuP, 28. Jg. (1976), S. 491 - 516, (Der Entscheidungswert).

— Zur Problematik einer auf Bilanzgewinnen basierenden Unternehmensbewertung in Zeiten der Geldentwertung, in: Bilanzfragen, Festschrift für U. Leffson, Hrsg.: J. Baetge u. a., Düsseldorf 1976, S. 255 - 271, (Zur Problematik).

— Die Beratungsfunktion der Unternehmungsbewertung, in: Moderne Unternehmungsbewertung und Grundsätze ihrer ordnungsmäßigen Durchführung, Bericht von der 1. Kölner BFuP-Tagung am 18. und 19. November 1976 in Köln, Bd. 1 der Gebera-Schriften, Hrsg.: W. Goetzke u. G. Sieben, Köln 1977, S. 57 - 71, (Die Beratungsfunktion).

Sieben, Günter; *Schildbach*, Thomas: Zum Stand der Entwicklung der Lehre von der Bewertung ganzer Unternehmungen, in: DStR, 17. Jg. (1979), S. 455 - 461, (Zum Stand der Entwicklung).

Sieben, Günter; *Zapf*, Bernhard (Hrsg.): Unternehmensbewertung als Grundlage unternehmerischer Entscheidungen, Bericht des Arbeitskreises „Unternehmensbewertung im Rahmen der unternehmerischen Zielsetzung", hrsg. im Auftrag der Schmalenbach-Gesellschaft — Deutsche Gesellschaft für Betriebswirtschaft e. V., Stuttgart 1981, (Unternehmensbewertung).

Siegel, Theodor: Zur Anteilsbewertung nach der Körperschaftsteuerreform, in: DB, 33. Jg. (1980), S. 2159 - 2161, (Anteilsbewertung).

— Steuerwirkungen und Steuerpolitik in der Unternehmung, Würzburg u. Wien 1982, (Steuerwirkungen).

Sielaff, Meinhard: Die Steuerbemessungsfunktion der Unternehmensbewertung, in: Moderne Unternehmungsbewertung und Grundsätze ihrer ordnungsmäßigen Durchführung, Bericht von der 1. Kölner BFuP-Tagung am 18. und 19. November 1976 in Köln, Bd. 1 der Gebera-Schriften, Hrsg.: W. Goetzke u. G. Sieben, Köln 1977, S. 105 - 119, (Die Steuerbemessungsfunktion).

Sommer, Christoph: Kapitalanlagen und Steuern, Stuttgart u. Wiesbaden 1980, (Kapitalanlagen).

Staehle, Wolfgang H.: Management, München 1980, (Management).

Steinbach, Adalbert: Die Rechnungslegungsvorschriften des Aktiengesetzes 1965, Wiesbaden 1973, (Die Rechnungslegungsvorschriften).

Steiner, Jürgen: Gewinnsteuern in Partialmodellen für Investitionsentscheidungen. Barwert und Entwert als Instrumente zur Steuerwirkungsanalyse, Berlin 1980, (Gewinnsteuern).

Swoboda, Peter: Betriebliche Finanzierung, Würzburg u. Wien 1981, (Finanzierung).

Szyperski, Norbert; *Winand*, Udo: Entscheidungstheorie, Stuttgart 1974, (Entscheidungstheorie).

Tipke, Klaus: Steuerrecht. Ein systematischer Grundriß, 9., völlig überarbeitete Aufl., Köln 1983, (Steuerrecht).

Trimpop, Karl: Angemessene Gewinnverteilung bei Familienpersonengesellschaften und Unternehmensbewertung, in: FR, 18. Jg. (1980), S. 431 - 432, (Angemessene Gewinnverteilung).

Troll, Max: Ermittlung des Unternehmenswertes zur Feststellung einer steuerlichen Schenkung, in: DStR, 22. Jg. (1984), S. 11 - 16, (Ermittlung).

Uebbing, Helmut: Der Skandal der Stahlquoten, in: FAZ v. 15. 8. 1983, S. 11, (Der Skandal).

UEC: Die Bewertung von Unternehmungen und Unternehmungsanteilen, Richtlinien, ausgearbeitet von einer Studienkommission der UEC, Düsseldorf 1961, (Die Bewertung).

UEC: Vorgehensweise von Wirtschaftsprüfern bei der Bewertung ganzer Unternehmen — Entwurf einer Empfehlung (Nr. 11), ausgearbeitet von der Kommission für betriebs-, finanz- und sozialwirtschaftliche Forschung, in: WPg, 30. Jg. (1977), S. 679 - 682, (Vorgehensweise).

Viel, Jacob: Die Ermittlung des Sach- und Ertragswertes der Unternehmenswertberechnung, in: WPg, 7. Jg. (1954), S. 364 - 369, (Die Ermittlung).

Viel, Jacob; *Bredt*, Otto; *Renard*, Maurice: Die Bewertung von Unternehmen und Unternehmensanteilen, 5., neu bearbeitete u. erweiterte Aufl., Stuttgart 1975, (Die Bewertung).

Vogler, Gerhard; *Mattes*, Helmut: Theorie und Praxis der Bilanzanalyse. Interne und externe Bilanzanalyse als Informationsmittel und Instrument modernen Managements, 2., ergänzte Aufl., Berlin 1976, (Theorie).

Wagner, Franz W.: Der Einfluß der Einkommensteuer auf die Entscheidung über den Verkauf einer Unternehmung, in: DB, 25. Jg. (1972), S. 1637 - 1642, (Der Einfluß der Einkommensteuer).

— Kapitalerhaltung, Geldentwertung und Gewinnbesteuerung, Berlin u. Heidelberg 1978, (Kapitalerhaltung).

— Der Firmenwert in der Steuerbilanz — Ein ertragsorientiertes Abschreibungsverfahren, in: WPg, 33. Jg. (1980), S. 477 - 486, (Der Firmenwert).

Wagner, Franz W.; *Dirrigl*, Hans: Der Einfluß der Körperschaftsteuer auf den Unternehmenswert, in: BFuP, 33. Jg. (1981), S. 130 - 145, (Der Einfluß).

Wagner, Franz W.; *Nonnenmacher*, Rolf: Die Abfindung bei der Ausschließung aus einer Personengesellschaft, in: ZGR, 10. Jg. (1981), S. 674 - 683, (Die Abfindung).

Warren, James M.: An Operational Model for Security Analysis and Valuation (FINSIM), in: JFQA, Vol. 9 (1974), S. 395 - 422, (An Operational Model).

Wenger, Ekkehard: Unternehmenserhaltung und Gewinnbegriff. Die Problematik des Nominalwertprinzips in handels- und steuerrechtlicher Sicht, Bd. 18 der Schriftenreihe Die Betriebswirtschaft in Forschung und Praxis, Hrsg.: E. Heinen, Wiesbaden 1981, (Unternehmenserhaltung).

Wessing, Kurt: Vertragsklauseln beim Unternehmenskauf, in: ZGR, 11. Jg. (1982), S. 455 - 471, (Vertragsklauseln).

Westermann, Harm Peter: Neuere Entwicklungen der Verkäuferhaftung beim Kauf von Unternehmensbeteiligungen, in: ZGR, 11. Jg. (1982), S. 45 - 62, (Neuere Entwicklungen).

Wheelright, Steven C.; *Makridakis*, Spyros: Forecasting Methods for Management, 3rd ed., New York u. a. 1980, (Forecasting).

Wöhe, Günter: Betriebswirtschaftliche Steuerlehre, Bd. 2, 2. Halbband, 2. Aufl., Berlin u. Frankfurt a. M. 1965, (Steuerlehre).

— Bilanzierung und Bilanzpolitik. Betriebswirtschaftlich — Handelsrechtlich — Steuerrechtlich, 5., überarbeitete u. erweiterte Aufl., München 1979, (Bilanzpolitik).

— Zur Bilanzierung und Bewertung des Firmenwertes, in: StuW, 57. (10.) Jg. (1980), S. 89 - 108, (Zur Bilanzierung).

— Rücklage, steuerfreie, in: Handwörterbuch des Steuerrechts und der Steuerwissenschaften, Hrsg.: G. Strickrodt u. a., München u. Bonn 1983, S. 1153 - 1157, (Rücklage).

Wolf, Jacob: Handels- und Steuerbilanz, Bd. 14 der Schriftenreihe Die Betriebswirtschaft — Studium und Praxis, Hrsg.: H. Reschke, Grafenau u. Stuttgart 1978, (Handels- und Steuerbilanz).

von Wysocki, Klaus: Der Einfluß von Steuern auf Produktions- und Kostenfunktionen, in: ZfB, 34. Jg. (1964), S. 15 - 36, (Der Einfluß).

Yoder, Dale: Personnel Principles and Policies. Modern Manpower and Management, 2nd ed., Englewood Cliffs, N. Y. 1959, (Personnel Principles).

Zachert, Ulrich: Betriebliche Mitbestimmung, Bd. 10 der Reihe Problemorientierte Einführungen, Hrsg.: D. Simmert, Köln 1979, (Betriebliche Mitbestimmung).

Zangemeister, Christof: Nutzwertanalyse in der Systemkritik. Eine Methode zur multidimensionalen Bewertung und Auswahl von Projektalternativen, 4. Aufl., München 1976, (Nutzwertanalyse).

Zapf, Bernhard: Podiumsdiskussion über das Thema Grundsätze ordnungsmäßiger Unternehmungsbewertung, in: Moderne Unternehmungsbewertung und Grundsätze ihrer ordnungsmäßigen Durchführung, Bericht der 1. Kölner BFuP-Tagung am 18. und 19. November 1976 in Köln, Bd. 1 der Gebera-Schriften, Hrsg.: W. Goetzke u. G. Sieben, Köln 1977, S. 257 - 295, (Podiumsdiskussion).

Zehner, Klaus: Unternehmensbewertung im Rechtsstreit — Zur Fehlinterpretation neuer höchstrichterlicher Entscheidungen, in: DB, 34. Jg. (1981), S. 2109 - 2117, (Unternehmensbewertung).

Zessin, Axel: Unternehmungsbewertung von Kreditinstituten. Ein Beitrag zur Theorie der Unternehmungsbewertung, Heft 12 der Göttinger Hefte zur Bankbetriebslehre und Unternehmensfinanzierung, Hrsg.: H.-D. Deppe, Göttingen 1982, (Unternehmungsbewertung).

Zimmerer, Carl: Die Unternehmensbewertung in der Praxis, in: StbJb 1981/82, zgl. Bericht über den 33. Fachkongreß der Steuerberater des Bundesgebietes, Köln, 2. bis 4. November 1981, Hrsg.: R. Curtius-Hartung u. a. i. A. des Fachinstituts der Steuerberater, Köln 1982, S. 241 - 256, (Die Unternehmensbewertung).

Rechtsprechungsverzeichnis

RFH, Urteil vom 30. 01. 1929, in: RStBl. 1929, S. 326 f.

RFH, Urteil vom 28. 07. 1938, in: RStBl. 1938, S. 955 f.

RFH, Urteil vom 24. 02. 1944, in: RStBl. 1944, S. 582 f.

BFH, Urteil vom 15. 04. 1958, in: BStBl. 1958 III, S. 330 f.

BFH, Urteil vom 20. 01. 1959, in: BStBl. 1959 III, S. 192 f.

BFH, Urteil vom 23. 01. 1964, in: BStBl. 1964 III, S. 239 f.

BFH, Urteil vom 17. 12. 1964, in: BStBl. 1965 III, S. 170 ff.

BGH, Urteil vom 17. 01. 1973, in: NJW, 29. Jg. (1976), S. 509 ff.

OLG Celle, Urteil vom 04. 04. 1979, in: DB, 32. Jg. (1979), S. 1031 ff.

LG Dortmund, Urteil vom 31. 10. 1980, in: AG, 25. Jg. (1981), S. 236 - 240

FSC
www.fsc.org
MIX
Papier | Fördert gute Waldnutzung
FSC® C083411

Kolibri 360 GmbH
Ferdinand-Jühlke-Straße 7
99095 Erfurt, Deutschland
produktsicherheit@kolibri360.de

Druck:
CPI Druckdienstleistungen GmbH
im Auftrag der
Kolibri 360 GmbH
Ferdinand-Jühlke-Str. 7
99095 Erfurt